目　录

"大学五书"小引　　　　　　　　　/ 001
自序　　　　　　　　　　　　　　/ 003

第一辑　大学之道

我们需要什么样的大学　　　　　　/ 015
大学排名、大学精神与大学故事　　/ 050
大学公信力为何下降　　　　　　　/ 085
全球化时代的"大学之道"　　　　/ 105
为大学校长"正名"　　　　　　　/ 119
我为什么反对一流学者当校长　　　/ 126
我看"大学生就业难"　　　　　　/ 134

第二辑　北大情怀

大学三问　　　　　　　　　　　　/ 143
国际视野与本土情怀　　　　　　　/ 165
我看北大百年变革　　　　　　　　/ 172

北大边缘人	/ 193
书法的北大	/ 203
"好读书"与"求甚解"	/ 216

第三辑　学院内外

大学精神与大学的功用	/ 229
博士论文只是一张入场券	/ 248
学院的"内"与"外"	/ 261
学者与传媒	/ 277
我的"八十年代"	/ 313
陈平原、饶毅教授共话北大发展	/ 365
修订版后记	/ 410

"大学五书"小引

陈平原

不提撰写博士论文时如何邂逅晚清及五四的大学教育,就从1996年春夏编《北大旧事》说起,二十年间,我在自家专业之外,持续关注中国教育问题,竟然成了半个"大学研究"专家。

我之谈论大学问题,纵横文学与教育,兼及历史与现实,包容论著与时评,如此思路与笔墨,说好听是"别有幽怀",说不好听则是"不够专业"。好在我不靠这些文章评职称,故不太在乎学院派的态度。

作为业余教育史家的我,多年前曾说过:"从事学术史、思想史、文学史的朋友,都是潜在的教育史研究专家。因为,百年中国,取消科举取士以及兴办新式学堂,乃值得大书特书的'关键时刻'。而大学制度的建立,包括其蕴涵的学术思想和文化精神,对于传统中国的改造,更是带根本性的——相对于具体的思想学说的转移而言。"这也是我不避讥讽,时常"野叟献曝",且长枪短棒一起上的缘故。

正因不是学术专著,没有统一规划,先后刊行的各书,呈犬牙交错状态。乘《抗战烽火中的中国大学》出版之际,将我此前在北大出版社刊行的四册有关大学的书籍重新编排,作为"大学五书"推出。其中《老北大的故事》大致稳定,《读书的"风景"》只删不增,调整幅度较大的是《大学何为》和《大学有精神》。

很多年前,我在《北大精神及其他》(上海文艺出版社,2000年)的"后记"中称:"这是一个能够调动研究者的激情与想象力、具备许多学术生长点的好题目,即便山路崎岖,前景也不太明朗,也都值得尝试。"今天依然故我,只要机缘成熟,还会深度介入教育话题。

因此,"大学五书"只是阶段性成果,但愿日后还有更精彩的表现。

2015年5月18日于京西圆明园花园

附记:考虑到去年第三次印刷的《读书的"风景"》仍在销售,"大学五书"改收新编的《大学新语》。特此说明。

2015年10月28日

自序

将近年所撰关于大学的文章结集成书,总该有个理由。比如,跟本人已刊诸书相比,是否有所推进?相对于学界同人的著述,又有哪些特点?即便没能在理论上独树一帜,起码也得在学术思路或写作策略上显示自家面目。记得小时候过年,最常见的对联是:"天增岁月人增寿,春满乾坤福满门";可这不能成为爆竹声中编排新书的充足理由。还是略为回顾各文的写作经过,也算是给自家著述添加若干略带广告性质的注脚。

作家查建英采访时,曾追问我在2003年北大改革论争中的立场:"那场争论当中,人文学者是反对张维迎改革方案的主力,而社科学者,特别是经济学家们,则是支持的主力。我觉得你的态度在人文学者里比较少见,你始终保持一个温和的调子来讨论问题，你赞成的似乎是一种'保守疗法'，一种稳健的逐步的改革。"（参见本书《我的"八十年代"》一文）这是一个很敏锐的观察。确实如此，我谈北大改革四文，虽然也入各种集子（如沈颢主编《燕园变法》，上海文化出版社，2003年9月；博雅主编《北大激进变革》，华夏出版社，2003年9月；钱理群、高远东编《中国大学的问题与改革》，天津人民出版社，2003年10月；甘阳、李猛编《中国大学改革之道》，上海人民出版社，2004年1月），但不是这场论争的代表性论述。因为，针对性不强，基本上是自说自话；作为论辩文章读，不过瘾。

为什么？并非不晓得报章文体倾向于"语不惊人死不休"，只因我更欣赏胡适创办《独立评论》时所说的，作为专家而在公共媒体上发言，要说负责任的话，既不屈从于权威，也不屈从于舆论。大学改革，别人说好说坏，都可以斩钉截铁，我却深知兹事体大，休想快刀斩乱麻、毕其功于一役。历史证明，那样做，不只不现实，而且效果不好。

相对于论战诸君，我之立论稍微不同，很大原因在于，我对百年中国大学（尤其是北大）有过若干研究。已经刊行的《北大旧事》《老北大的故事》《北大精神及其他》《中国大学十讲》等,不敢说有多精彩,但起码让我对中国大学的历史与现状有较多的了解。理解大学问题的复杂性,理解改革的代价,也理解各种冠冕堂皇的口号背后,很可能隐含着利益争夺甚至各种卑污的权谋。因此,与其说我在参加论战,不如说我在延续已有的叩问与思考——叩问大学的历史与现实,思考大学的理念与实践。

正如德里达说的,"大学存在于它企图思考的世界之中",要想承担起历史责任,组织一种创造性的抵抗——"抵抗一切(政治、司法、经济等,对大学)的重占企图,抵抗一切其他形式的主权形态"(参见杜小真、张宁主编《德里达中国讲演集》,134页),其实是十分艰难的。尤其在当代中国,谈论大学改革,涉及理想与现实、中国与西方、制度与精神、个人与国家等,远不只是制订若干操作手册那么简单。

在《大学三问》中,我特别强调:"今天谈论大学改革者,缺的不是'国际视野',而是对'传统中国'以及'现代中国'的理解与尊重。"而在《国际视野与本土情怀》中,我又认定:"大学不像工厂或超市,不可能标准化,必须服一方水土,才能有较大的发展空间。百年北大,其迷人之处,正在于她不是'办'在中国,而是'长'在中国——跟多灾多难而又不屈不挠的中华民族一起走过来,流血流泪,走弯路,吃苦头,当然也有扬眉吐气的时刻。你可以批评她的学术成就有限,但其深深介入历史进程,这一点不应该被嘲笑。如果有一天,我们把北大改造成为在西方学界广受好评、拥有若干诺贝尔奖获得者,但与当代中国政治、经济、文化、思想进程无关,那绝对不值得庆贺。"如此强调大学植根于本民族的历史文化情境,无法简单复制,故全书以"大学之道"起兴,而不以关于北大改革诸文开篇。在我看来,后者只是波澜壮阔的中国大学改革的一个小小的插曲,好戏——或者烂戏——还在后头呢。

"中国经验",尤其是百年中国大学史,是我理解"大学之道"的关键。我当然明白,今日中国的大学制度,主要是"旁采泰西"而不是"上法三代"的结果。因此,在思考及论述中,除了孔夫子以降的历史经验,更倚重西贤有关论述。比如,关注"大学的理想"(参见约翰·亨利·纽曼著、徐辉等译《大学的理想》,杭州:浙江教育出版社,2001),也探究"大学的功用"(参见 Clark Kerr 著、陈学飞等译《大学的功用》,南昌:江西教育出版社,1993);思考"学术责任"(参见唐纳德·肯尼迪著、阎凤桥等译《学术责任》,北京:新华出版社,2002),也努力"走出象牙塔"(参见德里克·博克著、徐小洲等译《走出象牙塔——

现代大学的社会责任》,杭州:浙江教育出版社,2001);进入"美国校园文化"(参见亨利·罗索夫斯基著、谢宗仙等译《美国校园文化——学生·教授·管理》,济南:山东人民出版社,1996),也面向"21世纪的大学"(参见詹姆斯·杜德斯达著、刘彤等译《21世纪的大学》,北京:北京大学出版社,2005)。教育学家的著述固然精彩,以下三段关于大学的评说,同样或者更让我感动:

> 大学是研究和传授科学的殿堂,是教育新人成长的世界,是个体之间富有生命的交往,是学术勃发的世界。每一任务借助参与其他任务,而变得更有意义和更加清晰。(雅斯贝尔斯著、邹进译《什么是教育》,150页,北京:三联书店,1991)

> 为了实现人的潜能,为了克服我们政体不易于理解各种重要政体形式的倾向,大学必须站出来帮助孤立无援的理性。大学是容纳探索和思想开放的地方,它鼓励人们不是功利性地而是为了理性而利用理性,它提供一种气氛使哲学怀疑不至被道德风尚和占上风的势力吓倒,它保存伟大的行为、伟大的人物和伟大的思想,以使对潮流的挑战和置疑能够得到滋养。(布

鲁姆著、缪青等译《走向封闭的美国精神》,268页,北京:中国社会科学出版社,1994)

大学,与所有类型的研究机构不同,它原则上(当然实际上不完全)是真理、人的本质、人类、人的形态的历史等等问题应该独立、无条件被提出的地方,即应该无条件反抗和提出不同意见的地方。(杜小真、张宁主编《德里达中国讲演集》,61页,北京:中央编译出版社,2003)

雅斯贝尔斯(Karl Jaspers,1883—1969)、布鲁姆(Allan Bloom,1930—1992)和德里达(Jacques Derrida,1930—2004),这三位大学者,政治立场以及学术面貌迥异,或存在主义、或保守主义、或解构主义;但作为哲学家或政治学家,他们都聚焦大学在急遽变化着的当代世界中的地位与作用,都将人文学作为大学的核心,关注其跌宕起伏的命运,这是我所感兴趣的。或许,正因为他们不是教育专家,不太考虑技术层面的教育组织、教育管理、教育经济等,而集中精力在文化、精神、价值层面上思考大学问题,这样一来,反而能在"教育名著"视野之外,开辟广阔的思考及论述空间。而这也正是我切入"大学"的角度——在我看来，中国的大学改革，需要教育学家、历史学家、哲学家以及一切对教育感兴趣的读书人的共同参与。

谈论中国大学，可以是专业论文，也可以是专题演讲，还可以是随笔、短论、答问等。不完全是为本书之体例驳杂辩解，假如希望兼及历史与现实，确实不一定非高头讲章不可。或长枪，或短棒，或匕首，或弹弓，只要有效，不妨十八般武艺一齐上。我之不薄"演讲"，是因为特别看重公众对于"大学"这一社会组织及文化传统的自我反省能力。书中好些章节，是作者应邀在北大、清华、华师大、首都师大等为大学生、研究生所做的演讲稿。《我们需要什么样的大学》的前四节是在教育部教育发展研究中心主办的"大学精神、大学理念与校园文化"研讨会（成都）上的专题演讲，后两节则是在陕西电视台"开坛"节目中与各民办大学校长的对话。《大学之道——书院与二十世纪中国教育》以及《文学史视野中的"大学叙事"》虽是专业论文，却也曾在香港中文大学和日本京都大学组织的学术研讨会上宣读，并获广泛好评。（此两文已入他书，未收入本书。——编者注）至于在凤凰卫视"世纪大讲堂"上所做的专题演讲"中国大学百年"（文稿刊《中国大学教学》2005年10期），因主要观点已见《中国大学十讲》（复旦大学出版社，2002）中的同名论文，这次不再收录。

一般说来,"演讲"以及"答问",远不如"论文"专深,好处是体现一时代的文化氛围。假如你的拟想读者不是教育专家,而是关注中国大学命运的读书人,那么,采用这种现场感很强的"对话"姿态(包括保留听众的提问),未尝不是"讨巧"。作为一种生活方式、一种教育类型、一种论述策略、一种影响极为深远的独特文体,"对话"是人类探索真理以及认识自我的有效途径。不满足于传递或接受专业知识,更希望学习思考,追求真理,参悟人生,那么,永无止境的"叩问"与"对话",是必不可少的一环。

这么说,类似胡适《〈尝试集〉再版自序》所自嘲的"戏台里喝彩"。其实,将论文与随感、演讲与答问、历史与现实、宏大叙事与私人记忆等掺和在一起,造成一种明显的"对话"状态,在我,不是有意为之,而是歪打正着。本书之"未完善",正好对应着中国大学改革的"进行时"——正因为中国大学仍"在路上",既非十全十美,也不是朽木不可雕,这才值得你我去追踪,去思考,去参与。

在这个意义上,本书的"学术思路"比"著述文体"更值得重视,那就是:从历史记忆、文化阐释、精神构建以及社会实践等层面,思考"大学"作为人类社会极为重要的组织形式,是什么、有什么、还能做些什么。

丙戌正月初六,是日阳光普照,最低气温零下十度,浓郁的水仙花香中,编定全书并撰序

第一辑
大学之道

我们需要什么样的大学[1]

关于大学，有三种提问方式：为什么需要大学？这几乎不必要讨论；怎么样办大学？那光说不练不行；需要什么样的大学，这还差不多，此话题可以讨论，也大有深究的必要。世界上的大学，千差万别，不是命定如此，更不是别无选择。恰恰相反，大学办成什么样子，是一个时代、一个民族主动选择的结果。有外部条件的限制，但主观上的努力同样很重要。今天中国的大学之路，到底该怎么走，仍在探索，还有商量余地。正因为没有完全定型，存在着多种可能性，这才更值得诸位去体贴、关心、介入。

[1] 本文为作者 2005 年 8 月 5 日在中央电视台"双周论坛"（北京）以及 2005 年 8 月 8 日在教育部教育发展研究中心主办的"大学精神、大学理念与校园文化"研讨会（成都）上的专题演讲。

一、媒体中的大学

大学受到世人如此高度关注,这也是中国特色。这种关注,最终落实在媒体上关于大学的集中报道。高考不用说,几乎是全民总动员,每年上演的,是同样的节目,可公众百看不厌。从试卷的押运、考场的周边环境、考试那几天的气温、考场外家长的焦急等待,还有交通警察如何维护秩序、警车运送走错路的考生等,诸如此类的动人故事,每年都有。接下来的是教师阅卷、有关部门公布录取分数线以及各名校在本省市招生的名额等;再接下来是有人欢天喜地,有人唉声叹气,学界开始争论考不上重点大学的学生有没有必要复读、选择民办大学前途如何、小留学生出国是否合算;再再接下来,该轮到贫困生能否上得起大学、高考状元有无奖励、各省市录取分数线悬殊是否公平等。你看,新生还没入学,"故事"已经讲了一大堆。这还只是例行公事,平日里更多突发事件。如研究生录取作弊,学术著作抄袭,还有老教授的新婚姻等一系列问题,都可能成为极好的社会新闻,出现在报纸的任何一个版上。我说"任何一个版",是有所指的。以前大学新闻主要在教育版上露面,现在神出鬼没,无所不在,可以是政治、科技、法律,也可以是经济、体育、娱乐。

大学成为公共话题，吸引了众多的研究者，我也不例外。偶尔出镜，但更适合于专业著述或报刊文字。喜欢谈论大学话题，以致有时被介绍为"大学史专家"。这属于"美丽的错误"。因为，我的本行是文学史研究，"文学史"与"大学史"，形近而讹。我始终称，自己是大学研究的业余爱好者，是 amateur，"爱美的"。五四时期，陈大悲等介绍西洋的业余演剧，并在中国提倡"爱美剧"，用的是英文 amateur 的音译。中国的教育问题，关系重大；有权利且有义务谈论此话题的，不仅仅是教育部官员或教育学专家，而应该是每一个关心社会发展的知识分子。实际上，这些年来关于教育问题的讨论相当活跃，跟一大批业余爱好者的介入有关。

大学之所以成为社会热点，外在原因是：第一，百余年来，现代中国的政治体制、学术发展、经济及法律环境的形成，都跟大学有着千丝万缕的联系。时至今日，大学对于中国社会进程的巨大影响，一般人都能看得很清楚。第二，由于连年扩招，高等教育已经大众化，大学的是是非非，牵涉到千家万户。你别看他是个卖菜的，只有小学程度，可他的孩子读了研究生，他同样有兴趣关心大学里的事情。第三，传媒人大多受过大学教育，他／她们的兴趣决定了大学可以成为社会新闻。第四，大学教授日渐明星化,其中的佼佼者,收入不如体育或娱乐明星,但也有不少坚定的"粉丝",其言谈举止同样具有新闻价值。

更重要的是内在原因:第一,中国的大学体制及教育方式有问题;第二,跟其所处的社会环境一样,中国大学也在转型;第三,正因为有问题,在转型,具备往各个方向发展的可能性,公众才有批评及建议的热情。最后一点同样不该忽视:大学话题不属于"禁区",虽有些言不尽意,总比以前捂着盖着好多了。

有一个疑问,如此局面的形成——即大学经常在媒体中露面,有无大学自身炒作的成分?应该说,不能完全排除这个因素,尤其是著名大学五十大庆、百年校庆前后,总有大量宣传味道十足的连续报道。还有,需要抢夺生源的民办大学,比如吉利大学、西安翻译学院等,都有很成规模、带有明显广告色彩的长篇通讯。不过,一般情况下,关于大学的新闻,大多是媒体主动选择的结果。我问过北大宣传部长,媒体喜欢谈论北大,是不是你们故意营造的?他说,校方很少主动出击,大都是媒体找上门来的。原因是,请神容易送神难,人家不一定按照你的意图来报道,太积极,很容易弄巧成拙。别的学校我不懂,以北大的情况而言,太多的媒体关注,太多的新闻报道(包括正面与负面),不是好事情。大学发展有其内在规律,不该过分受制于政府决策以及社会舆论。

你到国外看看，人家的大学校园，比我们宁静多了。没有那么多喧嚣，没有那么多关爱，也就没有那么多在媒体上抛头露面的机会。传媒关注当下，需要热闹；大学追求久远，必须冷静。各有各的趣味，走得太近，在我看来，不是好事情。不针对具体的学校或媒体，我说的是整个社会氛围，即过分看重曝光率。几年前（2001），清华大学曾做出规定：在中央电视台和凤凰卫视上做专题节目，可以得 10 分；这等于在非核心期刊发表 5 篇论文，或者在国内重点学术期刊发表一篇论文。这个规定引起很大争议，后来偃旗息鼓了。但我也听到另外的声音，比如一所著名大学的校长告诉我，他们学校不缺学业专深的教授，就缺这种能在电视上"侃"的；可能的话，他们也想找几个知名度高、经常在电视上露面的，不用写论文，只要每回出镜时打上"某某大学教授"就行了。这也是一个思路，等于给学校打广告。

办一流大学很难，需要社会的热情鼓励，需要大学中人的艰辛跋涉，需要积累，需要冲刺，而且还不一定成功；并非媒体上露面最多的，就是最好的学校。媒体代表公众的趣味，其关注大学，自有理由；大学必须有自己的立场、自己的目光与襟怀。

如何看待媒体中日益张扬的大学形象,尽可见仁见智;但无法否认的是:第一,校园里的一举一动,很可能牵涉整个社会,连北大清华对进入校园的旅行团收费都可能引发热烈争论,你就可想而知。第二,转型期中国所有的社会问题,好的坏的,通通折射到大学校园里,大学不是世外桃源,围墙早就形同虚设。第三,所谓大学适应社会发展需要,不能简单理解为"订单式服务";将大学全都推向市场,不是好主意。

二、从教育大国到教育强国

关注中国教育的人,大概都会承认这么一个事实:中国是教育大国,但不是教育强国。很多人注意到,2004年中国高等教育毛入学率19%,高等教育规模已经超过美国,跃居世界首位。据统计:2004年全国普通高校共录取新生420万人,比上年增加近40万;2005年招生未见权威统计数字,只知道还在增加。目前全国各类高校在校生总数超过2000万。2000万!这已经是一个欧洲中等国家的人口总数。这你就能明白,为什么关于"大学"的新闻与旧事,能成为公众热切关注的话题。

与此相对应的,是另一则报道:日前,温家宝总理到医院看望科学家钱学森，病榻上的钱先生坦诚建言："现在中国没有完全发展起来，一个重要原因是没有一所大学能够按照培养科学技术发明创造人才的模式去办学，没有自己独特的创新的东西，老是'冒'不出杰出人才。这是很大的问题。"(《温家宝看望文学家季羡林和科学家钱学森》,《京华时报》2005年7月31日）专家们于是纷纷为中国大学把脉：有说问题在于只顾数量不问质量的，有说毛病出在只讲技术没有文化的，还有的认定是推崇专家蔑视通才惹的祸，等等，等等。我则读出另外的意味：一个全世界大学生人数最多的国家，居然"没有一所大学"能冒出"杰出人才"，这太可悲了。可见中国离"教育强国"还很远。请注意，钱学森用的是全称判断，声名显赫的北大清华，也在其批评之列。

当然，关于中国大学的声誉，还有另外的说法。记得是去年11月，报纸上刊出《泰晤士报》大学排名，北大居然名列第十七（《〈泰晤士报〉推出最佳高校排名，北大跻身全球前20名》,《中华读书报》2004年11月10日）。在我看来，这个排名所肯定的，不是北大的科研成果，而是中国在变化的世界格局中所具有的地位。中国在崛起，在全球事务中发挥越来越大的作用；学者们在关注中国的同时，也开始关注中国的高等教育。这就有意无意地提高了中国大学的学术声誉。对于这个排名，北大当然高兴，校方网站上当即转载。可此举马上受到批评。我们系一个教授，在第一时间给校长写信，称不该看重此类排名，应该有自己的立场，走自己的路。校方还算冷静，到此为止，不再宣传。

就学术实力而言，学界普遍认为，北大清华只能排在二三百，进不了前百名。当然，如果带进学术声誉以及实际影响力，那又是另一回事。在北大百年校庆期间，我说过一句很有名的"大话"：就教学及科研水平而言，北大现在不是、短时间内也不可能是"世界一流"；但若论北大对于人类文明的贡献，很可能是不少世界一流大学所无法比拟的。因为，在一个东方古国崛起的关键时刻，一所大学竟然曾发挥过如此巨大的作用，这样的机遇，其实是千载难求的。我想说的是，大学排名取决于文化背景及理论设计，即便是国外很有影响的排行榜，也都各有其长处，也各有其盲点。说你十七，没什么好得意的；说你两百，也不必要丧气。

说这些，是有感于现在中国的大学校长，大都有理想，想做事，而且是做大事。这么一种积极向上的志趣，如果没有辅以脚踏实地的实干精神，很容易变成花拳绣腿，热衷于做表面文章。明白办大学、办好大学、办第一流大学很不容易,以平常心看待中国大学的进步,不提过高的标准,更不要拿排名、获奖说事。

国际上的大学排名,就好像诺贝尔奖,应该尊重,但不该过分推崇。前几年,有个剑桥大学的博士生,跑来北大跟我谈了好几次,她的论文选题很有意思:如何看待中国人的诺贝尔情结。几十年了,文学界老是絮絮叨叨,埋怨为什么没有中国人获奖。有讥讽评奖委员会的"傲慢与偏见"的,有说问题出在译本上的,有称谁谁谁不死早就得奖了的,还有人努力讨好委员会中唯一懂中文的马悦然。那年在香港,看马悦然先生比比画画,说有那么多作家给他寄新书及书稿,希望他翻译并推荐给诺贝尔评奖委员会,引起在场人士的哄堂大笑,真的,我很难受。前两天看傅光明写的《老舍差点获诺奖,一个神话?》,辨析一件流传很广的传说:1968年颁发给日本作家川端康成的诺贝尔文学奖,原本是准备颁给老舍的;获悉其已在两年前跳湖自杀,只好换了另一个东方人。这传说破绽很多,但流传甚广,逼得马悦然前几年出面公开否认:最有可能获奖的是沈从文,1987年进入终审名单,1988年再次进入终审名单,如果不是刚好那年去世,极有可能在十月获奖(《社会科学报》2005年7月21日)。结果怎么样?大家吵来吵去,吵了大半天,最后是法国籍的中国作家高行健获奖了。

中国作协随后发表的声明,在我看来,很不得体。

自然科学奖大概不会这样,不管是大陆的、台湾的,拿美国护照、德国护照的,只要是华人获奖,我们都该祝贺。当然,最好是在大陆工作的科学家获奖。但获不获奖,带有某种偶然性;我看中科院院长说十年内获奖,直捏一把汗。不是说不可能,而是将评价标准定在这里,不太合适。

毫无疑问,中国的科学技术,必须做大做强,但这需要一个过程,而且,最好是水到渠成,切忌用搞运动的方式来提奖学术。前几年,北大为了发展文科,春天开动员大会,秋天开表彰大会,我戏称为"春种秋收"。用心很好,但效果并不佳。学问不是领导鼓鼓劲,就能马上上去的;除非你事先安排好,否则,不可能立竿见影。

学术讲究积累,单有个别天才不够,还需要一大堆学术上的台阶,不可能一蹴而就。常见学生们追问,我们什么时候才有自己独立的理论体系?不想学走路,就想着百米冲刺,破世界纪录,这样的心态,很普遍。一开始,我会表扬他们"雄心壮志冲云天";现在,反过来,我批评他们"自私""偷懒",尽想着破纪录后的鲜花与掌声,不愿意做铺路石。一代人,不,几代人中,摘取科学桂冠的,就那么几个。其他人的工作,很可能只是在"铺路"。不否认学问是在不断推进，但大都是点点滴滴的进步；积少成多，终于有一天达成"科学的革命"。这样的学术史观，现在似乎被颠覆了；你看媒体上的报道，每天都有激动人心的突破。唯一不明白的是，如果只是各领风骚三五天，这"填补空白"也就太容易了。

老一辈学者讲话严谨，甚至可以说是木讷，这不妨碍我们对他们的尊敬。现在不一样了，新一代学者大都变得伶牙俐齿，能说会道。不能说没有努力过，可很明显，说的远比做的好。这不是个人性格问题，而是学术制度造成的。都说近年中国学界十分浮躁，为什么？在我看来，最大原因是各种冠冕堂皇的学术评奖。我承认"重奖之下，必有勇夫"；但不太相信评审之举，能长学问。对于人文学者来说，独立思考的权力、淡定读书的心境，以及从容研究的时间，是最为重要的。印象里，评奖最多的，是那些容易做假的行业。越是不自信，越是质量没保证，越需要各种奖项来"保驾护航"。

得出三个小小的结论：第一，中国大学要想成为世界一流，任重道远；第二，提升中国学术水平，不能急火烧心，更忌讳乱吃补药；第三，过多的规划、检查与验收，过于频繁的学术评奖，不利于学术的发展。

三、大学需要"学问",更需要"精神"

1931年出任清华大学校长的梅贻琦,其《就职演说》中有一段话,近年常被引用:"所谓大学者,非谓有大楼之谓也,有大师之谓也。"大楼与大师,代表着办学的两大支柱:金钱与学问。这两者都很重要,只不过世人偏重看得见的大楼,梅贻琦这才有必要强调大师的重要性。某大学校长为了表示自己看问题更全面,提出:我们既需要大师,也需要大楼。这是废话,梅贻琦主持清华时,也没说过不盖大楼。

这个话题,我想略微拓展。当我们谈论"大师"对于"大学"的重要性时,主要关注的是学问。可大学除了博大精深的"学问",还需要某种只可意会难以言传的"精神"。在某种意义上,这些没能体现在考核表上的"精神",更能决定一所大学的品格与命运。

在《大学排名、大学精神与大学故事》(《教育学报》2005年1期)一文中,我提到自己不喜欢"北大精神""中大精神"这样的提法,理由是:

> 不相信有凝定不变的大学精神。如果说真有"北大精神"、"中大精神"的话,那也是经由一代代师生

的努力，而逐渐积累起来的。只要大学存在，她就永远只能是一个未完成时——有大致的发展方向，但更需要一代代人的添砖加瓦；而后人的努力，必定对原有的方向有所修正。所以，我更愿意说大学传统，她比大学精神更实在些，也更好把握。而且，一说传统，大家都明白，那是在培育过程中的，是没有定型的，还在不断发展。

这么说，并非认定大学可以没"精神"。相反，我特别看重一所大学由于历史原因以及一代代人的努力凝聚而成的某种特殊品格。我只是反对将这种"精神"凝固，或者落实为校训，或者演变成为口号。

北大人喜欢引用鲁迅的话："北大是常为新的，改进的运动的先锋。"这么引，其实有问题；此话还有前言后语，不该被省略。1925年12月，北大学生请鲁迅为校庆二十七周年写文章，鲁迅于是写了这则《我观北大》，其中有这么一段：

> 既然是二十七周年，则本校的萌芽，自然是发于前清的，但我并民国初年的情形也不知道。惟据近七八年的事实看来，第一，北大是常为新的，改进的

运动的先锋,要使中国向着好的,往上的道路走。虽然很中了许多暗箭,背了许多谣言,教授和学生也都逐年地有些改换了,而那向上的精神还是始终一贯,不见得弛懈。(《鲁迅全集》,3卷,158页,北京:人民文学出版社,1981年)

即便是校庆征文,只能说好话,鲁迅也说得很有分寸:"近七八年",也就是1917年新文化运动兴起以来,这所大学很有成绩。至于此前怎么样,我不晓得;以后命运如何,那就更无法预测了。

又过了七八年,鲁迅给台静农写信,谈及昔日《新青年》同人,对钱玄同的"夸而懒,又高自位置",以及刘半农的喜欢"摆架子",有很尖刻的批评。接下来的那句话,更是要命:"北大堕落至此,殊可叹息,若将标语各增一字,作'五四失精神','时代在前进',则较切矣。"(《鲁迅全集》,12卷,309页)1933年的北京大学,是否真的像鲁迅说的那么不堪,这里暂不深究;我只想指出,鲁迅对北大的评价,并非"一以贯之"。还有,鲁迅谈论某所大学的功过得失时,不怎么考虑其科研成果,特别看重的,是其是否"失精神"。

熟悉北大校史的人都知道,1931年起,蒋梦麟正式主持校政，采取一系列措施，包括公布组织大纲、实行教授专任、规范课程设置、扩大研究院，以及借助中华文化教育基金董事会的拨款推动科学研究。那些年，北大在学术上是有明显进步的。为什么鲁迅谈及他曾经工作并热情表彰过的北大，会如此痛心疾首？

当然，鲁迅是文学家、思想家，不是教育史家，评价大学时，不考虑专业成绩，而用无法量化的"精神"来说事，显得有些"粗枝大叶"。可换一个角度，大学不仅生产知识，还影响社会，1930年代的北京大学，确实不像五四新文化时期那样引领全国思想文化潮流。尤其让鲁迅不能容忍的是，当年的新文化闯将，如今都功成名就，成了掌握生杀大权的"学阀"，对青年人的态度很不友善。鲁迅对"北大堕落"的慨叹，从教育史上看，是不准确的；可它提出了一个重要命题：如何评介一所大学的精神风貌。

只要稍微接触现代中国教育史，肯定会被西南联大的故事所深深吸引。抗战时活跃于大后方、肩负起中华文化复兴伟大使命的西南联大，可以说是中国教育史上的一大奇迹。在如此艰难的状态下办学，竟然意气风发，教授们出成果，学生中出人才。近年出版的六卷本《国立西南联合大学史料》，以及众多关于西南联大的书籍，读了让人感动。除了具体的学术上的业绩，最让我们怀念的，还是西南联大师生那种百折不回的精神状态。

西南联大的情况，大家比较熟悉；下面这个小故事，估计比较生疏。半个世纪前，陈六使与新马华人共同集资，在新加坡创办了海外第一所华文大学——南洋大学。从开办到合并，二十几年间，南洋大学始终伴随着激烈的争议，其中困扰着他们的，是政府主持的一系列学术评鉴。1970年8月，李光耀总理应南洋大学历史学会之请，做《南大与我们的前途》专题演讲，其中提到，南大创办的最初几年，出现很多非常优秀的学生；"很矛盾的，现在南大的师资和教学水准虽已提高了，但特出的学生却没有从前那么多"（李业霖主编《南洋大学走过的历史道路》，440—444页，马来西亚南洋大学校友会，2002）。是有点奇妙，教学水平上去了，学生却不见得比以前更有出息。如何解释这一矛盾？我以为，关键在于创校初期，教授与学生全都憋着一股气，有明显的精神追求；日后走上正轨，教与学都变得平淡无奇，无论学生还是教师，都不那么有"精神"了。其实，不只南洋大学如此，古今中外很多大学，都曾面临如此尴尬的情境。

"大楼"不能取代"大师"，这是目前大家谈得比较多的；我想补充的是，"学问"不等于"精神"，办大学，必须有超越技术层面的考虑。过去常说"教书育人"，不是没道理的。

总的感觉是,目前中国的大学太实际了,没有超越职业训练的想象力。校长如此,教授如此,学生也不例外。北大学生常被批评为不谙世故,书生气太重;但在我看来,这不是什么坏事。如果大学还没毕业,已经老气横秋,像坐了十几年办公室,对所有人事均能应对自如,这其实很可怕。学生嘛,总该有点理想主义,即便不切实际,也没关系。

记得王国维的《人间词话》是这样开篇的:"词以境界为最上。有境界,则自成高格,自有名句。"请允许我套用:大学以精神为最上。有精神,则自成气象,自有人才。

四、大学的类别以及个性

最近五年,作为政府重要决策的大学扩招,影响及于千家万户,其利弊得失,必须拉开一段距离,才能看得清楚。对于如此"教育大跃进",不少学者持严厉的批评态度。迅速扩大的招生规模,确实使得各大学师资力量减弱、办学条件恶化、教学质量下降。可另一方面,国家需要人才、百姓渴望读书,这你也不能不顾及。如何兼及学术质量与社会需求?在我看来,关键是将大学分层评价、分级管理。

教育部长周济 2004 年 6 月 8 日在"985 工程"二期建设工作会议上做报告，题目为《构筑创新平台 建设优势学科 加快世界一流大学和高水平研究型大学建设》(《教育部通报》，第 18 期，2004 年)，其中有这么一段：

> 基于我国的国情，国家必须集中力量，重点支持若干所高校创建世界一流大学，支持一批高校建设高水平研究型大学，支持一大批学校建设重点学科，为现代化建设提供一流的人才和知识贡献，引领中国高等教育整体水平的提升，激励更多的高校以争创一流的精神和业绩向提高整个高等教育水平的方向前进，形成"一马当先，万马奔腾"的局面。

这段话的大思路，我很赞成，只是想略做补充：之所以千余所大学不能齐头并进，除了钱的因素，很大原因还在于，大学应该分层。即便你有本事把中国大学都办成北大清华，也不是什么好事。缺了社区学院，或者说专科教育，你到哪里去找合格的高级技术人员或者文秘？让艺术家都来拿博士学位，让政府要员全变成兼职教授，这样的大学繁荣，不是好兆头。

在《大学精神与大学的功用》(《社会科学论坛》2005年1期)一文中,我曾提到以下三个问题:第一,不同国家不同类型的大学之间,不可比,没有高下之分。第二,美国的好大学,不仅仅是哈佛、耶鲁、哥大、斯坦福等,还包括那些以人文社会为主的 college(学院),像 Swarthmore College、Reed College、Middlebury College、Ithaca College、St. John's College 等,还有专收女生的 Wellesley College、Smith College、Vassar College,都是了不起的好学校。它们不招研究生,不是没这个能力,而是全心全意经营好本科。第三,即使同是研究型大学,也要看到,大学办得好不好,关键在于有没有个性。就像写文章,能雅是本事,能俗也是本事;就怕半吊子,高不成低不就,理论、实用全都不彻底。

目前中国的大学,一窝蜂都在争硕士点、博士点;在我看来,这是一条很糟糕的歧路。200多所博士授权学校,400多所硕士授权学校,再加上600多所学士授权学校,这只是一个动态的过程,很快就有人"升级换代"。那些只有学士或硕士授予权的学校,全都不安于现状,都在冲刺博士点,而且,不达目的,誓不罢休。

今年春天,原清华大学校长王大中发表文章,谈及中国在学博士生已达14.35万人,培养规模跃居世界前列。

美国大学中每年博士学位授予数量超过700人的，只有两所；超过600人的也只有6所。而我们已有多所高校博士生招生数超过1000人，最多的甚至达到1400人（《关注博士生培养的过度教育现象》，《文汇报》2005年4月7日）博士教育的快速增长，带来了一系列矛盾：首先是学术质量，其次是学生出路。科研经费少，学生数量多，你让我们的博士生怎么能出大成绩？理工科的博士生，没有课题经费，基本上是寸步难行。如此多快好省地"催生"各类博士，后果很不乐观。更严重的是，目前排队申请博士点的大学还很多，你怎么说服他们安于本科或硕士生教学的现状？

我曾经说过，民国年间最值得尊敬的大学，不是北大、清华，也不是燕京、辅仁，而是张伯苓创办的南开。为什么？相对于私立的南开大学，清华、燕京那样的国立或教会大学，可利用的资源要多得多。此外，还有一些学校同样值得表彰，比如留日学生发起创办的中国公学、蔡元培为校长的孔德学校、唐文治的无锡国专、梁漱溟的山东乡村建设研究院、晏阳初的乡村建设学院、陶行知的晓庄学校、匡互生等人的立达学园等，这些消逝在历史深处的好学校，有理想、有个性，在制度上有所创新，在精神上有所拓展，虽然没能延续下来，仍值得你永远追忆。

目前中国大学的最大缺陷，是没有个性。有人开玩笑说，中国只有两类大学，或副部，或正厅。大学没有明晰的自家面目，这样的教育布局，很让人担忧。这跟我们将大学校长作为行政领导，可以随意调换，有直接关系。党委领导下的校长负责制，是集体领导，强调制度建设，再加上教育部管得太多，各大学面目相差无几。民国年间的大学，可就不一样了：张伯苓管得好南开，但管不好北大；反之，蔡元培也很可能对付不了南开。一个有名的案例，罗家伦在清华很受气，在中央大学则如鱼得水，做出了很大成绩。大学校长的性格与才情，深刻影响着其执掌的大学。而现在，有理想、有个性、有胆识，影响一所大学发展方向几十年的校长，不能说绝对没有，但很少很少。

现在办大学，追求的是"大而全"。这当然是评比制度闹出来的，但也跟校长们的见识有关。眼看着云升云降、潮起潮落，有心人都在谈论如何"扬长"，我则反其道而行之，建议"避短"。其实，对于有理想、有才华的人来说，"避短"更难。因为他眼界高、能量大，往往把事情看得太容易了，以为真的是"天下无难事，只要肯登攀"。经过一番努力，或许他真的把事情办成了；可他不会退一步想：假如不这样做，也许成绩更大。记得蔡元培主政北大时，为合理使用有限的资源，竟然停办了工科；张伯苓办南开大学，故意不设中文系；还有唐文治舍弃上海工业专门学校（即现在的上海交大），跑到无锡来筹办"救人心"的无锡国专。所有这些，都是有所舍，才有所得。

有所舍，是为了有所得，学者如此，大学也一样。说到这里，我想起清代学术史上的一段公案。清代大学者王鸣盛有一天对戴震说，我以前很怕姚鼐，现在终于不怕了。戴震问：为什么？王的回答非常精彩：

> 彼好多能，见人一长，辄思并之。夫专力则精，杂学则粗，故不足畏也。

听完戴震的转述，姚鼐大为惊悚，当即决定舍弃词学，专攻文章，后果然以建立桐城文派而留名千古。这段逸事，是姚鼐自己说出来的，见于其《〈惜抱轩词〉跋》。

我读现代中国大学史，特别关注那些有强烈个性、晓得如何趋避、在十分不利的状态下丢卒保车，最终化险为夷的教育家。当然，日后形势变了，决策必然重新调整。但决定"放弃"那一瞬间的痛苦，以及这一决定背后的意愿与情怀，值得后人理解与体贴。我相信，对于有理想的教育家来说，高歌猛进容易，身处逆境，壮士断臂，则很难。

更可怕的是，落在你头上的，是个烂摊子。学校基础太差，根本不可能争什么一流。这个时候，能不能在低层次的大学（比如只有本科或专科），做出令人刮目相看的成绩？谈这个问题，必须区别学校的成绩与校长的贡献。一流大学的校长，不一定就是优秀的教育家；反过来，执掌一所三流大学的，也有可能是位了不起的好校长。就像北大，不管谁来当校长，她都是国内一流。因为，国家的经费投入、教授的学术水平、学生志向以及社会认可度摆在那里，学校怎么办都不会太差，只是能不能更上一层楼的问题。相反，一所底子很薄的大学，再伟大的教育家，也不可能让其突飞猛进，短期内跻身国内甚至世界一流。

前几天读舒乙写的《苦读偶窥》（《文汇报》，2005年7月31日），说的是北京一批知识分子，自己集资，到教育落后的河南省民权县办私立的黎阳高中。"黎阳高中的定位是三个面向：一是面向农村，二是面向贫穷，三是面向原本学习基础差的。"就像舒乙说的，"这三面向，真棒！而且独一无二。"这些基础差的农村学生，经过三年苦读，高考入学率居然高达90%（10%本科，80%大专）。主持其事的丁传陶老师很困惑——这样的"苦读"不符合他的教育观；可是能让穷人的孩子考上大学，在我看来，还是功德无量。不管是中学还是大学，能让教学条件不好、学生资质差的，照样出人才，这才是真本事。至于学校规模大小、校长级别高低，不该太在意。

五、民办大学的崛起

今天我们谈论大学，有意无意地，指的都是国立大学，而很少将私立或民办大学纳入视野。而这一习惯思路，在我看来，是有问题的。

或许，大家不太在意，目前中国，每十名大学生中，就有一名是在民办高校就读。而且，教育部有关负责人表示，今后几年，高等教育招生增量将主要放在民办高校中。目前政府承认学历的民办大学，全国共有239所；其中专科层次的214所，本科层次的25所。随着《民办教育促进法》的正式实施，我相信，不只现有的民办大学会有大发展，还会有不少新的企业及个人，积极投身/投资民办高等教育事业。

对于民办学校的性质、地位、宗旨与作用，《民办教育促进法》及实施条例做了明确规定："民办学校与公办学校具有同等的法律地位，国家保障民办学校的办学自主权"、"国家保障民办学校举办者、校长、教职工和受教育者的合法权益"。这就意味着，今后，民办大学可以根据自己的特点，在不同类型、不同层次、不同规格的平台上，与国立大学展开自由竞争。

中国的高等教育，需求量极大，既需要高精尖的专业人才，也需要贴近市场的应用型人才。原本是，你走你的阳光道，我走我的独木桥，各有各的绝招。但随着民办大学的日渐壮大，口号开始发生变化，不再满足于获得专科或本科学位授予权，有的甚至提出要办"中国的哈佛"。国立大学呢，连年扩招，专业设置不断向下延伸，已经与民办大学严重重叠。表面上看，瘦死的骆驼比马大，扛着国立大学的招牌，总能吸引到较好的考生。可如果将校园设备、教学管理、学生出路，以及办大学必不可少的雄心壮志考虑在内，像北京、西安等地那些办得有声有色的民办本科学院，其发展前景，比很多公家办的三流大学强。更重要的是，前者在崛起，前途未可限量。因此，在不远的将来，国立大学与民办大学二者之间，不可避免地会发生碰撞。若能以此为契机，在公办、民办大学之间，逐步形成优势互补、相互激励、共同提高的新局面，则可喜可贺。

如何理性地看待民办大学的崛起？我跟一些民办大学的校长有过接触，感觉上他们很像成功的民营企业家：过人的工作精力与组织才华，口若悬河、指挥若定；谈及民办大学的未来，既兴奋又焦虑，既有教育家的志趣，也有商人的精明与实际。上个月，应陕西电视台"开坛"节目的邀请，作为主讲嘉宾，我与西安六所民办学院的校长展开对话，主要谈了以下几个问题。

首先，我不主张直接用美国及日本的例子，来推测中国民办大学的未来。鼓吹民办大学的，大都喜欢举美国和日本作为例子。众所周知，日本是私立教育主导型的国家，高等教育中，私立大学比重超过70%。日本私立大学的大发展，是在1970年代，一方面是经济起飞对于人才的强劲需求，另一方面则是政府意识到私立高等教育具有某种公共性，提供部分经费补贴以及免税、减税措施，借此提高私立大学的办学水平与教育质量。日本的私立大学不仅数量多，还有若干名校，像早稻田大学、庆应义塾大学等，学术水平不比东京大学、京都大学差。在高等教育大众化的过程中，日本的私立大学扮演了重要角色；美国恰好相反，是通过增加公立大学来达成这一目标的。那是因为，美国最早成立的大学，都是私立大学。时至今日，美国私立大学系统之完善，质量之高超，天下无敌。2000年的统计资料，美国共有私立大学2484所，超过全国大学总数的50%。更让人惊讶的是，排名前二十位的大学中，私立大学占绝对优势。但是，私立大学占据高等教育的半壁江山，这不是世界教育史上的通例；比如，欧洲的情况就不是这样。美日两国著名的私立大学，运营经费相当可观,主要是接受捐赠和收取学费,此外还有中央及地方政府的财政拨款,还可以通过科学研究、经营及其他服务获取一定收入。因此,也有学者认为,"并没有真正的'私立'高等教育这种事情"(参见弗兰斯·F. 范富格特主编、王承绪等译《国际高等教育政策比较研究》,406页,杭州:浙江教育出版社,2001)。而中国目前的民办大学,全靠学生学费,加上银行贷款,这样的财政状况,不可能在学术研究上投入过多,因而也就很难迅速提高教学及研究水平。

在做节目前,主持人问,能否说民办大学是改革开放的新生事物?我说不行。即便排除古已有之的私学,就算跟西方接轨的私立大学,也得从晚清说起。抗战前夕,国统区共有专科以上学校108所,其中大学42所(国立13所、省市立9所、私立20所)、独立学院36所(国立5所、省市立9所、私立22所)、专科学校30所(国立8所、省市立11所、私立11所)(参见曲士培《中国大学教育发展史》,522页,太原:山西教育出版社,1993)。国立与省市立属于公立,至于私立大学,则包括教会与私人所办两类。一直到解放前夕,高等教育中的公立与私立,数量大致相当。中华人民共和国成立后,情况发生很大变化。第一次全国教育工作会议决议(1949)规定,以解放区教育经验为基础,再加上向苏联学习,拓展新中国的高等教育事业。具体措施包括:组建中国人民大学、哈尔滨工业大学,改造老北大、老清华;接管教会大学,取消私立大学,大学一律改为国立;实行院系调整(1952),保留14所综合大学,其他的改为专业院校。事后证明,这三大举措,关系重大。

中国私立大学的起步,不是1982年,这点很容易说清楚。但假如从晚清谈起,有了对照系,今天民办大学所取得的成绩,就显得不那么辉煌了。其实,中国很多名牌大学,原本都是私立的,比如复旦大学,马相伯创办于1905年,1942年改国立;厦门大学,陈嘉庚创办于1921年,1937年改国立;南开大学,严范孙、张伯苓创办于1919年,1946年改国立。声名显赫的西南联大,是由两所国立大学北大、清华,加上一所私立大学南开组合而成的。今天很难想象,才办了不到二十年,南开就有这样的学术声誉,可以和北大清华平起平坐。你可以说组建西南联大,那是抗战中的特殊举措;但当年南开的学术声誉确实很好。现在的民办大学,也有办了二十几年的,规模是上来了,可学术水平呢?

我同意这么一种乐观的估计:民办(私立)大学中,经过一番大浪淘沙,会冒出一些名校;这些名校逐渐成长,总有一天可以跟著名的国立大学相媲美。但这需要很长、很长的时间。目前中国的民办大学,仍在起步阶段,提过高的要求,明显不合适。我担心的是,形势一好转,头脑就发热,民办大学也都一窝蜂地谋求升级,以致重蹈公立大学的覆辙。刚才说了,都办成研究型大学,既不可能,也不可取。认真经营好本科或专科教学,着力培养实用型人才,没什么不好。千万别好高骛远,弄出很多花里胡哨的招数来(如20万奖学金买高考状元,或制造各种莫名其妙的排行榜)。我能理解,民办大学竞争激烈,发展艰难,可"出奇"不一定能"制胜";再说,那也不是办学的正路。

我对目前中国民办大学的基本看法是:从培训班起步,二十年来,历尽艰辛,为国家解忧,为百姓解难,在国家没有投入一分钱的情况下,培养了许多实用型人才,对中国高等教育的大发展,做出了突出贡献。而且,在这一过程中,好些民办大学完成了自身的原始积累,拥有漂亮的校园以及基本师资队伍,初步树立起自家的品牌。如今再添上国家政策的倾斜,以后若干年,中国的民办大学,我估计会有较大的发展。而民办大学若真能大发展,对目前中国的大学体制以及思想文化状态,会产生很大的冲击。对此,我寄予很大希望。

六、"师道"有无"尊严"

不管是国立还是民办，大学校园里，师道有无尊严，以及师道能否尊严，都是个很现实的问题。

师道不能合一，是个大趋势。这是因为，作为知识载体的书籍越来越普及，求师不再是获取知识的唯一途径；进入信息化时代，获取知识的途径更加多元，包括在家自修或参加远程教学。这样一来，师在道德教诲以及知识传授中的功能，将日渐弱化。中小学还好说，踏进大学校门，独立思考的欲望与能力与日俱增，传统的"天地君亲师"，再也不能束缚住今日的大学生。

学生与老师的关系，大致有以下三种类型：尊师但不重道——管他说的对不对，你都得服从；重道而不尊师——吾爱吾师，吾尤爱真理；重道且尊师——追求真理，同时尊敬有道德有学问的师长。当然，师必自尊，而后生始尊之。启功为北师大书写校训"学为人师，行为世范"，这与传统中国"传道授业解惑"的设想很接近。问题在于，近年大学校园老出事，于是有人危言耸听，说是"二千年的师道尊严毁于一旦"。我不同意这种说法。有些属于刑法管辖范围，比如杀人、嫖娼、猥亵小学生，这跟师道是否尊严关系不大。作为公民，无论从事哪个行业，违法必究。你要是把这跟特定职业挂钩,比如在教师大会上宣布:为了维护师道尊严,严禁嫖娼,那也太低级了。

大学乃社会的一部分,同样存在各种矛盾,包括:师生与政府的矛盾,极端的例子是"闹学潮";以校长为代表的管理层与教师学生的矛盾;教师与教师、学生与学生之间的矛盾;最后,也是最重要的,师生之间的矛盾。师生之间不可能没有矛盾,关键在于如何协调,尽可能使其处于比较和谐的状态。

关于大学管理,我的理想是:为中才定规则,为天才留空间。至于师生关系,我的想法是:不即不离,不远不近。此前,大家较多批评师生之间如同路人,缺乏感情交流,学校只是贩卖知识,学生选课真的是Shopping。但还有另一种倾向,很少被人提及,那就是师生之间缺乏必要的距离。

在我看来,大学校园里,教授不一定非跟学生"打成一片"不可。当班主任是一回事,如果只是教学或带研究生,没这个必要。我甚至认定,教授必须跟学生保持一定的距离。表面的威严与内心的温情,二者并行不悖。过于随和,缺乏原则性,什么事都好商量,容易使学生对师长及学问失去敬畏之心,效果并不好。上学期考试,有成绩不及格的学生打电话给我,说是"商量商量,给提提分数"。被我严辞拒绝后,学生还抱怨:怎么那么死板!

在教学评估日益严格、流行学生给老师打分的今天,还敢不敢严格要求?本科生的必修课好说,评分时,优良中差有一定的比例。选修课不一样,教师评分天差地别,有严格把关的,也有出手阔绰的。于是造成这么一种局面:听好教师的课,要差教师的学分。过分看重教学评估,很可能导致教师讲课时哗众取宠,努力去讨好学生。只问效果如何,不问程度深浅,大学的课于是越上越水。我以为,即便在大学阶段,教育仍带有某种强制性。在整个知识体系中,有些重要的关节点,不管你喜不喜欢,都必须教、必须学。哪些是主干基础课,哪些属于选修,这可以商量;但教育不是超市买菜,不能顾客说了算。学生要什么,我们就教什么,学生讨厌的,我们就淘汰——如此时尚的教育理念,实在让人担忧。

人格上平等、但专业知识悬殊的师生之间,如何保持良好的互动?中小学里,依然存在教师辱骂、体罚学生的情况,必须大讲人格平等。大学不一样,大学生有更多自主选择的权利与机遇,博士生更是勇于挑战导师的观点。去年我为北大中文系新生讲话,题目叫《同一个舞台》(《中华读书报》2004年9月8日),说的是,两百年后,谁还知道我们之间哪个是老师哪个是学生?师生之间,有传授知识与接受教育的关系,但也是一种对话与竞争。

不同性质的学校,对这个问题会有不同的反应。1990年代初,到北大给学生开讲座,真的是胆战心惊。阶梯教室里,大门在讲台两边,座椅是翘起来的,有些学生为了表示自己很有见识,没听几句,抢起书包,走过讲台,扬长而去。但听座椅噼里啪啦,不时有人影从眼前飘过,再有经验的演讲者也会心慌。这对演讲者很不公平。后来我们说服学生,你可以不来,也可以在下面看书,但不要这样表演,得给讲课的人必要的尊重。

反过来,在一些自诩"准军事化管理"的学校——好些民办大学以此为荣,必须强调尊重学生的人格,不能辱骂,更不该蔑视,应给予学生选择学习以及自由表达的权利。把学校管得像监狱,不准外出,不让独立思考,也不给犯错误的机会,这对学生的精神成长不利。

过去为师的少,大家把"师"想得太高深了,近乎圣人;现在师多起来,遍地都是教授,自然品类不一。只能要求教师恪守职业道德,再略有提升。说得太伟大,做不到,很容易变得虚伪;说得太渺小,跟扫马路的、卖大白菜的没什么区别,那也不行,忽略了"为人师表"的特殊性。

"师道尊严"某种程度的丧失,并非西学东渐的结果。晚清以及上世纪二三十年代,教师很受尊重。抗战是一大转折,炮火连天中,"百无一用是书生"。1950年代的思想改造,对"师道"是一大冲击;到了"文革",更是斯文扫地。最近二十年,政府在努力,包括设立教师节,增加学校拨款等,民间的态度也开始转变,可以说,教师正逐渐捡回失去的尊严。但东部与西部、城市与农村、大学与中小学、大学里从事基础研究的与应用研究的,所受到的尊重以及经济收入,仍有很大差距。

社会上普遍以金钱为评价标准,不再相信"知识就是力量",也不再附庸风雅了。说句笑话,以前把老板叫老师,现在把老师叫老板。别的地方我不清楚,在北京,你走进饭馆,服务员保准叫你"老板"。我曾试图纠正,但没用,说是叫老板好听,大家都高兴。现在连大学校园里,也都流行这样的称谓,管自己的导师叫"老板",真是岂有此理。师生之间,不再是从游、问学,而是雇佣关系,这太可悲了。

最后谈一个小问题,即校园里的礼仪。几十年反对形式主义,再加上"文革"中的"破四旧",中国人不再讲"礼",很可惜。不久前,文化部召开"当代中国文化建设与发展研讨会",有学者说起:在校园里碰到老师,怎么办,打不打招呼,该怎么称呼。视而不见,不太礼貌;叫"老师好",好像小学生;叫某某老师,则可能影响人家的生活。那位先生称,最好就叫"老师",不带姓。我的意见是,只求适意,不必太拘泥。或点头微笑,或打打招呼,或干脆回避,视情境而定。你想,教授在校园里散步,或思考,或休息,或亲密交谈,或陪客人游览,你硬要上去打招呼,不太合适。尊敬师长,有此意识,但不强求。

所谓的"礼",并非只是仪式,很大程度是一种心情。辜鸿铭认为,"礼"应该译为"Art",而不是"Rite";周作人对此大为赞赏,称这就是"生活的艺术"(《雨天的书·生活之艺术》)。所谓"生活的艺术",不仅仅在于调和禁欲与纵欲,达成新的自由与新的节制;还包括控制理智与情感、调节社会与个人、兼及庄严与轻松等,确实是一门艺术。唯一需要说明的是,我不主张自上而下地"制礼",那样做,很容易意识形态化;我更倾向于通过教育,逐渐养成。

2005年8月16日修订于京西圆明园花园

(前五节初刊《书城》2005年9期;第六节收入《教育三题》,初刊《书城》2005年12期)

大学排名、大学精神与大学故事[1]

前些天,我回广州参加中山大学80周年校庆,所见所闻,大有感触。好多问题,大家提出来了,希望我解答。我不是教育部新闻发言人,但这些问题凸显了中国大学目前面临的困境,必须认真面对。先说说到底哪些是大家关心的问题。

第一,不断有回来参加庆典的校友询问校长,我们学校排行第几?校长明知这种问法不科学,但也没有办法,只能尽量挑最好的排名来答复。大家知道,同一所大学,在不同的排名榜上,位置不一样。不仅校长,各个院系的

---

[1] 笔者曾以类似题目,于2004年11月17日在首都师范大学图书馆报告厅、11月30日在北京大学教育学院、12月10日在华东师范大学中文系做专题演讲,现以首都师范大学的记录稿为底本,综合三次演讲,整理成文。

主任，都说排名给他们造成了很大的压力。大学排名，如今成了各大学最关心的问题之一，甚至北大、清华这样的名校也不例外。

第二，前些天报纸上说，英国的《泰晤士报》推出全球最佳大学排名，北大排名第十七，清华名落孙山。我的第一感觉是，有没有搞错，是不是周星驰版？因为，第一，北大没那么好；第二，清华没那么差。北大清华，伯仲之间，如果强行拉开距离，那肯定这评判有问题。

第三，2001年，中大校方在校园里发起关于"中大精神"的讨论，据说效果很好。大家希望听听我的意见，即，你怎么看待这场大讨论？

第四，开完庆典会，我顺便到一所师范院校演讲，谈大学精神。开放提问时，有学生希望我谈谈陈寅恪先生，如何评价他的思想自由、学术独立主张。我问：你读过陈寅恪的书没有？回答是"没有"。没有读过陈寅恪的书，也都喜欢谈陈寅恪，这是我关注的一个问题。

第五，老同学见面聊天，有幸灾乐祸的，也有忧心忡忡的，他们问我：为什么大学老出事？一会儿北大博士生录取有争议，一会儿北航招生大舞弊，一会儿南师大女生陪舞，一会儿复旦大学经济学院院长嫖娼。虽然大学毕业20多年了，但说起大学，他们都有一种青春想象，觉得大学里的教授们应该很纯洁、很崇高的。怎么现在变得乱七八糟的,这让他们很难接受。

好吧,就这些。这么多问题,你说该怎么回答?大学到底发生了什么变化,这是大家都关心的。下面我就试着略作解释。当然,好些是说开去,不是直接针对这些提问。

一、关于大学排名

对于大学排名,我相信,很多大学都是又爱又恨。不同的排名,提供了自由解说的无限空间,你不妨各取所需;但反过来,总有让你感觉很尴尬的时候。目前中国的大学排名,主要有三类:一、民间的排名,比如广东管理科学研究院武书连的排名;二、教育部的排名,比如一个月前出台的一级学科排名;三、外国媒介,比如《泰晤士报》的排名。这其中最滑稽的,还属《洛杉矶时报》的排名。

前不久,很多报纸都登了这么一则消息,说是美国人评出中国十所"最受尊敬的大学"和十位"最受尊敬的校长"。最受尊敬的十所大学是清华、北大、浙大、复旦、南京大学等,第十名是西安翻译学院。最受尊敬的大学校长呢,第一名是北大校长许智宏,第二名是西安翻译学院校长丁祖诒。西安翻译学院这几年广告做得很凶,而且经常制造大众关注的话题。比如宣称他们的学生如何"畅销",还没毕业就被定购一空,而且月薪极高等。后来记者深入调查,没那回事。现在这个排名,同样使大家很惊讶。清华、北大哪个排在前面,大家都能接受,复旦、浙大、南大也都是好大学,但西安翻译学院怎么可能跟它们并列在一起?这实在让人震惊。后来,经有心人核查,发现这个"中国最受尊敬的十所大学"排名,是刊登在《洛杉矶时报》的广告版上,负责排名的"美国50州高等教育联盟",不是美国的教育管理机构,而是一个美籍华人今年5月份刚在美国加州注册的公司。报纸上,除了排名,还有西安翻译学院的照片。在广告栏里出现了某所学校的照片,大家纷纷追问,到底是谁花的钱?西安翻译学院说他们没花,是人家主动跑来送获奖证书的;但再一问,北大没有收到这个证书,清华也不知道他们得奖了(《大学排行榜疑似付费广告》,《北京晨报》2004年11月17日)。这个排名,我相信学术界、教育界都不会当真;可问题在于,此举的广告效果极好,起码吸引了众多眼球,引起大家的普遍关注。对于平民百姓来说,排名这东西,信也不行,不信也不行。不要说局外人,就连我们这些在大学里教书的,也都看不懂。形形色色的大学排名,犹如万花筒,稍一晃动,马上变出新的花样,是很有娱乐性;可看着大学也像商品一样被炒卖,心里很难受。

你问我大学排行榜好不好,这取决于评价标准的设计,取决于获得数据的方式,也取决于具体操作时是否严谨。教育部做一级学科排名,要求各大学填表,算是最认真的了,可也颇多非议。我开玩笑说,以后大学里应开设一"填表"专业,教导大家如何"恰到好处"地公布各种相关数据。排名根据各大学填报的表格,可谁来核实这些数据呢?这么说来,填表的技术很关键。当然,表格的设计更关键。比如,科研经费和学术声誉,二者各自所占比例的大小。注重前者还是注重后者,决定了北大、清华哪个在前。按国内的大排名(即不考虑理工院校和综合大学的区别),清华在北大之上;但如果在国外,北大在清华之上。这其实是评价标准设计的问题。如果像上回公布的那样,北大文科所占分数,只等于清华理科所占分数的四分之一,这就必然出现工科院校排名普遍在综合大学之上的情况。照这样算,上海交大、西安交大、中国科技大、华中科技大等,排名都在很多很好的综合大学之前。这有两个原因:第一,硬件指标,即国家拨给或企业资助的经费;第二,院士数目,文科没有院士,而"著名学者"又不是可以准确把握的概念。综合大学里的人文学科与社会科学,你可能人才济济,但无法量化为"有效指标",再加上科研经费少，难怪不能跟理工科院校比。

在大学评价指标里，还有一项是学术声誉。所谓的学术声誉，也就是学界以及社会对于这所大学的认可程度。不靠统计，凭印象、凭直觉、凭口碑来下判断。相对来说，外国人更看重学术声誉，而中国人呢，更相信那些看得见摸得着、可以堂而皇之拿出来的数字。于是，差异出现了。那个让北大人欢欣鼓舞的《泰晤士报》大学排名，北大居然名列第十七；在我看来，这是绝对不可能的。据说，这次排名主要依据五项指标：第一，国际教师比例，第二，国际学生比例，第三，教师与学生比例，第四，教师科研成果的引用——这四个指标，北大都很一般；但第五项指标——学术声誉，北大居然高达322分，单项全世界排名第十，一下子提升了北大的排名（《〈泰晤士报〉推出最佳高校排名，北大跻身全球前20名》，《中华读书报》2004年11月10日）。在我看来，这个排名所肯定的，不是北大的科研成果，而是中国在变化的世界格局中所具有的重要性。中国在崛起，而且在全球事务中发挥着越来越大的作用；学者们在关注中国的同时，也在关注中国的高等教育。这就有意无意地提高了中国大学的学术声誉。非要一个中国代表入围不可，那就上北大吧。中国的重要性，以及大学发展和国家命运紧密相联这一设想，使大家认定北大非常重要。北大在现当代中国的政治史上，曾发挥过很大作用，这一点，给各国学者留下了深刻印象，因而排名时大大加分。可以这么说，现在的中国大学排名，外国人做得偏"虚"，中国人做得偏"实"；太虚太实，在我看来，都不太可靠。按照目前中国的趋势，大学排名越来越倾向于避虚就实，也就是强调"数字"而忽略"影响"。所以，我才需要努力为玄虚的、可以感知但无法量化的"社会声誉"辩护。

常听人互相吹嘘，说我们学校、我们院系如何了不得，说的基本上不是建筑，也不是仪器，而是著名人物，或者说"名教授"。这个思路，其实是回到了七十年前梅贻琦就任清华大学校长时讲的一段话："一个大学之所以为大学，全在于有没有好教授。孟子说：'所谓故国者，非谓有乔木之谓也，有世臣之谓也。'我现在可以仿照说：'所谓大学者，非谓有大楼之谓也，有大师之谓也。'我们的智识，故有赖于教授的教导指点，就是我们的精神修养，亦全赖有教授的 inspiration。"（《就职演说》）名教授对于一所大学来说，是至关重要的，这个思想，凝聚为一句通俗易懂的格言：大学的关键不在"大楼"，而在"大师"。这段名言，现在常被喜欢谈论教育的朋友引用，影响极大。

其实，在此之前 20 年，即 1912 年，马相伯在严复辞职后,短暂代理了北京大学校长,在他的就任演说中,也有类似的比喻,只是着眼点不一样,针对的是大学生:"诸君皆系大学生,然所谓大学者,非校舍之大之谓,非学生年龄之大之谓,亦非教员薪水之大之谓,系道德高尚,学问渊深之谓也。"这段话,刊载在《申报》1912年10月29日,题目是《代理大学校长就任之演说》,北京大学出版社2000年刊行的《北京大学史料》第二卷有收录,可以参阅。这里强调大学之"大",不在于校舍,也就是梅贻琦说的不在大楼,而在于师生的学问境界。对于大学来说,"人"是最重要的;这里所说的"人",包括校长、教授,也包括学生。因此,我对于目前大学排名的过分重"物"而轻"人",很不以为然。

二、关于大学精神

我发现,现在中国的大学,"大师"难得一见,"大楼"却都很辉煌,这都是托校庆的福。大学不是不要大楼,而是更需要大师——这样解读,才不至于将真经念歪。自1998年北大成功举办百年庆典以来,各大学的校长们,都懂得利用校庆的机会,好好地树立自己学校的形象,同时获得诸多实际利益,包括"大楼"。借助校庆的宣传,使得学校大名远扬,这很重要。向内,凝聚学生和教授们的共识;向外,扩大声誉,让校友们感到骄傲,也让外界了解这所大学。这是校庆最最重要的工作,古今中外,概莫能外。

回到关于大学精神的话题。那天我到广州,刚下飞机,就被拉去参加广东电视台的"前沿对话",那是专门为中山大学校庆做的节目,作为校友,我不能不尽力。事先没沟通,突然被问及对于2000年中大校园里开展"中大精神"大讨论的看法,真的很狼狈。我知道有这么一场讨论,也见过那本《凝集中大精神——"中大精神与校园文化建设"大讨论文集》(广州:中山大学出版社,2001),可说实话,当时只是翻翻而已,并没认真对待。稍微迟疑了片刻,我做了如下答复:

> 北大百年校庆的时候,也在讨论"北大精神",我不太赞成这样的提法。所有的精神都在建构中,没有不变的精神,想用一句话来概括一所大学的精神,基本上是不可能的事情。国外著名的学府,哈佛和耶鲁等都有校训,但都不曾有什么"哈佛精神"、"耶鲁精神"。为什么中国人就喜欢这样概括?我想,是因为大家都想用一句话,一个口号来记住中大、北大。我可以理解这样的愿望。

这种讨论可以进行，准不准确、能不能概括，都无所谓，关键在于它可以凝聚人心，畅想未来。因此，与其争辩什么是"中大精神"，不如直面中大目前的现状，怀着虔诚、期待的心情参与到新的学术传统的创造中，这才是最重要的。

这场"南北学者对话"，被在场的记者记录整理，刊载于2004年11月12日的《南方日报》上（参见《南北学者康乐园里共话"中大精神"，中大最可贵在"中"不在"大"》）。我下面要说的大概意思没变，只是略做发挥。

第一，我不太相信能够用一句话来概括十几万人近百年的努力，除非你说的是"爱国""民主""科学"那样的大话。可如果上升到这个层面，各大学之间又有什么区别？北大百年校庆期间，我对这所大学的历史及传统有所阐释，引起某些权威人士的不满，于是，校长语重心长地告诫我：讲北大，还是要讲爱国。我的答复是：这话说了等于没说，难道其他大学的师生就不爱国？这样来谈论某某大学精神，很危险，容易简单化，而且上纲上线。

不管是"北大精神"，还是"中大精神"，如果真的需要提炼，也应尽量避免"定于一尊"的思路。不妨各说各的，百花齐放。因为，用一句话来概括几万乃至十几万师生几十年上百年的努力，只能高度抽象，那样，弄不好就成了另一种校训。大家知道，"校训"是主事者对于未来的期待，不是历史总结。半年前，互联网上曾流行各大学的校训，我仔细看了，觉得大同小异，文字表达不同，但意思都差不多。很多大学校长及校史专家，都特别爱提校训，似乎这东西真的就像魔咒，有旋转乾坤之力。在我看来，校训没那么重要，它只是表达了一种愿望而已。就像口号，喊得多了，大家记忆很牢靠。至于是否真的在现实生活中发挥作用，只有天知道。百年校庆期间，我们讲了很多"北大精神"，事后，外国留学生问我，是不是中国高等教育比较落后，大学在整个社会生活中占据了特别重要的位置，大家自我感觉太好，才会以一所大学来命名某种精神。想想不无道理，当每个大学都在努力发掘并积极提倡自己的"大学精神"时，确实是有点夸张。而且，很容易变成一种变相的政治口号。

第二，我不相信有凝定不变的大学精神。如果说真有"北大精神""中大精神"的话，那也是经由一代代师生的努力，而逐渐积累起来的。只要大学存在，她就永远只能是一个未完成时——有大致的发展方向，但更需要一代代人的添砖加瓦；而后人的努力，必定对原有的方向有所修正。所以，我更愿意说大学传统，她比大学精神更实在些，也更好把握。而且,一说传统,大家都明白,那是在培育过程中的,是没有定型的,还在不断发展。

第三,虽然不相信一句话就能说清楚的"大学精神",但我还是很欣赏关于"大学精神"的讨论。在我看来,这既是在总结历史,更是在畅想未来,是一件"可爱"但"不可信"的工作。说"可爱",是因为此举可以凝聚人心,珍视传统,发奋图强;说"不可信",是因为此举更多地是表达一种愿望,不能作为一个历史学命题来认真对待。

也正因此,北大百年校庆期间,我试图将关于"北大精神"的讨论,转化为"北大故事"的讲述。表面上境界不高,其实大有深意在焉。下面我就来谈谈为什么要这样处理。

三、关于大学故事

讲述大学故事,可以有高低、雅俗之分。1993年,我在日本东京大学做研究的时候,翻阅了好些东京大学百年校史资料,也读了其他各国大学校庆的出版物,对此很感兴趣。几年前,我的《北大精神及其他》(上海文艺出版社,2000)出版,因其中谈及我对校庆出版物的兴趣,不断有相识或不相识的朋友给我寄此类东西;上海有位朋友，还专门帮我收集世界各国大学的校庆纪念邮票。这当然是后话了。

北大百年校庆期间，我编了《北大旧事》（北京：三联书店，1998），写了《老北大的故事》（南京：江苏文艺出版社，1998），其共同特点是，将我所理解的北大传统，或者说北大精神，借助老北大的人物和故事呈现出来。这种编撰策略，效果不错，于是，江苏文艺出版社紧接着组织了一套"老大学故事丛书"；而辽海出版社的"中国著名学府逸事文丛"、四川人民出版社的"中华学府随笔"丛书，还有好多谈论大学的丛书，也都是这个路数。这几年，谈论大学的书籍，纷纷从硬邦邦的论说与数字，转向生气淋漓的人物和故事，跟我的"开风气"之作，不无关系。以致现在各大学编校庆读物，都会格外关注"大师"的表彰，以及"大学故事"的讲述。可以这么说，此举起码让大家意识到，大学不是一个空洞的概念，而是一个知识共同体，一个由有血有肉、有学问有精神的人物组成的知识共同体。关于大学历史的讲述，不一定非板着面孔不可，完全可以讲得生动活泼。从"故事"入手来谈论"大学"，既怀想先贤，又充满生活情趣，很符合大众的阅读口味，一时间成为出版时尚。可书一多，鱼龙混杂，做滥了，也会讨人嫌。

回过头来，看看那些关于大学研究的著作，比如2001年浙江教育出版社出版的"汉译世界高等教育名著丛书"，共十二种，除了约翰·亨利·纽曼的《大学的理想》稍微涉及人物，其他人讲的，大都是大学该如何管理这样的问题。就学校的组织及管理者来说，他们会觉得，我这个研究，虽然也有意思，但不算教育学。好在我也不想挤进教育学家的行列，我讲的是人文，涉及文学、史学、教育等。换句话说，我理想中的教育，不是专业化的、只能由教育学家说了算的"小教育"，而是所有知识者都必须面对的、也都有权利插嘴的"大教育"。我希望做人文研究的，还有做其他专业研究的学者，都来关心教育问题，介入当代中国的教育改革里面来。这两年，也有不少教育学教授认可了我的研究，说我的文章写得有趣，不像他们谈教育管理、教育经济的那样坚硬。不仅仅是文章有趣，希望有一天教育学家也能同意："大学故事"同样可以成为大学史乃至教育学研究的课题。

我这样提问，希望你们不会觉得突兀：在大学里，谁最关心、而且最能影响大学传统的建构以及大学精神的传递？是管理者，还是大学生？我认为是后者。如果承认学生们在承传大学精神的过程中起了重要作用的话，你就能体会到我所讲的大学故事的重要性。现在很多大学都建立了校史馆（室），校方有意识地建构历史、表彰自己的光荣传统。但真正的校史教育，不是靠校长、院长、系主任来讲的；真正承当如此重任的，是学生宿舍里熄灯后的神聊。这种颇具学术色彩的聊天，没人强制，纯属自发，带有自娱性质，但褒贬之间，大有讲究。在我看来，所谓的大学精神、大学传统，很大程度上是靠这种"神聊"而得以延续的。任何一所大学，都有属于他们自己的故事，这些故事，真真假假，虚虚实实，在流传过程中，被赋予了很多感情色彩。大学四年，即便没有专门的校史教育，单是这些口耳相传的故事，也能让你对这所学校有所了解，有所认同。假如你在首师大、华师大或北京大学念了四年书，还没听到过此类有趣的故事，要不是学校太刻板，要不是你读书太不灵活。

这些校园里广泛流传的故事，比那些确凿无疑的口号、校训更实在，也更有用。它经过一代代教师学生的选择、淘洗以及再创造，必定有其存在的道理。说"再创造"，那是因为，大学的故事，日夜都在生长，都在起伏与变形。我在北京大学教了20年书，经常有学生问，老师，听说你有什么什么事情，是真的吗？我说我不知道，你讲给我听听。不能说毫无踪影，但想象发挥的成分很大。如今，我们也成了学生编造故事的对象。我相信，这些故事，日后有少数传下去，绝大部分则很快被遗忘。其实，常被提及的关于蔡元培、陈独秀、胡适、鲁迅、周作人、钱玄同、黄侃等人的故事，也都是这样产生并传播开去的。人的"记忆"并不简单，有很大的选择性，我们只记得我们愿意记得的。我做校史研究时，发现了一个有趣的现象，所有校园里广泛传播的故事，都有影子，但都不太真实。如果没有影子，胡乱编，传不下去；编一个跟这人性格完全相反的故事，更传不下去。别小看"口耳相传"，就像民间文学一样，它也有一套自我保护以及甄别真伪的技巧。传得下去的故事，往往是跟我们所认定的这所大学的传统比较吻合，也跟这个人物的性情比较接近。或许形不似，但神似。所以，每当人家要我讲什么是"北大精神"时，我总是掉转话头，给他们讲几个北大的故事。听完故事，学生明白了。明白什么？明白老师心目中的北京大学是怎么一回事。

常有人要我举一个例子，最能体现北大特点的，那种情况下，我通常举蔡元培。今天我们纪念蔡元培的时候，会强调他执掌北大十年的各种贡献，比如扶持新文化运动，还有他在北大组织进德会等。除此之外，我特别关注他的一个观念："循思想自由原则，取兼容并包主义。"所谓兼容并包，就是对不同学术思想、不同政治立场的人，同时包容。关于这个问题，大家可能记得辜鸿铭的故事，还有林纾的故事。虽然"逸事"与"正史"之间，有不小的缝隙（参见《老北大的故事》28—36页，江苏文艺出版社，1998），但大致的精神没错。另外，他请没上过大学的梁漱溟到北大来教书，也是大家乐于传诵的。这些事情，体现了一个大学校长"不拘一格降人才"的胸襟，这也是大学之所以为"大"的缘故。一定要说北大和其他大学有什么区别，那就是包容性比较大，包括对各种各样"主义"的提倡。今天我们提到新文化运动，往往只强调"新"的一面，尤其突出马克思主义的传播。其实，当时各种各样的学术思潮、政治思潮同时在北大出现，任由学生自主选择。大学不同于中学，就在于它提供了多种选择的可能性；通过自由竞争，有一些被淘汰，有一些留下来，就在这选择的过程中，学生成长了。尽可能让学生们接触各种各样的思想学说，这是大学的任务。像这种"不拘一格降人才"的故事，在北大很多，而在蔡元培校长身上体现得尤为突出。所以，我认为围绕蔡元培先生的一系列故事，最能体现所谓的"北大精神"。

现编的故事也好，流传久远的传说也好，学生们听了，明白其中的奥秘，这就行了。有趣、耐读，让人浮想联翩，虽然不能完全证实，但这样的故事和传说，对于一所大学来说，不是可有可无，而是很重要的文化财产。当然，讲述大学故事，必须经得起听众的考验，不能做成纯粹的广告。在这一点上，我相信"群众的眼睛是雪亮的"。不是所有的大学都能编出有趣而且传神的故事。对于大学而言，积累资产，积累大楼，积累图书，同时也积累故事。对于一所历史悠久的大学来说，"积累故事"其实很重要。因为，这是一代代学生记忆里最难忘怀的。几十年后，诸位重新聚会，记得的，很可能是一些无关紧要的琐事，以及校园里有趣的人物，而不是老师们讲授的具体课程。在《关于太炎先生二三事》里，鲁迅回忆当年在东京听章太炎讲学：所讲的《说文解字》，一句也记不得了，但"先生的音容笑貌，还在目前"。我想，关于大学、关于大学生活，日后大家记住的，很可能都是你们喜欢的故事，以及你们热爱的教授的音容笑貌，而不是具体的课程知识。

各种有关大学的书籍，都会涉及大学史上的著名人物；但有一点，我说的这种"音容笑貌"，这些有趣的故事，大都属于已经去世的，或早已退休的。我们这一代学者，有没有故事值得你们传颂，这对我们来说，是个严峻的考验。北大百年校庆的时候，我曾大发感慨：我们这代人，因为自身的努力，也因为时代的关系，可能留下一些比较精彩的专业著作；但能不能像我们的长辈那样，同时也给大家留下一批美丽的传说,以及有趣的故事,这一点我没把握。当年我进北大,在未名湖边散步,人家给我指点:这是朱光潜,那是王力,这是吴组缃,那是王瑶。不好意思跟他们闲聊天,只是凑上去,点点头,表示敬意,然后很知趣地走开。虽然接触不是很多,但未名湖边总能见到他们的身影,更何况校园里流传着很多关于他们的故事传说,我们觉得,跟他们离得很近。请记得,我们进入大学,既读书,也读人,读那些我们心存敬畏与景仰的师长。再过几十年,未名湖边还有没有这样动人的故事在流传?再过几十年,今天这些顶着各种"伟大"头衔的教授们,能否给学生们留下一些值得永远追怀的故事?如果没有,那就是现在的教育者未能尽到责任。

谈论大学故事,我在很大程度上关注的是人。下面,就让我们转入大学教授的话题。

四、关于大学教授

大学校园里的故事,大多属于教授们。因为,学生日后可能有很大的成就,但在读期间,很难有十分出色的表现,除非是在政治变革或者大动荡的年代。比如说,1919年的5月4日那一天,北大学生傅斯年充当游行总指挥,带着学生们从天安门一直向东走过去,最后演变成为火烧赵家楼。还有"文革"期间的学生领袖,也都很出风头。只有在这种特殊的政治环境中,学生才有可能得到很好的发挥,也才可能有故事流传下来。除此之外,大学校园里广泛流传的故事,大多属于教授们。

接下来的问题是,哪些大学教授常被追忆?哪些大学教授盛产传说与故事?在我的印象里,最容易被传颂的,是人文学科的教授。本来,现代大学和古典书院最大的不同,在于自然科学知识;现在学校评比、算硬件的时候,也是理工科的教授最重要。可一旦转化评价体系,不从量化的角度,而从故事的角度着眼,文科教授自然占主导地位。有一位理科教授很谦虚,说文科教授讲国学,影响大,在世界上独一无二,别人无法比;而我们理科的水平,跟世界一流比,还有一段距离,所以不太被记忆。我认为不是这个原因,而是因为,文科教授的工作比较容易被大众理解。你做文学、史学,比起那些做高能物理或分子化学的教授,更容易被大众接受,所以社会知名度高。但知名度高的教授,在科学研究方面,不一定成绩就大。也许,真正对社会贡献大的,是那些知名度不太高的理工科教授。这是第一个原因。第二,理科学生对他们的导师可能也很崇拜,但他们不会写,或不愿意写。而文科的学生擅长舞文弄墨，他们毕业后分散到五湖四海，谈到校园生活时，肯定会涉及自己的老师。所以，大学文科教授，很容易成为大学生追忆的对象。第三，所有的追忆文章，关注的都是教授的性格才情，而不是具体学问。这也是性情比较洒脱的文科教授，容易被大家理解并传诵的缘故。就像刚才说的，没有读过陈寅恪的书，照样可以欣赏、崇拜陈先生，根据什么？根据的是关于陈先生的故事。比如陆键东的《陈寅恪的最后二十年》，就比很多讨论陈寅恪史学思想的著作容易被接受，影响也大得多。很多人正是因为这本书，理解、亲近、景仰、崇拜陈寅恪先生的。同样，北大百年校庆期间，我编撰的《北大旧事》《老北大的故事》等，影响较大，这让那些校史专家很不高兴。因为，他们认为我的说法不全面，只关注有趣的人物，而忽略了很多同样成果卓著的好学者。

没错，被记忆的，不一定就是学校里最优秀的教授。换句话说，当我们在传诵某教授的故事时，其实是有选择的，这跟我们对这所大学的"性格"的理解有关系。我选择了某一类型的传说与故事，代表着我欣赏这所大学的某一侧面。这种言说策略，确实跟校史专家不一样。换句话说，喜欢传播大学故事的人，其实心里有自己的喜怒哀乐，也有自己的爱憎，借选择故事表达自己心目中的大学精神。传什么，不传什么，大有讲究。所以，现在流传广泛的北大传说、北大故事，过滤了很多原本存在但不被大家欣赏的东西。在这个意义上，大学故事不是大学的真实历史，更像是我们希望这所大学成为的那个样子。北大、清华的故事，大家都很熟悉，下面我举一两个大家比较生疏的例子。

前年秋冬，我在台湾大学讲学，最让我感动的，是这么两个教授的故事，一个是傅斯年，一个是台静农。傅斯年以前在北大读预科和本科，1919年毕业后赴欧留学，1927年归国，以后长期担任中央研究院历史语言研究所所长，1945年代理北大校长。国民党溃败到台湾，他当了两年台湾大学的校长。基于意识形态需要，国民政府整肃教育，傅斯年努力抵抗，大声疾呼，保持学术的独立。1950年12月，他参加台湾地区参议会，跟人争论大学独立，拒斥政府对大学的改造，说到激动处，因脑溢血当场去世了。台大校园里，常常被人提及的大学校长，就是傅斯年。台大校园里，有纪念傅斯年的傅园，在主校区办公楼前还建了一个悬挂傅钟的亭子。这是台大学生政治性集会的地方，也是其争取民主的象征。现在台湾的状态很不乐观，但年轻的学生说起他们的老校长，依然会很激动。

傅斯年以外，我想谈谈台静农。早年跟鲁迅有较多交往的台静农，后来到了台湾，成为著名的杂文家和书法家。台先生在台大中文系教了几十年书，影响很大。让我感慨不已的是，多少年过去了，真的是斗转星移，可台大学生仍还记得他。最近，学生们在自己的网页上贴了一篇文章，那是林文月先生的《温州街到温州街》。林文月是个很有韵味的女学者、女作家，有才情，又会喝酒，她翻译了《源氏物语》，也写散文，研究也做得不错。她是台先生的弟子，后来也在台大中文系教书。这篇《温州街到温州街》，说的是台大的先生们原来都住在温州街，后来中间开了条大马路，把温州街切成了两半。一边住的是郑骞郑先生，另一边住的是台先生。这两位老先生，八十多岁了，互相记挂。郑先生出了一本诗集，请台先生题签，那一天，他要把诗集亲自送到马路对面的台先生那里去，于是请林文月开车。两位老人见了面，说了几句话，互相恭敬地点点头，就走了。不久，台先生就去世了，于是郑先生前去祭灵，写了一副挽联："六十年来文酒深交弔影今为后死者，八千里外山川故国伤怀同是不归人。"台大的学生至今仍乐于传说这两位先生的高情厚谊，这也是他们接受林文月文章的原因。事情已经过去20多年了，连林文月先生也都退休了，但今天刚入学的大学生，还会找出这篇文章来读，这点让我很感动。两个台大老教授的剪影，很传神。

这样的故事，我以为，不会因为意识形态的流转而被人忘记。通过这些小故事，了解他们的长辈，也接触了这个大学的传统。在我看来，大学校园里，值得永远追忆的，不只是抽象的精神，更包括一个个有血有肉的人物。

1940年代，梅贻琦写了一篇很好的文章，叫《大学一解》，其中有这么一段话："古者学子从师受业，谓之从游。孟子曰：'游于圣人之门者难为言'，间尝思之，游之时义大矣哉。学校犹水也，师生犹鱼也，其行动犹游泳也，大鱼前导，小鱼尾随，是从游也，从游既久，其濡染观摩之效，自不求而至，不为而成。反观今日师生之关系，直一奏技者与看客之关系耳，去从游之义不綦远哉！"大学就像大海，老师和学生都是水里的鱼，小鱼跟着大鱼游，游着游着，也就变成了大鱼。正是在从游的过程中，学生们通过借鉴、理解、模仿，而最终成才。但现在的师生关系，更像是教授们在表演，学生们在观看演出。时间到了，学费付了，通过考试，获得一张文凭，就这样，完了。老师和学生之间，只是一个贩卖知识与购买知识的关系。这，去古人"从游"之义远矣。

刚才说了，老同学见面，不断有人追问我，现在大学怎么回事，为什么老出事，而且清一色都是丑闻？他甚至说："看来，素质教育要从大学教授抓起。"我是这样辩解的：因为大家心目中，大学教授比较清高，一出事，很有新闻价值；如果是官员出事，见怪不怪，大家已经习以为常了。正因为人们心目中大学教授的地位还是比较高，听到各种丑闻，才会拍案而起。这就涉及一个问题，怎么衡量和评判大学教授的道德修养？这里有两个标准，一个是最高标准，一个是最低标准。在我看来，以前的最高标准太高，现在的最低标准太低。传统中国，对"师"的表述，接近于圣人，那样的标准太高了。大学教授们扛不起那么重的牌子，于是，皮袍下的马脚，很容易就暴露出来了。现在，又有了非常通达的说法："大学教授也是人嘛。"言下之意，出丑也没什么，很正常。这个标准似乎又太低了，就好像一句"领导也是人"，让一大批有劣迹的官员心安理得一样。这个说法，表面上是理解人生的艰难，实则大大降低了道德标准。记得我20年前刚到北京读书，前门一带有家商店发生口角，售货员打了顾客。受到舆论批评后，那商店为表示改邪归正的决心，在门口贴了一张标语："坚决不打骂顾客！"我当时的感觉是哭笑不得，可人家很真诚，而且说的是大实话。就像今天的大学教授，如果降到高呼口号："坚决不剽窃"，那也未免太可怜了。

30年前，我在粤东山村插队，当民办教师。有一次到公社开会,书记这样鼓励我们:"好好干,做好了,提拔你来镇上当售货员。"1993年,为了到瑞典参加国际学术会议,我写过一篇《当代中国人文学者的命运及其选择》(收入拙著《当代中国人文观察》,北京:人民文学出版社,2004),其中提到,当年北京市出租车司机的收入约为大学教师的八到十倍。每次出门乘车,总有司机问我收入,然后充满同情地说:国家对不起你们啊!我在讲台上畅谈五四时期众多同情人力车夫的诗文,实在有点哭笑不得。现在,"脑体倒挂"的现象,基本上解决了。比起劳工阶层,大学教师不好意思再哭穷了。但又有新的问题出现。

每年新生入学,我代表文学专业的教师讲话。那一年,记得是在昌平园区,有新生提问:老师,你那么聪明,难道没有更高的追求,就甘心一辈子教书?我当时急了,慷慨陈词大半天,博得一阵阵掌声。事后那学生找我,说他原本考经济系,是第二志愿进的中文系,父母担心他将来毕业没出路,只能去当老师。他自己也有顾虑,才这么问;没想到我对教师这职业还这么看重。不是学生的问题,在中国这样"官本位"的社会里,没弄个师长旅长当当,很不过瘾。在北大举行的一次国际学术研讨会上,主持人再三追问:你难道除了教授,再没有别的头衔?我明白他的好心,希望加强听众对我的印象。可我还是坚定不移:就是中文系教授。在很多人看来,都这么大年纪了,不是校长,起码也得是个系主任,要不就是学会的会长什么的,什么都没有,那多难堪。

这里牵涉中国人对待学术的态度。2004年11月21日的《文汇报》上,报道英国《自然》杂志再推中文版增刊《中国之声Ⅱ:与时俱进》,同时选载了若干文章,其中有中国科学院副院长陈竺的《"官本位"助长学术腐败》。陈文批评将科研机构负责人等同于官员的做法,它使得有些人削尖脑袋往上爬;另一方面,行政主导色彩太浓,使得我们无法聘请外籍科学家来当研究机构领导。我看问题比这还严重,因为整个中国社会的价值观,唯官是尊、唯官是荣;纯粹的学问,没有多少人看好。学者也不例外,工作稍有成绩,就渴望获得某种头衔,虚实且不管。而上级主管部门,往往也把"封官""定级"作为一种特殊奖励。好学者本就十分难得,如何经得起这般"栽培"与"提拔"?两个多月前,我曾应邀到耶鲁大学做学术演讲,那里的朋友告诉我,校方本想要著名历史学家史景迁(Jonathan Spence)当副校长,但被他谢绝了。大家都说他很聪明。因为,只有这样,才能潜心著述,对人类做出更大的贡献。要是在中国,我不知道有多少学者能抵挡得住这样"致命的诱惑"。

先是金钱的压力,后是名位的诱惑,对于大学教授来说,过了这两关,才能谈论什么独立与自尊。

五、关于师道尊严

关于大学教授的道德水准,包括社会上对大学教授的基本要求,以及教授的自我约束等,必须回到是否"尊师重道"上来。为师的不自尊,不自重,不自爱,如何了得?可这是个社会问题,而且非一日之功。关于这个问题,我想讲几个小故事。

1901年,因政见不同,章太炎给他的老师俞樾写了篇《谢本师》。这里的"谢",是拒绝、辞别的意思,不是感谢。后来章太炎的弟子周作人,也因意识形态关系,写了《谢本师》。抗战期间,周作人落水当了汉奸,他的学生又写了《谢本师》。这是中国现代文学史上很有名的三篇《谢本师》,之所以有名,是因为这种做法,代表了现代中国教育的一个特点——尊重真理胜过尊重师长。"吾爱吾师,吾更爱真理。"这确实是现代中国的一个特点,很多人都表示激赏。但我想提供另外一个思路,即章太炎的另一个弟子鲁迅,他是如何处理师生关系的。

根据许广平回忆,晚年鲁迅对章太炎其实很不以为然,因其提倡复古。但即使这样,鲁迅提到章太炎的时候,依然非常尊崇,总是称"太炎先生"。而对章太炎晚年的行为,也能做出公允的评价——既有批评,但不改敬意。1936年6月14日,章太炎逝世;当时也已经病重的鲁迅,在10月6号和10月17号连续写了两篇文章《关于太炎先生二三事》《因太炎先生而想起的二三事》。两天后,也就是10月19日,鲁迅去世。这两篇文章,都是对太炎先生曾经给予他的积极影响表示感激,对太炎先生在革命史上的意义表示赞赏,虽然也对他晚年的一些行为表示不以为然。在私人通信里,鲁迅说得更明白。1933年6月18日的《致曹聚仁》,也提到这个问题。信里说:"古之师道,实在也太尊,我对此颇有反感。我以为师如荒谬,不妨叛之,但师如非罪而遭冤,却不可乘机下石,以图快敌人之意而自救。太炎先生曾教我小学,后来因为我主张白话,不敢再去见他了,后来他主张投壶,心窃非之,但当国民党要没收他的几间破屋,我实不能向当局作媚笑。以后如相见,仍当执礼甚恭(而太炎先生对于弟子,向来也绝无傲态,和蔼若朋友然),自以为师弟之道,如此已可矣。"

老一辈看待师弟之间的关系,自有其尺度,如何拿捏,端看个人修养。邓云乡写过一篇《知堂老人旧事》，很值得玩味。文章说，周作人抗战中当了汉奸，很不光彩，可当年的一些"上过伪学校当过伪学生的"，对师长落井下石，为邓先生所不耻。所谓抗战中的"伪学生"，是个很难谈的问题。大家知道，抗战时，北大南迁，留在北平的学生，不少人只能进入日本人掌控的伪北京大学。八年间，有不少学生在这所学校就读，怎么看待这些学生？抗战胜利后前来接管的傅斯年，说对于伪大学的伪学生，我们是不承认的。这话后来受到很多人的批评。因为，政府打不过人家，退守大后方，怎么能苛求这些无法背井离乡的年轻人呢？诸位不知道，今天的科学家、政治家里面，有不少是当年沦陷区的"伪"大学培养出来的。谈北大校史，这一段至今仍然很忌讳。其实不只北大，很多著名大学都有这个"历史遗留问题"，必须平心静气地对待。

回到邓云乡的文章。周作人当年因汉奸罪，被判刑，学生中有落井下石的，也有的不是这样，比如大弟子俞平伯。周作人有四大弟子：冰心，俞平伯，废名，江绍原。特别是俞平伯，抗战中同样留在北平，没有撤出去。他们经常见面，但周作人从来没有劝俞平伯到日本人控制的北京大学去讲点课，虽然他们私人关系很好。抗战结束后，周作人被抓进监狱，这时候，俞平伯出面写信给当时的北大校长胡适,讲周作人的"学问文章与其平居之性情行止",也讲其落水后"对敌人屡有消极之支撑",同时自责艰难时刻"不能出切直之谏言","深愧友直,心疚如何"(参见《胡适来往书信选》下册71—73页,北京:中华书局,1980)。这封陈情信,是旧日弟子对于走了弯路的师长的关怀与理解。邓文称,一个学者在为人上,在学问上,在大节上,有时候并不一致,在大动荡的年代里,有可能失足,这个时候,弟子对师长一辈的失误,应多点理解的同情。如此谈论师弟之间的情谊,值得我们关注。

这里说的是师生之间在学问之外的关联,或者说情感上的纠葛。而我感慨的是,这种师生情谊,越来越淡漠。现在的情况是,师生之间,下了课,视同陌路人。钱穆在《现代中国学术论衡》里有一段话讲得很精辟:"西方人重其师所授之学,而其师则为一分门知识之专家。中国则重其师所传之道,而其师则应为一具有德性之通才。"西学东渐,新式学校兴起,整个大学教育,都是按照西方人的思路,其特征是注重知识的传授,而不太注重人格的修养。"一校之师,不下数百人,师不亲,亦不尊,则在校学生自亦不见尊。所尊仅在知识,不在人。"(《现代中国学术论衡》162、168页,长沙:岳麓书社,1986)这么做,好处是走出了过去十分严格的师道尊严,坏处是我们看待教师，只剩下了专业知识。

记得是两三年前，有一次，我应邀到南方一所大学演讲。那天刚好是教师节，在飞机上，我正在读利奥塔写的《后现代状态》。书里说到，在后现代社会，教师这个职业有可能会消失。因为，我们可以选择一个标准的最佳状态的教授，录制他的演讲，通过远程教学的方式传播。这样，既不会出错，又很精彩，这比我们今天这些高高低低的教师要好得多。假如此说成立，那么，一个专业一两个教师就够了，其他人赶紧改行。读到这里，我出了一身冷汗。后来，我想通了，这根本做不到，不是因为技术手段，而是因为老师在学校里的工作，不只是传授知识，还有充当大鱼，让小鱼在后面跟着游的作用。更不要说什么因材施教，因地制宜等。我曾经说过，当老师很难，站在讲台上，必须照顾到班上所有学生的趣味和目光。我的经验是，眼睛看到第七排的学生（最好是男生，不要女生），这个时候，所有的学生都觉得你在看着他。课堂上显示的，不止是你的声音，也包括你的姿态，你的神情，还有你的心境。你需要跟学生沟通。有时讲课效果好，有时不好，关键在于和学生有没有交流。可以这么说，每一次成功的讲课，都是师生共同完成的。这是有教学经验的人都能领会到的。老师之于学生，不止是具体知识传授，还有日常生活中的人格修养。就算是知识传授，也必须通过沟通和对话才能实现。在这个意义上，老师这个职业，在我看来，没有消失的可能性。诸位作为师范大学或教育院系的教师和学生，我相信你们和我一样，会对这个职业充满信心。

但是，随着现代科技的发展，随着师生间距离的拉大，我有点担心，韩愈《师说》表达的那种理想，很难再出现。记得1920年代中期，梁启超应邀到清华学校讲课，希望把他想象中的教育理念，落实到现代大学里面去。他希望跟学生们有更多的直接交流，能够以自己的人格力量来影响学生。可讲了几年课，梁启超说自己失败了。上课开口，下课走人——他当时住在天津，每星期和学生也就见一两次面，无法深入交谈。这种状态，和他当年在广州万木草堂跟康有为念书，完全不一样。传统中国书院的教学方式，是师生在一起共同生活，这种教育状态，现在已经不存在了。

回到教育史的问题。晚清以降，欧风美雨，西化最明显的，是大学制度。我们在政治、军事、经济上也学西方，但学得不彻底。唯有大学学得最像，甚至连戴博士帽的方法，都学得惟妙惟肖。学得像也有问题，因为，大学不是工厂，大学必须落地生根。从这个意义上说，这一百多年来，我们不断强调跟国际接轨，向国外的大学学习，但相对忽略了传统中国的教育精神。长辈的学者，比如章太炎、梁启超、蔡元培等人，还有这种追求，一直在讨论如何将传统中国教育精神和西方大学制度结合在一起。1921年，蔡元培在美国加州大学伯克利校区演讲时，便强调应该把孔子、墨子的教育精神，和18世纪英国的培养绅士，比如牛津、剑桥，19世纪德国的培养专门家，比如柏林、洪堡，以及20世纪美国大学的服务社会，培养社会急需的人才，这几种观念结合在一起，方才是他理想中的大学教育。这个思路，很值得我们关注，它跟后来梅贻琦在《大学一解》中所表达的，相当接近。可惜的是，1950年代以后，我们先是向苏联学习，后又转向美国，都是一边倒，一直到今天高喊"与世界接轨"，都忽略了对传统中国教育精神的理解、接纳与转化。

西方教育体制，确实有很多比我们好的地方，特别是精密的科学试验、系统的课程建设，比传统中国书院好得多。但接受了西方的教育体制后，传统中国书院中那种融洽的师生关系，包括对师长很高的道德要求等，都没有了。我们现在只要求，能写论文，能讲课，这就是好教师；这跟古代"师者，所以传道授业解惑也"的设想，差别太大了。我想象中的大学教授，除了教学与研究，还必须能跟学生真诚对话，而且，有故事可以流传，有音容笑貌可以追忆。我相信,我们的科研经费会不断增加,我们的大楼会拔地而起,我们的学校规模越来越大,我们发表的论文也越来越多;我唯一担心的是,我们这些大学教授,是否会越来越值得学生们欣赏、追慕和模仿。

(初刊《教育学报》2005 年 1 期)

大学公信力为何下降

——从"文化的观点"看"大学"

前两年刚去世的法国思想家德里达（1930—2004）说过："大学存在于它企图思考的世界之中"，应当承担起责任，组织一种创造性的抵抗——"抵抗一切（政治、司法、经济等，对大学）的重占企图，抵抗一切其他形式的主权形态"（参见杜小真、张宁主编《德里达中国讲演集》134页，中央编译出版社，2003）。这说来容易，实际上却很难做到。作为大学教授，你乃"体制中人"，能深刻地自我反省吗？尤其在当代中国，谈论大学改革，涉及理想与现实、中国与西方、制度与精神、个人与国家等，远不只是制定若干"操作手册"那么简单。

世人引用苏轼的诗句"横看成岭侧成峰，远近高低各不同"时，多从进取的角度，强调自家确有所得；我则倾向于保守——即便有所见,也必定会遮蔽事情的另一面。这里牵涉的,不仅仅是思想立场,还有趣味、修养等。有些盲点容易意识到,有些则很难超越——比如缘于"学科"的偏见。

现在大家都谈大学,真的是"众声喧哗";我的思路很明确,首先追问是谁在说、说什么、说给谁听。校长、教授、学生、家长、文化记者、教育学家、政府官员等,各有各的教育理念,各有各心目中"理想的大学"。这种职业、学科、方法、文体等的差异,直接影响我们谈论大学的视野与姿态。我很坦然,事先声明:这是一个大学教授(不是政府官员)、人文学者(不是经济学家),从"文化的观点"(不是"经济的观点"或"政治的观点")来谈论作为一种组织形式的"大学"。

这里所说的"文化的观点",是借鉴美国学者伯顿·克拉克主编的《高等教育新论——多学科的研究》的思路。不是孤胆英雄包打天下,而是集合八个不同学科的学者,从历史的观点、政治的观点、经济的观点、组织的观点、地位的分析、文化的观点、大学的科学活动、政策的观点等来谈论现代大学。作者认为:"这八种想象和研究高等教育系统的方法,使我们更好地了解高等教育系统是怎样运转的,为什么这样运转,它们怎样和为什么与社会的某些其他部门联系起来。"(中译本22页,王承绪等译,浙江教育出版社,1998)

美国密歇根大学原校长詹姆斯·杜德斯达在其所撰《21世纪的大学》中称:"大学作为我们的文明中的一个社会机构保持了其辉煌而持久的地位。在一千多年中,大学不仅仅是知识的坚守人与传承者,曾经改变了它所在的社会,甚至成为变革中的巨大力量。"过去如此,将来也不例外——为了达成此伟大的目标,"我们需要在大学的内部进行更深层次的反思和更大的努力"(中译本6—7页,刘彤等译,北京大学出版社,2005)。可是,"更深层次的反思",我们做得到吗？大学有自身的利益,其承继传统与生产知识,并非绝无私心。或陷入繁琐的日常事务,或跳不出体制围城,我们能认真审视已成"庞然大物"的大学吗？有民间辛辣的讥讽("这年头,教授摇唇鼓舌,四处赚钱,越来越像商人；商人现身讲坛,著书立说,越来越像教授"),有官员机智的辩解(中国教育的成绩和缺点,是"十个指头和一个指头"的关系),也有不着边际的表扬或谩骂。总的趋势是:大学的公信力在下降,所谓的"师道尊严",也正迅速沦丧。

作为人文学者,我希望以建设者的姿态、批判性的眼光,来"直面惨淡的人生",谈论中国大学迫在眉睫的五个问题。

一、调整"大跃进"心态

去年年底,我曾撰文,答《国际先驱导报》记者问,引马玉涛的成名曲《马儿啊,你慢些走》作为标题。可惜文章发表时,被裁成好几段,穿插进各种问答中(参见 2006 年 12 月 27 日《国际先驱导报》)。为何需要"慢些走",并非像那歌里唱的,"要把这迷人的壮丽的景色看个够",而是担心跑得太快,步伐不稳,那样会摔跤的。暂时停下来,或者放慢脚步,是为了更好地思考、反省、调整步伐。

办大学和办企业不一样,不可能立竿见影。人们常说"百年树人",办学要有长远的眼光。都想今年投钱,明年见效,很快就"世界一流",用办企业的思路来办大学,导致中国的大学教育中,普遍存在着急功近利的倾向。像填鸭子那样,填食、催肥、打激素,让大学迅速膨胀,这样做效果肯定不好。

最近十几年,中国的大学教育热火朝天,从上到下都在搞"大跃进"。好处是,大家都有干劲,想把大学办好;不好的呢,是大家都"迫不及待"。钱已经给了,怎么还没得诺贝尔奖?北大清华怎么还不是世界一流呢?整天逼,逼急了,就会搞花架子;逼急了,学校就得造假。其实,中国的大学,只要认准目标,找准方向,不要走太多的弯路,步步为营,就一定能办好。

有些事情,不是不想做,而是做不到。现在的问题是,公众对大学倾注了过多的感情。这种相当情绪化的"关爱",使得大学疲于应付,很难平静地思考涉及未来发展的重大问题。以我的观察,所有的大学校长都怕传媒,其决策多少都受社会舆论的影响。过多的舆论关注,其实不是好事情。因为,公众不太了解大学运作的特点,大学该怎么办,困难在什么地方,路该如何走,不是三言两语就能说得清的。而且,公众特别希望你一口就吃成个大胖子。可你知道,要办成一流大学,并不容易。我承认,最近十几年,中国的大学教育取得了不小的进展,但这个进步不像公众想象的那么大。而且,你也别指望这种状态能在短时间内改观,比如,突然间杀出一匹黑马,让中国学人大长志气。期待太高,做不到,特失望,说话的口气就越来越峻急。

教育行政机关以及以媒体为代表的社会舆论,给大学带来了双重的压力。眼看着逼急了,几乎所有的大学都在"大干快上"。我有点担心,这样做,不踏实,不从容,效果不好。办大学,需要胆识,更需要汗水,老老实实地办,别老想着创造奇迹。具体到教学和科研,现在是,浮躁之气弥漫整个中国的大学校园。各种考核、评奖、争项目、夺排名,目不暇接,以致师生们没有了认真读书思考的时间。这感觉很不好。因为,心境浮躁,对于从事专深的学术研究非常不利。大学校园里,没有人散步,全都一路小跑,好像赶地铁,这样的氛围,对大学的长期发展不利。以前进了大学校园,会觉得清净多了;现在进了校园,觉得和外面没有多少区别。如果教授和学生都无法沉潜把玩,满足于零敲碎打,不可能出大成果。目前这个状态,基本上是制度逼出来的。大家都想把大学办好,可欲速则不达——不是说压力越大,管理越严,就越能出成果。

因此,我一直呼吁:给教授和学生们留点读书的时间,给大学留点成长的空间,这比拼命地拔苗助长、胡乱"掌声鼓励"要好。学现代史的都知道,五四运动中,蔡元培曾引《风俗通》中的一句话"杀君马者道旁儿",作为辞职时的理由。以目前中国大学的水平,很难承受政府及公众迅速变成"世界一流"的期待与厚爱。还不如把脚步放缓,把路走正,那样的话,中国大学或许还能走出自己独特的风采。

二、反省过分"世俗化"倾向

北京大学 1993 年的拆南墙,以及 2001 年的重建南墙,都曾成为轰动一时的新闻事件。为什么？前者象征着北大走出象牙塔，从注重政治与学术，转向强调市场与社会。至于后者，当然不仅仅是为了"整治大学周边环境"，而是意识到此举确实冲击到北大的教学及科研水平，使得原本以学理深厚、思想自由见长的北大，也逐渐变得急功近利起来。十几年间，北大为代表的中国大学，左冲右突，上下求索，努力在精神价值与世俗利益的巨大张力中，寻求尽可能稳妥的"可持续发展"道路。

要说中国大学之过分"世俗化"，有几个观察角度：第一，强大的资本力量，凭借大笔捐款而影响大学的具体决策乃至办学宗旨，这样的例子，在中国还很少见。第二，大学为了"生产自救"，主动走向市场，筹办大小公司以及各种名目的培训班（如"董事长国学研修班"等），这方面，各大学各显神通，多少都有斩获。第三，教育部为代表的行政力量强力介入，使得各大学缺少真正意义上的"学术自主"。这是中国大学的特色，摆在面子上，谁都无法回避。第四，隐约存在着的学术与权力之间的相互交换，比如大学送现任官员博士头衔或教授职称（通过合法手段），敦请有魄力且有资源的退休官员出任院长或校长。后者现在很时髦，不说投桃报李，就算全都出于公心，此举在为大学带来丰厚人脉，使得其日后"好办事"的同时，也带进了某些官场气象,让大学里"行政主导"的趋势越来越明显。正所谓"有样学样",今天中国的大学,变得越来越像官场了。

刚才提到的美国密歇根大学,因是公立大学,必须接受政府的检查与指导,校长及教授们抱怨"行政权力过度约束",因此,杜德斯达在《21世纪的大学》第一章绪论中,专门讨论"政治力量对大学管理和使命的过分干预"(中译本6页)。可他说的那些事,比起中国的大学来,实在是小巫见大巫。行政力量的过度干预,以及大学中人的曲意逢迎,导致今日中国,大学混同于官场。风气陡变的结果是,大学校园再也不是清静之地,更谈不上"圣洁"二字。过于世俗化的,除了办学理念,还有教授、学生的精神面貌。大学中人,本应追求独立人格以及自由表达的权力,但在商业以及行政的双重压力下,这种"声音"已逐渐消失了。

这就说到人们常常议论的大学是否需要"围墙"。在我看来,围墙分有形的与无形的两种。有形的围墙,欧美各著名大学或根本没有,或不很明显;可不管置身于中小城市(如哈佛大学、海德堡大学)还是大都会(如哥伦比亚大学或巴黎四大),人家的校园都很幽静。而今日中国大学校园之"热闹",让人叹为观止。我们的校园,有高大完整的围墙，但根本围不住，商业大潮以及世俗口号铺天盖地，以至你想"躲进小楼成一统"，都很难做到。大学与社会的"零距离接触"，以及高校的过分世俗化，使得围墙里头的教授与学生，都很难再有一颗平静的心，踏踏实实地做学问。

今年3月，我在《瞭望周刊》发表《大学以精神为最上》，批评当今中国的大学"太实际了"，没有超越职业训练的想象力。校长如此，教授如此，学生也不例外。"大楼"不能取代"大师"，这是目前大家谈得比较多的；我想补充的是，"学问"不等于"精神"，办大学，必须有超越技术层面的考虑。记得王国维的《人间词话》是这样开篇的："词以境界为最上。有境界，则自成高格，自有名句。"请允许我套用：大学以精神为最上。有精神，则自成气象，自有人才。

三、警惕"标准化"迷思

大凡办教育的，都会承认，大学办得好不好，关键在于有没有个性。世界上不存在一个非让你追摹不可的"标准的大学"。在流行"与国际接轨"口号的今日中国，办大学需要向西方学习，这已经是共识，可还必须记得：第一，大学要接地气；第二，大学要千姿百态。在我看来，对于一所大学来说，找准属于自己的位置与路向，比什么都重要。

其实校长们都很聪明，也很有事业心，但为何大学办得越来越没特色，在我看来，很大程度是被各种标准化的评估体系给逼出来的。除了最近几年声势浩大的"本科教学质量评估"，还有好些，从评个人到评群体，从评学问到评道德，无所不有。说句不中听的话，如何应付评估，已经成为一种"专业技能"。对此，学界有很多尖刻的嘲讽，我就不说了。

2007年7月6日的《人民日报》上，发表了我的《学术不是评出来的》，那其实是一则旧文，两年前刊在一个杂志上，不知怎么被"发掘"出来了。我在文章中称："我承认'重奖之下，必有勇夫'，但不太相信评审之举能长学问。对于人文学者来说，独立思考的权力、淡定读书的心境以及从容研究的时间，是最为重要的。印象里，评奖最多的，是那些容易做假的行业。不信，你走进超市，随手拿起日用必需的油盐酱醋烟酒茶，包装袋上保准密密麻麻写着本产品荣获某某金奖银奖。越是不自信，越是质量没保证，越需要各种奖项来'保驾护航'。"重刊旧文时，编辑删去了最后一段，那是一则逸事，著名哲学史家汤用彤得知其所著《汉魏两晋南北朝佛教史》获大奖，竟很不领情，说：多少年来都是我给学生打分数，我的书要谁来评审！当代中国，还有这样极为自信、自尊、自重的学者吗？今天，我想追问的是，即便还有汤先生这样自信、自尊、自重的学者，他所在的大学会高兴吗？会不会动员他顾全大局，帮学校在评委面前说几句好话——起码不说坏话和怪话。

不是说中国的大学是独立王国，无须监督，也不能评估，而是目前没完没了的"评估"，以及越来越细的"指标"，使得各大学都紧盯着教育部的相关规定办学，不敢越雷池半步。其结果必定是，大学之间面貌迅速趋同。在我看来，这是一个非常严重的问题。这种"标准化建设"，其背后的理念是"大一统教育模式"。以如此整齐划一的评估标准，去裁断五花八门的有着各种不同历史传统的大学，焉能不截长补短？我曾经提出，教育部管大学，不该"眉毛胡子一把抓"，而应"抓小放大"——跟政府管国营企业的思路"抓大放小"恰好相反。对水平较高的一流大学，不再做例行评估，而是给予足够的自我发展空间；而对于一些教学及科研水平不高的大学，则有必要通过制定统一标准，不时加以考核，促使其提升。

在我看来，目前让各大学应接不暇的评比，好处是大大改善了办学条件（因评估标准中有对于校舍、图书、设备等的具体要求），提升了若干原本不太合格的大学的办学水平；缺点则是进一步加剧了中国大学的雷同化倾向。不是每回都要求总结"办学特色"吗，怎么还会雷同呢？道理很简单，既然有了"标准答案"，谁都不敢怠慢，不造假已经很不错了，没有一所大学敢"另辟蹊径"的。于是，戏越演越认真，大家都逐渐进入了角色，久而久之，丧失了自我反省能力，全都对照各种评估标准来办大学——你要什么，我给什么；什么好看，就上什么。

所谓"大学传统"，都是在长期实践中逐渐形成的，往往利弊参半。如今为了总结提升，必须"去芜存精"，且"上纲上线"。抹去了真正有价值的需要认真体贴的特性，拿得上台面的，往往是"放之四海而皆准"的"宏论"。我有点担心，各大学关于"办学特色"的总结，很可能越说越离谱。原因是：第一，谁都希望政治正确且立意高远，这么一来，很容易"大而化之"；第二，集体讨论，力保万无一失，结果是磨平了所有的棱角；第三，各大学相互借鉴，挖空心思做文章，反而丧失了自家的特点。

就拿各校的校训来说吧，就是这么变得越来越雷同的。五四时期蔡元培的"循思想自由原则，取兼容并包主义"，言简意赅，确实能体现北大的特点。1980年代，我们改为"勤奋、严谨、求实、创新",什么都有了,就是没特点。1998年北大百年校庆,又改为"爱国、进步、民主、科学",这下子更好了,政治上特正确,可就是放在什么地方都合适。记得我当时略表异议,校长于是谆谆告诫:还是要"爱国"呀……

阅读网上广泛流通的"中国著名大学校训大全",你不能不感慨:中国人的词汇以及想象力,实在太贫乏了。说来说去,就那么几句话。记得已故北大中文系教授、著名小说家吴组缃先生曾说过,宁愿被人说成是"司机"而不是"人",因为,前者虽不准确,但还努力在抓特点,后者则几乎是不动脑筋。如此妙解,值得欣赏。

四、理解并尊重"学科文化"

作为一种组织文化,大学内部的复杂性,很可能超越我们原先的想象。知识分子聚集的地方,并非"一团和气",很可能同样"问题成堆"。有政治立场的差异,有经济利益的纠葛,有长幼有序的代沟,还有性别的、宗教的、地位的区隔,但最顽固、最隐晦、最堂而皇之的,是"学科文化"在作怪。双方都"出于公心",但就是说不到一起。不同学科的教授,对于学问之真假、好坏、大小的理解,很可能天差地别；而"学富五车"的学者们，一旦顶起牛来，真是"百折不回"。有时候是胸襟的问题，有时候则缘于学科文化的差异。

不同学科与专业之间存在着隔阂，这是知识生产制度化的必然产物。同一学科内部，经由长期的发展与演变，自然而然地形成一套被从业者广泛认可的概念术语、研究方法、表达方式等，外人很难理解，更不要说插嘴了。长此以往，学科与学科之间，由于理解以及沟通上的困难，很容易造成各自的偏见——你嘲笑我是"伪科学"，我说你那"根本不算学问"。各有各的学术视野，各有各的专业趣味，各有各的偶像崇拜，也各有各的自尊与自爱。当这些趣味不同、发展途径迥异的学科集合在一起，组成知识共同体"大学"时，必然会发生摩擦与碰撞。所谓"大学管理"，某种意义上，就是在大学内部进行有效的协调与整合。

将近半个世纪前，英国学者 C. P. 斯诺论述"两种文化"，当时影响很大，现在看来过于"粗犷"了。可反过来，不断强调每个学科乃至二级学科的"特殊性"，又太琐碎了。像盖夫和威尔逊那样，依据"各学科领域的学者教授在教育价值、教学方向和生活方式等文化问题上有重大的差别"，提出人文学科、社会科学、自然科学和专业学科的四分法,我以为大致可行。"当然,这并不意味着这些文化之间毫无联系;实际上,每一个类别,每一个层次,都有相互重叠的领域。"(参见伯顿·克拉克主编、王承绪等译,《高等教育新论——多学科的研究》179页)另外,在具体运作时,不同学科之间,还可能"合纵连横",组成不同的"统一战线"。在《人文学的困境、魅力及出路》(《现代中国》第九辑,北京大学出版社,2007年7月)中,我谈到今日中国大学校园之"分裂"局面:"今天中国大学校园里面'学问的隔阂',已不再是斯诺想象中的那种文科和理工科之间的矛盾,而是人文学和理科为一方,社会科学以及工科为另一方。换句话说,一种是追求学理,一种是强调应用。这两者之间,知识类型以及学术趣味有很大的差异,因此,导致了学术理念的巨大分歧。"

如何准确描述、理解、善待这种"学科文化"(参见《高等教育新论——多学科的研究》中伯顿·克拉克所撰《导言》以及托尼·比彻所撰第六章"文化的观点"),对于今日中国的大学管理者来说,是十分严峻的挑战。在我看来,专业化趋势不可逆转,所谓"跨学科"以及"学科交叉",效果是很有限的;在可以预见的未来,"学科边界"只会加强,不会消失。这么一来,大学校园里,不可避免地出现如下局面:不同的知识结构、多元的价值取向、迥异的生活趣味、松散的集合方式。

十五年的大学改革（以1993年中共中央、国务院发布《中国教育发展纲要》为标志），中国的大学逐渐从单科性质的学院向综合大学过渡，甚至出现不少"巨型大学"，而对于校长们来说，如何协调不同学科的利益、处理好主导学科与辅助学科的关系，既实现卓有成效的管理，又不伤害原有的学科肌理，是个难题。不仅仅是所谓"一碗水端平"，不过分看重并偏袒自己所从事的学科（著名大学的校长，多半此前是著名学者），还得尽可能理解不同学科的思路、尊重其趣味与选择。举个例子，由工科院校扩展而来的综合大学，在建设文科时面临的最大陷阱，不是"没钱"，而是用工科的思维及管理方式来"大力扶持"。办大学没钱不行，但有了钱，也不见得就一定行。

承认不同学科各有其传统，决策时不宜"一刀切"，这当然限制了大学校长的权威以及行政管理的效率。伯顿·克拉克称："不是因为权力过度分散和宏观失控而使整个系统陷入四分五裂的境地，就是因为过分强调秩序和组织的统一而导致权力的垄断，两者必居其一。不过，如果能够选择的话，前者的危害比较小，后者的危害则要大得多。"（伯顿·克拉克著、王承绪等译，《高等教育系统：学术组织的跨国研究》306页，杭州大学出版社，1994年）我希望略为补充:谈这个问题,新老大学应该分开。新大学亟须建立规矩与秩序,难免倾向于权力集中;老大学自有传统,已经形成一套行之有效的规章制度,分权乃明智之举。

面对如此纷纭复杂的局面,如何驾驭全局,协调不同的学科利益,这是大学管理中碰到的新问题。而目前中国的大学校长遴选,倾向于找"顶尖学者"。我认为,一流学者不该去当校长,为什么?可惜了!而且,当校长的,除了学术眼光,还需要管理才能。一流学者大都有强烈的学术兴趣,当了校长,放不下自己的研究,还在拼命争课题、带学生,这样一来,两头都做不好。在我看来,校长的主要任务是当伯乐,而不是自己争着去做千里马。一流学者大都性格坚强,认准方向后,不听劝阻,锲而不舍,一直走下去,才能取得如此成就。作为学者,这是优点;作为校长,则未必。过于强烈的学术背景,有时候会阻碍他们以平常心看待其他学科,弄不好还刚愎自用。

五、重建"校园文化"

所谓"校园文化",本该包括学生社团、文体活动、师生关系、院系传统等,因为听众的关系,今天就讲"大学城"里的"校园文化"。

我们今天谈论"校园文化",必须面对一个尴尬的事实,那就是:各地政府花大价钱一次性建成的大学城,硬件都很好,但缺乏历史感和文化氛围。更要命的是,此举使得本就日渐疏远的师生关系,进一步恶化了。因为,目前各地所建的大学城,一般都不设教师住宅区,于是,上完课马上走人,要不赶不上学校的班车。傍晚时分,你在大学城走走,全是"朝气蓬勃"的脸孔,一点也没有梅贻琦所说的"大鱼带小鱼"的感觉。这样的"校园文化",很不理想。

记得德国哲学家雅斯贝尔斯说过:"大学是研究和传授科学的殿堂,是教育新人成长的世界,是个体之间富有生命的交往,是学术勃发的世界。"(雅斯贝尔斯著、邹进译,《什么是教育》150页,三联书店,1991)这里所说的"个体之间富有生命的交往",包括同学之间的,也包括师生之间的。如今缺了后一种,全成了同龄人的对话与嬉戏,必定影响其精神成长的历程。

这个问题很严重,且带有普遍性,学界对此多有反省,我也在别的地方专门谈论过。除了抱怨与批评,我们还能做些什么?与其悬的过高,提出一些一看就无法落实的理想设计(如某大学规定,为每位本科生配备专门的指导教师),还不如老老实实承认,面对如此局面,我们能做的,就是"亡羊补牢"。

我的建议是：第一，各大学之间，相互开放课程并承认学分，允许学生根据自己的学术兴趣，在紧邻的不同大学间自由选课（这本来就是设计大学城的初衷，但因教学管理以及"自尊心"等问题，很难真正落实）；第二，尽可能多地邀请各地著名学者，到大学城举办高水平的学术讲座，以弥补无法"亲炙大师"的缺陷；第三，要求教师根据自己的专业特长及趣味，尽可能参加学生的社团活动（五四新文化运动时期，北大教授大都这么做）；第四，尽快完善校园网络建设，教会学生如何有效地利用互联网资源，而不是因噎废食，为防学生沉湎网络而禁止带电脑进校园。

回到最初引用的杜德斯达所撰《21世纪的大学》，书中有这么一句："我们必须坚信，大学教育更深层次的目标虽历经千年却从未改变，从未消失的，因为它的意义至关重要。大学扩展并发掘了人类的潜力，使人类的智慧与文化代代相传，并创造出了影响未来的知识。"（中译本9页）我们的任务是：坚守大学理念，但又努力促使其适应时代的变化，在过去与未来、理想与现实的巨大张力中，尽可能兼顾知识生产、社会效应以及精神价值。

附记：此文乃依据作者2007年9月9日在北京语言大学"社会文化建设与当代大学的责任"学术论坛上的主题发言，以及同年10月11日在广州大学"学校文化建设论坛"上的专题演说整理而成（11月8日定稿于京西圆明园花园）。

（初刊2007年11月14日《中国青年报·冰点周刊》及《新华文摘》2008年4期）

全球化时代的"大学之道"

国人都说,都全球化时代了,我们不能再沉默,一定要发出中国人自己的声音;否则,会被日渐边缘化。面对如此宏论,我"欣然同意"。只是如何落实,实在心里没底。比如,什么是中国人"自己"的声音,如何"发出",还有这"声音"是否美妙,都没把握。不提别的,单说"全球化时代的'大学之道'",感觉上便是危机四伏。

在西方,大学已经定型了,路该怎么走,大致已经确定;作为个体的知识分子,你可以发言,但说了基本上等于白说。而在中国不一样。你会发现,那么多读书人都愿意暂时搁置自己的专业,争相谈论大学问题,那是因为他们相信,大学问题还在自己努力的范围内,今天的"百家争鸣",也许会影响到日后中国大学的发展方向。

至于我个人,既研究过去百年的"大学史",也关注"当代中国大学"。我心目中的"当代中国大学",是着眼于邓小平南方讲话以后,1993年中共中央、国务院颁布《中国教育改革和发展纲要》之后,这15年中国大学所走过的路。我曾用了10个"关键词",来观察、描述、阐释这15年的中国大学。那就是:大学百年、大学排名、大学合并、大学分等、大学扩招、大学城、大学私立、北大改革、大学评估和大学故事。具体的我不想多说,就说一句:此前一千年,大学作为一种组织形式,为人类文明做出了巨大贡献;以后一千年,大学将继续展现其非凡魅力,只是表现形式可能会有很大变化。至于中国大学,仍在转型过程中,更是有很多问题需要我们勇敢面对。

一、"世界一流"的焦虑

在科技及文化领域,中国人有好几个梦,比如,奥运金牌第一,获得诺贝尔奖,还有创建世界一流大学。通过倾全国之力,在北京举办一次"无与伦比"的奥运会,第一个梦想已经实现了;第二个呢,不管是文学还是物理、化学、经济学,还没有一个持中国护照的学者或文人获得过诺贝尔奖。不过,这是迟早的事,而且,我以为不会太遥远。相对来说，体现一国学术文化整体水平的"世界一流大学"，在我看来，反而有点"悬"。

当今中国，各行各业，最时尚的词，莫过于"世界一流"，可见国人的视野和胸襟确实大有长进。提及"中国大学"，不能绕开两个数字，一是211，一是985，而且都叫"工程"。在21世纪，培育100所世界著名的中国大学，这自然是大好事；可中国毕竟财力有限，这目标也太宏大了点。于是，政府做了调整，转而重点支持北大、清华等"985"工程大学。何谓"985"？就是1998年5月，江泽民主席在北大百年校庆时讲话，提出创建世界一流大学。请记得，此前我们的口号是"世界一流的社会主义大学"。很多学者提意见，说加了这么个意识形态的限制，扭曲了奋斗目标。社会主义国家本来就不多，可比性不强。再说，整天追问姓"社"还是姓"资"，怎么有可能办好大学。终于，删去了"社会主义"四个字，中国大学明确了发展方向。此后，我们开始以欧美的一流大学为追赶目标。

其实，从晚清开始，中国人办现代大学，就是从模仿起步的。一开始学的是日本和德国，上世纪20年代转而学美国，50年代学苏联，80年代以后，又回过头来学美国。现在，谈大学制度及大学理念的，几乎言必称哈佛、耶鲁。连牛津、剑桥都懒得提了，更不要说别的名校。俨然，大学办得好不好，就看与哈佛、耶鲁的差距有多大。在我看来，这已经成为一种新的"迷思"。过去，强调东西方大学性质不同，拒绝比较，必定趋于故步自封；现在，反过来，一切唯哈佛、耶鲁马首是瞻，忽略养育你的这一方水土，这同样有问题。我常说，中国大学不是"办在中国"，而是"长在中国"。各国大学的差异，很大程度上是历史形成的，不是想改就能改，你只能在历史提供的舞台上表演。而就目前中国大学的现状而言，首先是明白自己脚下的历史舞台，寻找适合自己发展的道路，而不是忙着制订进入"世界一流"的时间表。

再说，"大学"是否"世界一流"，除了可见的数字（科研经费、获奖数目、名家大师、校园面积、师生比例等）外，还得看其对本国社会进程的影响及贡献。北大百年校庆时，我说了好多话，有的被严厉批判，有的则得到广泛赞许，下面这一句，因符合学校利益，被不断"传抄"——"就教学及科研水平而言，北大现在不是、短时间内也不可能是'世界一流'；但若论北大对于人类文明的贡献，很可能是不少世界一流大学所无法比拟的。因为，在一个东方古国崛起的关键时刻，一所大学竟然曾发挥如此巨大的作用，这样的机遇，其实是千载难求的。"我这么说，并非否认中国大学——尤其是我所在的北京大学，在教学、科研、管理方面有很多缺陷；只是不喜欢人家整天拿"世界一流"说事，要求你按"排行榜"的指标来办学。

我在好多文章中批评如今热闹非凡的"大学排名"，认定其对于中国大学的发展，弊大于利。排名只能依靠数字，而数字是很容易造假的；以为读书人都讲"仁义礼智信"，那是低估了造假的巨大收益，而高估了道德的约束力。即便是老实人，拒绝弄虚作假，可你潜意识里，着力于生产"有效的"数字，必定扭曲办学方向。大学排行榜的权威一旦建立，很容易形成巨大的利益链条，环环相扣，不容你置身事外。在我看来，此举将泯灭上下求索、特立独行的可能性。好大学必须有个性，而你那些"与众不同"的部分，恰好无法纳入评价体系。"趋利避害"是人的天性，大学也不例外。久而久之，大学将日益趋同。差的大学可能得到提升，可好大学将因此而下降。这就好像辩论比赛，裁判称，按照规则，去掉一个最高分，去掉一个最低分，其余的平均。这被抹去的"最高分"，可能是偏见，也可能是创见。当你一次次被宣布"工作无效"，不计入总成绩，自然而然的，你就会转向，变得日渐随和起来。当然，你也可以固执己见，可那就成为"烈士"了。

所谓争创"世界一流"，这么一种内在兼外在的压力，正使得中国大学普遍变得躁动不安、焦虑异常。好处是举国上下,全都努力求新求变;缺点则是不够自信,难得有发自内心的保守与坚持。其实,所有理想型的论述,在实际操作中,都必须打折扣。所谓"非此即彼"或"不全宁无",只适合于纸上谈兵。今天中国,不仅仅是"开放"与"保守"之争,在"接轨"与"闭关"之外,应该还有第三、第四条路可供选择。

全球化时代的大学,并非"自古华山一条路",而很可能是"条条大路通罗马"。外有排行压力,内有政府管理,中国大学自由发展的空间正日趋缩小。对此,我们必须保持必要的警惕。如果连标榜"独立"与"创新"的大学,都缺乏深刻的自我反省能力,那就太可怕了。

二、"教学优先"的失落

我之所以对各式排行榜心存忌惮,很大程度基于我对大学功能的理解。在我看来,大学不同于研究院,即便是研究型大学,"教书育人"依旧是我们最重要的任务。学校办得好不好,除了可以量化的论文、专利、获奖等,还得看这所大学教师及学生的精神状态。好大学培养出来的学生,有明显的精神印记。不管你是培养"英国绅士",还是所谓的"共产主义新人",都是把人的精神面貌放在第一位，关注的是心智，而非专业技能。而所谓"心智"或"精神"，都是以人为中心，注重长时段的影响，而非一朝一夕、一时一地的表现，故无法落实在各种硬指标上。

自从有了"世界一流"的奋斗目标，加上各种"排行榜"的诱惑与催逼，大学校长及教授们明显地重科研而轻教学。理由很简单，教学（尤其是本科教学）的好坏，无法量化，不直接牵涉排名。不管是对教师的鉴定，还是对大学的评估，都是"科研"很实，而"教学"则很虚。其实，当老师的都知道，在大学里教好书，获得学生们的衷心拥戴，很不容易。我说的，主要不是指课堂效果，因为，那取决于专业、课程、听众以及教师的口才等；更重要的是用心教书，对学生负责，以及真正落实教学目标。今天中国大学，教授们普遍不愿在学生身上花太多的时间；原因是，这在各种评鉴中都很难体现出来。这是一个很糟的结果。我甚至认为，高悬"世界一流"目标，对那些实力不够的大学来说，有时不啻是个灾难。这很可能使得学校好高骛远，挪用那些本该属于学生（尤其是本科生）的资源，投向那个有如肥皂泡般五光十色的幻境。结果呢，连原本可以做好的本科教学都搞砸了。

这让我想起西南联大的故事。今天，大家都在怀念炮火纷飞中联大师生的"箶吹弦诵"。毫无疑问，这个生存在战争年代的大学,"生产"了很多著名人物,包括诺贝尔奖得主杨振宁、李政道,还有众多两弹一星的元勋。但请大家注意,联大校友中,理科方面的著名人物,绝大多数都留过洋。事实上,西南联大最大的"学术成就",是成功的本科教育。

现在大家谈西南联大,有点过高估计了他们的学术水平。杨振宁、何炳棣都再三说,西南联大的学生到美国念研究院,比美国最好的大学一点都不差。这话有道理,但必须加注。当年西南联大的学术水平,和美国著名大学之间,是有较大落差的;问题在于,培养出来的学生,差距并不大。原因是什么?第一,大学经费有限,无力发展研究院,西南联大九年,培养出来的研究生,总数不超过一百,还没有今天一个院系一年培养的多。第二,因实验设备等实在太差,教授们没有能力从事专深研究——我说的是理工科。因此,无论校方和教授们,全都专注于本科教学。我翻查了很多史料,包括当年的各种教材、教师薪水表、图书馆资料、仪器设备,还有当事人的日记和回忆录等,确认西南联大的学术环境实在很糟糕。具体的我不说,大家都能理解。可另一方面,当一所大学的所有著名教授,都把主要精力投入到本科教学里面,这个大学培养出来的本科生,水平一定高。

回过头来,看日渐成为神话的西南联大,确实有很多感人的故事。包括吴大猷教授如何发现李政道,扶上马再送一程。根据杨振宁回忆:"当时,西南联大老师中有学问的人很多,而同时他们对于教书的态度非常认真。"李政道则称:"他们看见有一个优秀的学生,都是全副精神要培养的。"为什么会这样?我的理解是,除了教书育人的共同理念,还有就是刚才提到的,没能力大规模发展研究生教育,没条件强调学术成果,这一缺陷,反而成全了西南联大的本科教学。

而今天,所有的中国大学,稍微有点样子的,全都拼命发展研究院,不愿意把主要精力放在本科生身上。说好听点,是努力迈向"研究型大学";再透点底,那就是教授们都在拼自己的业绩。本科教学不受重视,是今天中国大学一个很严重的问题。很多著名教授不愿意给本科生上课,这其中存在制度方面的原因。比如,在大学里教书,只有论文或著作才能体现你的学术水平,至于教学方面的要求,那是很虚很虚的。每次晋升职称,因教学好而被评上、或因教学不好而被卡住的,极少极少。加上很多不太自信的大学,会把每年发表多少论文作为一个硬杠杆,那就更促使老师们不愿意在本科教学上用心了。

所谓"教学"与"科研"可以互相扶持,且相得益彰,我认为,那是一种"理想状态",缺乏实验数据的支持。确实有既长讲课又擅科研的,但即便是如此完美的教授,其备课、讲课及辅导学生,同样会影响科研工作——毕竟,我们一天都只有二十四小时。而更多的教师则是学有偏胜,或长于教学,或长于著述。假如我们认定,大学的核心任务是"教书育人",那么,如何让长于教学的教师发挥更大的作用,而不是硬逼着他/她们去写那些不太管用的论文,是个亟须解决的难题。在我看来,大学教师的"育人",不仅是义务,也是一种成果——只不过因其难以量化,不被今天的各种评估体系承认。

三、"提奖学术"的困境

我的基本判断是:中国大学——尤其是 985 工程大学,可利用的资源会越来越多;可随之而来的是,工作压力也会越来越大。上世纪八十年代,我们很穷,但有很多可自由支配的闲暇时间,供你潜心读书做学问——那是最近三十年中国学术得以迅速崛起的重要因素。现在不一样了,诱惑很多,要求大家都"安贫乐道"很不现实。以后呢,收入还会逐渐增加,但工作会越来越忙,忙得你四脚朝天。我们必须适应这个变化了的世界,但不一定非"随风起舞"不可。对于大学教师来说,单说"支持"而不讲"责任",那不公平;我只是希望这种压力,不是具体的论文指标,而是一种"氛围",以及无言的督促。现在都主张"奖励学术",可如果缺乏合适的评价标准,奖励不当,反而徒增许多困扰。必须逐步摸索,建立一套相对合理的考核与评价体系。

年初,我在《人民日报》上撰文,提及中国的学术著作出版那么多,但绝大部分都是半成品。说"半成品",意思就是,立意好,作者也下了功夫,但火候未到,还没打磨好,就急匆匆出来了。之所以"精品不精",主要原因是打磨不够,背后因素则是市场的诱惑,以及教育部的评奖机制,剥夺了学者们本该有的从容、淡定和自信。以我的观察,最近三十年,好的人文学方面的著作,大体上有三个特征,第一,个人撰写;第二,长期经营;第三,基本上没有资助。我对人文学领域的大兵团作战,不太以为然。动辄四五十人,真的能"强强联合"吗?我怀疑其实际效果。强大的经费支持,对人文学者来说,不是最关键的,有时甚至还坏事。为什么?因为拿人家的钱,就得急着出成果,不允许你慢工出细活。目前的这套项目管理机制,是从理工科延伸到社会科学,再拷贝到人文学。延伸到社会科学,还有道理;最不适应这套管理机制的,是人文学。

现在提"奖励学术",都说要以课题为主,尤其是有关国计民生、人多势众的"重大课题"。我不太同意这一思路。如果是奖励人文学,我主张"以人为本",而不以工程、计划为管理目标。原因是,人文学的研究,大都靠学者的学术感觉以及长期积累,逐渐摸索,最后才走出来的。还没开工,就得拿出一个完整的研究计划,你只能瞎编。如此一来,培养出一批擅长填表的专家,学问做不好,表却填得很漂亮。而且,我们还以项目多少作为评价人才的标准。我建议政府改变现有的这套评价体制。可是,我提建议的这段话,《人民日报》给删掉了,大概觉得不现实。

外面传说,北大有一个规定,两个人同样评教授,一个人有课题,一个人没课题,如果成果一样,那就应该给那没课题的。因为,没有政府的经费支持,还和你做得一样好,可见他的学术水平更高。这属于美好的误会,北大其实没那么"另类"。最近学校开会,还在提醒我们尽量争取课题。只不过,北大的教授们,确实不太愿意申请各种各样的课题,越有名的教授越是如此。我觉得,管理部门应该反省一下,为什么会有那么多好学者不愿意做课题。我的建议是,允许学者不做课题,但出了成果,摆在那里,请专家鉴定,真好的话,你说吧,值多少钱,10万、20万、50万,你给我,我继续做研究,至于怎么做,我自己决定。

在国外,也有这种情况,奖励你科研经费,后面的活,你自己做。这样的话,什么时候发论文,什么时候出书,我来把握。现在的状况是:按工程进度,一年或三年,必须结项。做不出来,你也必须硬撑,送上一堆夹生饭。对人文学者来说,每天忙着填表,不是好事情。恕我直言,今天的中国大学,有钱,但学术环境及整体氛围不如 1980 年代。

在《当代中国人文学之"内外兼修"》(《学术月刊》2007 年 11 期)中,我曾谈及,当代中国人文学的最大危机,很可能还不是在社会上被边缘化,在大学中地位急剧下降,而是被教育主管部门按照工科或社会科学的模样进行"卓有成效"的改造。经过这么一番"积极扶持",大学里的人文学者,钱多了,气顺了,路也好走了。可没有悠闲,没有沉思,没有诗意与想象力,别的专业我不知道,对于人文学来说,这绝对是致命的。原本强调独立思考、注重个人品味、擅长沉潜把玩的"人文学",如今变得平淡、僵硬、了无趣味,实在有点可惜。在我心目中,所谓"人文学",必须是学问中有"人",学问中有"文",学问中有"精神"、有"趣味"。但在一个生机勃勃而又显得粗糙平庸的时代,谈论"精神超越"或"压在纸背的心情",似乎有点奢侈。

附记：此乃根据作者2008年12月6日在复旦大学"全球化时代的中国社会科学"高级论坛上的发言，以及2008年12月12日在第三届"北大民盟高教论坛——大学精神"研讨会上的发言整理成文，2009年1月23—27日于京西圆明园花园。

（初刊2009年3月14日《文汇报》）

为大学校长"正名"

你问我大学校长好不好当？回答是：既好当，又不好当。改革开放二十多年，多少企业破产，多少高官落马，没见过国立大学办不下去的，更未闻大学校长因工作失误而引咎辞职。可见，只要不贪污，不受贿，政治上不站错队，这是个"任凭风浪起，稳坐钓鱼船"的职业。可耳边又不断传来大学校长们的抱怨：责任重大，杂事繁多，即便有三头六臂，也无法应付各种突发事件；再加上经费严重短缺，时时捉襟见肘，根本无法大展宏图。要我说，二者均属实，只是都没说到点子上。关键在于：当大学校长太容易，当好大学校长则又太难。

大学校长之有无作为，取决于很多因素。比如遴选机制（政府主管部门任命）、权力分配（党委领导下的校长负责制)、责任评估(上级领导说了算)等,都在某种程度上制约着大学校长的工作作风与努力方向。除此之外,还必须考虑校长的个人修养与工作能力。总不能把所有的麻烦与纠葛,一股脑全都推给了"制度缺陷";大学校长之能否胜任,本身的素质也是个值得认真探究的问题。

放眼古今中外,著名大学校长的地位及名望相当崇高。因其兼及学术与政治、威权与清流、理想与现实,若长袖善舞,很容易赢得整个社会的尊敬。也正因如此,人们完全有理由对其提出更高的标准与要求,而不仅仅是具备清廉、勤勉等私德。在我看来,大学校长不同于行政官员,不同于专门学者,不同于诗人,也不同于公司老板,需要同时拥有学问家的眼光、教育家的襟怀以及管理者的魄力。

论及大学校长的职能,耶鲁校长理查德·莱温提出的八项素质,"中外大学校长论坛"上常被引述,相当引人注目。我想换一个角度,超越技术层面,用四大指标来概括公众对大学校长的期待。

第一,有理念,能坚持。虽有备受非议的级别认定("厅局级"或"副部级"),大学校长明显不同于行政官员,其中最重要的一点,就是对自家工作的性质、功能及发展方向,必须有极为清醒的认识。换句话说,好的大学校长,不仅能妥善处理日常事务,还必须具有教育家的素质与潜能，其所思所言所作所为，甚至会影响一时代的教育风尚。我不止一次说过，蔡元培一生波澜壮阔，其最大功绩不在政治，也不在学术，而在教育。北大十年，其胆识与才华得到了充分发挥；尤其是大学理念，至今仍被许多后辈极力推崇。蔡先生的大学理想及实践，最具创意的是如下三点：一是"兼容并包"与"思想自由"；二是"学"与"术"分途发展；三是以"美育"养成人格（参见拙文《"兼容并包"的大学理念》以及《蔡元培与老北大的艺术教育》）。所谓"大学精神"，并非只有蔡元培一家；同样主张教育救国、创办南开大学的张伯苓，发展出一种迥异于北大、清华的"实业兴学"路线。而南开之"私立"，不只体现在经济上的自筹资金，更落实为文化精神上的"特立"与"自立"（参见拙文《教育史上的奇迹——阅读南开》）。有明确的大学理念，知道自己该干什么、能干什么，这样的校长，既可以像张伯苓那样，为坚守理念奋斗终生；也可以像蔡元培那样，因理念不合挂冠而去。当今中国，大学校长中，或许不乏有明确的办学理念者，只是难得有理念而又能持之以恒付诸实践。"理念"高低是一回事，能否真正"落实"，并不完全取决于校长的个人意志，任期过短，随时升迁，也是一个不容忽视的制度性因素。

第二，有专业，能超越。毫无疑问，大学校长的工作有其特殊性，并不是阿猫阿狗谁都能做。大学校长不该是纯粹的行政官员，而应是著名学者，这点学界内外均无争议。问题在于，对于"学者"之是否"著名"，言人人殊。目前教育主管部门的意见，倾向于将"院士"作为主要指标。这样一来，出现了一个中外教育史上的奇观——目前中国，绝大部分综合大学的校长均为理工科教授。理由很简单：人文及社会科学不设院士。这个偏差实在太明显了，相信有关部门正在考虑解决的办法。我想质疑的是：选择大学校长，是否真的需要某特定领域的"顶尖学者"。在我看来，如果真的是第一流的大学者，不该委以校长重任——让其陷入繁琐的日常事务，对国家、对个人都是巨大的损失。其次，大学者不见得就能管好大学。我担忧的不是其行政经验（那是可以培养训练的），而是平日里特立独行（作为学者，那是美德；如果不是这样，很难成其"大"），一旦转化为权力很大的管理者，是否会变得刚愎自用？还有，长期从事"高精尖"的专业研究，有所见也有所蔽，出任大学校长，能否站在一个更高的层面，运筹帷幄，决胜于千里之外？在我的印象中，所谓的"顶尖学者"，大多对自家从事的专业极端自负，而对其他学科的价值及进展缺乏起码的了解，甚至不无偏见。就因为出任校长，必须一碗水端平，如此"委曲求全"，对人对己都很失当。

第三，有名望，能感召。只要当上大学校长，必定成为社会名流；校长名望之高低，与其供职的大学的地位成正比。这两点观察，我相信世人大都同意。当了校长必定有名，这不等于选择校长时，不必考虑其已有的社会威望。就好像走在大街上，让你眼前一亮的，可以是橱窗设计，也可以是橱窗里陈列的商品。我所说的"名望"，是指离开漂亮的橱窗，照样还能吸引公众目光。假如不是大学校长（比如，上任之前或卸任之后），是否还会被社会长久记忆与尊重，这是关键所在。之所以如此唯"名"是图，是因为，在大学校园这样"读书人成堆"的地方，"名望"远比"权势"更起作用。大学是个很奇怪的组织，平日里，各自埋头苦干，相安无事，校长是谁似乎无关紧要；可一到关键时刻，种种力量需要集合，种种矛盾需要化解，这时候，对于校长的个人威望来说是个严峻考验。这一点，阅读现代中国大学史，你会有极深的感受。通常所说的某某校长能否"镇得住"，不是指权势或手段，而是指在学界以及社会上的威望。这个"威望"，不只影响校园里的安定团结，更牵涉社会捐款，还有能否参与政府决策等。也正因此，明知"忠诚度"以及"管理能力"对于大学来说十分重要，我还是更多地关注校长的社会名望及感召力。

过分避"虚"就"实"（在很多人看来，声望是"虚"，能力是"实"），不考虑大学的特殊性，将校长作为某一级别的官员随意调配，或者作为企业的 CEO 自由使用，我相信会出现灾难性的后果。

第四，有个性，能独立。作为大学的法人代表，校长需要协调各种利益诉求，包括校园内部不同科系、不同阶层、不同性别的不同立场，也包括大学与政府、大学与社会之间错综复杂的关系。长期在各种矛盾中打滚，不能不有所妥协。需要强调的是，有些原则性的追求，无论如何必须坚持。像蔡元培那样，"循'思想自由'原则，取兼容并包主义"，这是底线，不能动，其他的可以根据时局略为变通。坚持这一点，需要理想，更需要良知与勇气。因此，好的大学校长，首先应该是有个性、能独立的知识分子，其职责不仅仅是管好大学校园，别让其"出乱子"，更需要关心社会公正与人类进步，危机时刻能挺身而出。我曾经提到，与职业教育家蒋梦麟不同，马寅初的行政管理能力并不强，主要是以知识者的良知与勇气感召后来者。在半个世纪前那场贻害无穷的大批判中，时任北大校长的马寅初，单枪匹马出来应战，坚持其控制人口增长的正确主张。对当代中国的人口危机稍有了解者，大概都会惊叹马校长的先见之明。"错批一人，误增三亿"，论者多从此角度表彰其贡献;而我更看重其"明知寡不敌众",也要出来应战的勇气(参见拙文《老北大的故事·"北大之精神"》)。你可以说,马寅初这样的个案太特殊了,可遇而不可求;但大学作为人类精神的堡垒,肩负引领社会风气的责任,作为校长,必须具有某种精神力量,这样的要求,在我看来,并不过分。

2004年9月6日于京西圆明园

附记:耶鲁大学校长理查德·C.莱温教授对大学校长的职能定义:1.能够提出一个远景并很好地传达给他的同事;2.能制定远大的而又能够实现的目标;3.能腾出足够的时间集中完成主要的战略任务;4.敢于冒险;5.不要为初次失败所阻挠,有些好的主意需要第二次尝试;6.知道什么时候采取自上而下的方式,什么时候采取自下而上的方式;7.选择强有力的部门领导,并给予他们充分的自由让他们自己去创造;8.制定有效的激励机制。

(初刊2004年12月1日《南方人物周刊》)

我为什么反对一流学者当校长

10月11日上午,我应邀出席广州大学"学校文化建设论坛",做了一个专题演说,题为《从"文化的观点"看"大学"》,目的是反省当代中国大学的问题。具体内容与我此前的若干著述,以及9日下午在"广州讲坛"所做的《当代中国大学解读》互为呼应,本无惊人之论,不料经由记者的生花妙笔,竟引起很大动静。单就我所见到的,如《新快报》《羊城晚报》《广州日报》《信息时报》以及境外的《联合早报》《中时电子报》等,均有侧重点不同的报道。而且,网上还有不少呼应、质疑与发挥。一般来说,对于我批评目前的中国大学越来越像官场,因系常识,赞赏者居多(也有嫌我说得不够狠的);对于我反对一流学者当校长,则因报道语焉不详,难免让人疑窦丛生,故有必要略加辨析。

整个演讲的结构，包括导言以及以下五部分：第一，调整"大跃进"心态；第二，反省过分"世俗化"倾向；第三，警惕"标准化"陷阱；第四，理解并尊重"学科文化"；第五，重建"校园文化"。关于大学校长的遴选，是在第四部分，即讨论"学科文化"时展开的。而各家报道牵涉这一点的，包括："我认为第一流学者不该当校长，为什么？可惜了！专业顶尖者都有自己的盲点，一流学者都是性格强硬的人，认准自己的志向和思路持之以恒走下去才能取得成就。……过于强烈的学术背景会阻碍他们以平常心看待其他学科，对其他学科容易有偏见。""当一个大学校长能把学校管好，那是很了不起的事情，但是又能把学术做好，那就是胡扯淡了。除非他的学术是别人做的！""蔡元培先生不是一个一流的学者，他对伦理学、艺术学都有浓厚的兴趣，各方面都有所涉及也都有著作……他的好处是他对各个方面都知道都有所涉猎，这样的人当校长最合适。"以上三段话，都不无根据，但又都略有偏差。这不能怪记者，"新闻"从来就是"摘要"，而且"语不惊人死不休"。因此，只好由发言者本人来略做补充了。

中国缺优秀的大学校长（一般意义上的校长不缺），但更缺愿意且能够坚守学问的第一流的专家学者，这是我的基本判断。近些年,政府推行科教兴国战略,大量提拔学有所长者出任各级行政领导,而当官的好处又是那么明显,如此巨大的诱惑,使得稍有学术业绩且政治正确者,均跃跃欲试,希望得到提拔——不能当个省长市长,也得混个校长院长。只是一个孤零零的"教授",没有其他头衔,不要说在社会上"没市场",在大学里也会吃不开。有感于学界之日趋势利,我撰写了《"专任教授"的骄傲》,在2007年1月16日的《人民日报》上刊出。这不是个别人的志趣问题,而是整个社会风气的导向。所谓"官大学问大",虽不是共识,但已成通例。近年偶尔参加重大科研项目的评审以及学术著作的评奖,深感目前这套评审制度,对于普通教授太不公平。

可"官"也不是那么好当的,上者为国为民,下者蝇营狗苟,而无论上策下策,尊卑雅俗,全都必须殚精竭虑。同样的,从事专精的学术研究,也需要全力投入(即便如此,尚不能保证出一流成果)。两个"全心全意"互相打架,于是培育出众多"半心半意"的学者。如今的大学教授,聪明点的,多"身在曹营心在汉"——也在做学问,但随时准备收拾行李当官去。以前学校里的职务不算官,如今"换了人间",有了科级、处级、厅级、副部级的分别,还有各种相关待遇。学校里开会,介绍来宾时,也都井然有序，从校长到院长到系主任到所长到教研室主任，中间还得考虑"正院长""副书记"以及"校长助理"等错综复杂的关系。最后，才轮到"出席今天大会的，还有著名学者某某某等"，真让人啼笑皆非。

这一套"仿官场"的规矩，即便只是仪式，也都变成一种"无言的教诲"。今天中国的大学校园里，因热爱学问而拒绝出任各级行政领导的，不能说没有，但绝对是"稀有动物"。长此以往，期待中国大学的学术水平迅速提升，实在是难了点。在我看来，奖励优秀学者的办法，不是让他/她去当校长、院长、系主任，而是让他/她有足够的时间和空间，专心从事学术研究。所以我才说，让第一流学者当校长，可惜了。

至于我谈第一流学者执掌大学后可能出现的弊病，那是在"学科文化"的背景下展开的。最近十五年，中国大学改革的趋势是，从单科学院向综合大学过渡，从小巧大学向巨型大学转移，这样一来，如何有效地管理大学，尤其是处理好主导学科与辅助学科之间的关系，是个大问题。承认大学里有不同学术背景造成的隔阂，尽可能理解不同学科的不同思路、尊重其趣味与选择，这对于"术业有专攻"的前学者、现校长来说，是个巨大的挑战。不仅仅是"一碗水端平"，不过分看重、偏袒自己所从事的学科，其间更包括避免用自己学科的管理方式来"大力支持"其他学科。谈到这里，我举了北大老校长蔡元培为例。

其实，这意思我十年前就说了。在《"兼容并包"的大学理念》（1998）中，我曾这样谈论作为大学校长的蔡元培：现代学术的发展日趋专门化，因此，专家易得，通才难求。总揽大学全局的校长，需要的恰好是"通才"而非"专家"。看看蔡校长兴致盎然地谈论文学、史学、哲学、美术、音乐、政治、伦理、教育等，而且全都具备"高等常识"，你不能不佩服。这样的大学校长，方才配谈"兼容并包"。学识渊博而且兴趣广泛，才能有学术上的前瞻性与判断力，所谓"识鉴"，所谓"气度"，均以此为基础。

三年前，应《南方人物周刊》之邀，我撰写《为大学校长"正名"》（2004），谈及大学校长的诸多标准，其中第二点是"有专业，能超越"。具体论述如下：

> 毫无疑问，大学校长的工作有其特殊性，并不是阿猫阿狗谁都能做。大学校长不该是纯粹的行政官员，而应是著名学者，这点学界内外均无争议。问题在于，对于"学者"之是否"著名"，言人人殊。目前教育主管部门的意见，倾向于将"院士"作为主要指标。这样一来，出现了一个中外教育史上的奇观——目前

中国,绝大部分综合大学的校长均为理工科教授。理由很简单:人文及社会科学不设院士。这个偏差实在太明显了,相信有关部门正在考虑解决的办法。我想质疑的是:选择大学校长,是否真的需要某特定领域的"顶尖学者"。在我看来,如果真的是第一流的大学者,不该委以校长重任——让其陷入繁琐的日常事务,对国家、对个人都是巨大的损失。其次,大学者不见得就能管好大学。我担忧的不是其行政经验(那是可以培养训练的),而是平日里特立独行(作为学者,那是美德;如果不是这样,很难成其"大"),一旦转化为权力很大的管理者,是否会变得刚愎自用?还有,长期从事"高精尖"的专业研究,有所见也有所蔽,出任大学校长,能否站在一个更高的层面,运筹帷幄,决胜于千里之外?在我的印象中,所谓的"顶尖学者",大多对自家从事的专业极端自负,而对其他学科的价值及进展缺乏起码的了解,甚至不无偏见。就因为出任校长,必须一碗水端平,如此"委曲求全",对人对己都很失当。

在那篇文章中,我同样提及,大学校长最好是"通才",而非"专家":"回首民国年间诸多有所作为的大学校长,如北大校长蔡元培与蒋梦麟、清华校长梅贻琦、东南大学校长郭秉文、中央大学校长罗家伦、武汉大学校长王世杰、中山大学校长许崇清、北京高师校长陈宝泉、无锡国专校长唐文治等,都是有专业,而又并非第一流学者。其实,大学校长的主要任务是当好伯乐,而不是自己争着去做千里马。既当校长,又抢课题,还带了不少研究生,这种'革命生产两不误'的做法,我颇为怀疑。不是你当校长不够尽心,就是你的研究只是挂名——谁都明白,做好这两件事,都必须全身心投入,你一天又不可能变出四十八小时。与目前的流行思路相反,我以为,国家根本就不该给大学校长重大科研项目。"

至于谁的学问一流、谁的学问二流,有时是见仁见智,或只可意会难以言传。既不必对号入座,也不好强做分辨,说到底,只是为了说明"大学管理"不同于"专业研究",各有各的努力方向。而且,明眼人一看就明白,我谈这个问题,暗含李方桂的故事。被誉为"非汉语语言学之父"的李方桂,曾拒绝出任中央研究院拟设的民族研究所所长,理由是:"研究人员是一等人才,教学人员是二等人才,当所长做官的是三等人才。"据说前去说项的总干事兼史语所所长傅斯年听后,并没发火,而是作一长揖,边退边说:"谢谢先生,我是三等人才。"作为后来者,我们能理解李、傅二君各自立场的差异，但又承认，二人都是二十世纪中国学界极为难得的"第一等人才"。

之所以在这个时候提出，不该让第一流学者当校长，既是希望社会及政府尊重学问，也是意识到今天中国大学问题的复杂性，远非"学问中人"所能理解、所能驾驭。不要说"世上已无蔡元培"，即便蔡先生再世，也都可能回天乏力。

2007年10月15日于圆明园花园

（初刊2007年10月18日《南方都市报》）

我看"大学生就业难"

大学生就业难,已经成为一个备受关注的社会话题。于是,各方神圣,纷纷出谋划策,或为政府解忧,或为生民请命。不才如我,也来凑热闹,算是"位卑未敢忘忧国"。

开口说话,总有个"前世今生",不可能都像孙悟空那样,从石头缝里直接蹦出来。为了截断话头,先交代自家发言的前提。在我看来,第一,"大学生就业难"这一困境,确实与政府近年积极推行的大学扩招政策有关;第二,作为一种国策,迅速提高大学生入学比例,这思路没错,没必要因噎废食;第三,大学扩招的主要目的,是提高国民素质,而不是缓解就业压力或吸纳民间资金;第四,大学如何扩招,以及扩招以后如何教学,应该多听教育家而不是经济学家的——恕我直言,近年中国涌现的很多"幼稚病",都出在"经济学帝国"的急剧膨胀以及越俎代庖上。

与许多专家的乐观预测相反,我不只不认为2008年或经济结构调整到位后,问题就能迎刃而解;还担忧这仅仅是个开端,以后的处境将更加艰难。按照欧美及日本的经验,经济增长并不必然导致高就业率,人家那边照样也有"毕业即失业"的危机,你怎么能保证中国就能绕过这个陷阱?再说,随着科学技术的进步,同一产品所需劳动时间大为减少,劳动力绝对过剩是个大趋势。说悲观点,无论朝野上下如何齐心协力,"大学生就业难"将是个长期存在、而且无法彻底解决的难题。

明白这一点,那么,就有两种努力的方向。积极的对策是,尽量拓展就业途径,政府/企业/学校三方合力,尽可能多地接纳大学毕业生,或采取政策性倾斜,引导学生们到相对贫困的西部或薪水较低的行业去。但这有个限度,你总不能下死命令,为了扩大就业而变相增加企业成本,或让政府机关重新回到冗员的状态。因此,消极的退却必不可少,那就是帮助大学生调整心态,直面严酷的现实:毕业有可能失业。也就是说,不能保证充分就业,这将是中国高等教育的"常态"。与此相适应的是,政府、学校、学生三者,都必须重新自我定位。

除非考分不够,要上就上最有名的大学,要读就读最热门的专业，这可不是一种理智的选择。一般来说，顶着名牌大学毕业生的帽子，找到称心如意工作的机会要大得多。但也有危险，书念得多、学上得好，并不能保证你日后一帆风顺。这里还有经济学家喜欢谈论的投入与产出比的问题，常听人抱怨念书"念亏了"，算的就是这么一笔账。有只为求知不问出路的，但这样一心向学的理想学生太少。兼及肚子与脑子、生存与发展，乃人之常情。因此，不只不该嘲笑，而且应该鼓励学生们择校时，多为自己的未来盘算，不为虚名或高调所蛊惑。是选择就业前景好的，还是选择发展空间大的，二者往往互相排斥，鱼与熊掌不可兼得。这当然是一种"冒险"——除了个人才智及后天努力，所谓的"机遇"，往往就蕴藏在这一选择中。

问题在于，我们的政府及学校，是否已经为学生们"无怨无悔"的"自主选择"提供了足够的空间？

同样是高等教育，有以探求知识与真理为主要目标的，也有以满足现实需求为基本导向的，二者功能不同，但都培养国家及社会所亟须的各类专业人才。教育史家喜欢谈论 18 世纪的英国模式、19 世纪的德国模式以及 20 世纪的美国模式之间的差异，这当然有道理；但有一点，我们不能忘记，所谓"模式"，只是统而言之。举例来说，同是追摹德国模式，蔡元培的取法洪堡大学与马君武的步武柏林工业大学，便大异其趣，且各有道理。在高等教育日渐普及的今天，面目模糊，定位不清，成了大学的通病。考虑到目前中国的现状，政府官员及大学校长"做大做强"的强烈愿望，有可能以牺牲学生利益为代价。为什么这么说呢？从211工程到大学升级再到各种各样的评比，都拿博士点、院士数目、科研经费以及专业设置说事，于是，无论谁主政，都想让自己的学校"上一个台阶"。如此互相攀比，结果呢，学校面子上是光鲜了，可各学校之间的差异性以及各家的"独门绝活"反而丧失了。这股大学升级之风，假如得不到有效控制，将可能以另一种形式，重蹈1952年院校调整的覆辙。表面上南辕北辙，一缩编，一扩展，可骨子里都是漠视教育规律，人为地改变大学布局。

大学圈也讲生态平衡，理想的状态，应该是拉开距离，甚至"两极分化"，这样，才能保证国家以及学生的不同需求都能得到满足。像现在这样，全都"人往高处走"，不说培养的人才比例失调；那些如愿以偿地冲了上去的大学，很快就会发现，"高处不胜寒"，自家不上不下的境地，其实很尴尬。好不容易把硕士点、博士点争到手，结果教学质量不升反降。为什么？原本用在本科教学的资源，被挪用来培养很可能不合格、或者学非所用的硕士、博士。这不能怨学校，都是被各种"评比"逼出来的。真想呼吁各级领导,少做这些拔苗助长的"好事";万一非评比不可,应严格区分以学理研究为中心的与以技能训练为中心的,还有以本科教学为中心的与以研究院为中心的。不同类别的大学,应该有各自不同的发展路径与评判标准。否则,都想把大学办成北大、清华,不只办不到,办到了也不是好事。因为,你很快就会发现,缺少另一方面的专门人才。

跟学生就业直接相关的,还有大学里的专业设置。这也是专家们谈论最多,也最容易谈歪的。一说到大学生就业困难,专家开出的药方,往往是强调如何与市场接轨——市场需要什么人才,我们就开设什么专业。可问题没那么简单,你讲市场经济,好,今年打着灯笼找不着的,四年后削价出售也没人要。很多热门专业的毕业生找不到合适的工作,就是这个道理。你赶着在师范大学里办房地产学院,我抢着在农业大学里开国际金融专业,都是瞄着市场去的。可等到你我的学生毕业,就业市场上已人满为患;这个时候,最容易被拒之门外的,往往就是这些"急就章"。这些年大学生就业市场的波动,跟所谓"热门专业"的转移大有关系。学生们没经验,容易被一时的社会舆论所误导;大学校长们则应该很清醒,这种紧盯市场,"缺什么添什么"的发展战略,其实是很危险的。如果是必要的专业延伸,往市场靠一靠,那没问题;但原先没有任何根底,突然间天降神兵,就为了那专业是"热门"的,这样的决策,十有八九是要出事的。

大学扩招,专家们大都主张,应注意专业对口。这一点,我不无疑虑。如果原本就是以技能训练为中心,这样的学校,容易与就业市场对得上口;可又讲提高学术水准,又提瞄准市场需要,这"口"到底该怎么"对"?在我看来,与其在研究型大学里增设许多实用专业,弄得不伦不类,还不如放手一搏,相对脱离一时一地的就业市场。这里的基本假设是:社会需求瞬息万变,大学根本无法有效控制;专业设置过于追随市场,很容易变成明日黄花。学得姿势优美的屠龙术,没有用武之地,还不如老老实实地强身健体。

这就回到大学里早就存在的长线专业与短线专业之争。在从精英型向大众型转变的过程中,大学应该分化,或者"上天",或者"入地"。当然,这只是比喻,不含价值评判。你如果选择"入地",自是应该追求学以致用;但你如果想"上天",则不妨坚持自由飞翔。对于那些不想继续深造,大学毕业就开始工作的人来说,四年时间,能获得人文、社会或自然科学方面的基本知识,加上很好的思维训练,这就够了。大部分的工作岗位,只要稍加培训,就能应付自如。退一步说,同样专业不对口,长线专业的学生容易调整，短线专业的学生则很难。

好几年前，我曾写文章呼吁扩大文科招生。因为，据《人民政协报》2001年3月12日所载调查报告，那年中国文科在校生所占比例约为8.9%。而联合国科教文组织1977年所做的统计：人口在1000万以上的50个国家中，文科生占在校大学生50%的，有13个国家；占30%—50%的，有26个国家；占20%—30%的，有6个国家；占18%—20%的有4个国家。也就是说，中国大学生中文科生所占比例低得离谱。手头没有更新的统计数字，但基本情况估计不会有太大的改变。因为，在中国，大部分人还是把"上大学"等同于"找工作"。假如有一天，念大学和自己日后所从事的职业没有直接对应联系（现在已经有这种趋势，尽管不是自愿），我相信，很多人会同意我的看法：了解社会，了解人类，学点文学，学点历史，陶冶情操，养成人格，远比过早地进入职业培训，要有趣、也有用得多。

这其实也是一种思路：既然没有办法保证专业对口，何不选择海阔天空？

2004年5月21日于巴黎国际大学城

（初刊《北京大学教育评论》2004年4期）

第二辑
北大情怀

大学三问

光绪二十四年（1898）五月,康有为上《请开学校折》,呼吁朝廷广开学堂,以养人才,理由是:"近者日本胜我,亦非其将相兵士能胜我也,其国遍设各学,才艺足用,实能胜我也。"如此惊心动魄的断语,大有来头。据说,普法战争后,普鲁士首相俾斯麦曾指着学生称:"我之胜法,在学生而不在兵。"百年后的今天,世人争说"知识经济"与"全球化",对于康氏此语,当有更深入的体会。如果我说二十一世纪的竞争,是人才的竞争,是制度的竞争,也是大学的竞争,你该不会有太大的异议吧?若此说成立,近年纷纷出台的大学（这里指的是目前在中国占绝对主导地位的"国立"大学）改革措施,值得你我认真关注。

关心大学改革,不只是因为你我都在大学里教书,或者你我的孩子都希望上好的大学，或政府机关及工矿企业需要大批合格人才，而是"学为政本"，学术风气与社会思潮的互相激荡，影响极为深远。今天的大学改革，既有内在的发展线索，也缘于紧迫的公众期待与巨大的社会需求。如此内外夹攻，凝聚为一种共识，即通过有效的资源重组，短时间内，建成若干"世界一流"或"国内顶尖"大学。根据这一奋斗目标，各大学纷纷出台自己的改革措施，有直奔主题的，有曲线救国的，也有暗度陈仓或移花接木的，看得你我眼花缭乱。

二十多年来，中国改革大潮此起彼伏，作为重要的思想库及人才培养中心，大学基本上扮演着观察家与指导者的角色。如今，各行各业都曾发生过的"悲壮的故事"，终于来到了大学校园。依我浅见，大学改革难度大，除了其工作的特殊性（无法衡之以产值，也没有破产之虞），更因各利益主体能言善辩，洞察秋毫，故一场激烈的争辩在所难免。世人都说改革好，唯有牺牲没看到——在我看来，再成功的改革大业，也都必须付出沉重的代价。对于如此牺牲（即便"必须"，而且"值得"），应该有悲悯之心，切忌一味欢呼"沉舟侧畔千帆过"。因此，学会配套思考（不只"瞻前"，还得"顾后"）、尊重抵抗（因思想及利益的多元）、既信心十足又如履薄冰（世上并不缺乏越改越坏的先例），对于弄潮儿来说，是必修课。

大学改革势在必行，如何尽量地提高效率，减少震荡，以求行之久远，免得像1952年的院系调整那样，落下一身毛病，是弄潮儿及评论家都必须保有的心态。前者只能在历史提供的舞台上表演，后者也不便脱离具体的历史语境、强人所难。本文的叩问，基本上是在此立场上展开。

一、人文有无用处

你问"人文有无用处"，所有的大学校长都会告诉你，有，而且很大。可我相信，几乎所有在大学工作、学习的人，都明显地感觉到最近二十年中国的人文学科（不是传统意义上的"文科"，因"社会科学"发展得很好）正迅速地边缘化。你可以说，国家大政方针是"以经济建设为中心"，人文用处不大；你还可以说，现代大学之所以有别于中古大学或传统书院，正在于其突出科学，人文的被冷落是再自然不过的了；你更可以说，人文过于玄虚，评价体系很不稳定，想扶持都不知从何入手。但所有这些理由，都是端不上台面的。因此，主事者都会煞有介事地谈论人文的重要性。

比如，中国科技大学校长朱清时曾撰文谈论一流人才所需素质,特别指出"人文素质和文化传统"的重要性(《一流大学要培养出一流人才》,《求是》2001 年 23 期,12 月 1 日);原北京大学副校长王义遒批评那些蔑视人文的科技专家:"这些人,或许能在自己的领域取得一些成就,却难以做出划时代的贡献,成为开拓一门学科,乃至推动整个科学发展的大师。"(《科学要自觉请人文来指引》,2003 年 6 月 5 日《北京大学校报》)这两位校长之强调人文的意义,侧重人的素质,而不是学科的位置。

另外两位校长更勇敢,直面目前中国大学里人文的困境。去年 9 月,香港中文大学校长金耀基在上海做题为"人文教育在大学的位序"的专题演讲,谈论大学里科学与人文之间的紧张。金先生认为,这种状态很不正常,"人文教育在整个大学知识结构里面,应该有一个重要的位置"(2002 年 9 月 29 日《文汇报》)。金先生是少数对"大学理念"有过认真思考的大学校长(参见其《大学之理念》,北京:三联书店,2001),论及人文在现代大学中的位置,显然不太乐观。约略与此同时,原华中理工大学校长杨叔子发表《高等教育的五"重"五"轻"》(2002 年 10 月 9 日《中华读书报》),称现在的大学、特别是理工大学,"出现了五重五轻",第一偏颇便是"重理工轻人文"。照杨先生的说法,重理工是对的,轻人文则甚为不妥。

这四位校长的论述都很精彩，但都没有解决实际问题。撤开社会的急功近利，以及政府决策的偏差，人文的困境，与目前的大学评价体系有很大的关系。坊间流传的大学排行榜，北大文科（包括人文及社科）的分数，不及理科的三分之一；全国顶尖文科（北大）的分数，只有最好理工科（清华）的五分之一（参见新浪网上广东管理科学研究院武书连等《2003中国大学评价》）。你也许觉得这种评价牛头不对马嘴，很可笑，可它代表了大众的眼光以及某些主事者不便明言的心里话。因为，按照师生比例、科研经费、社会贡献（可量化者）、院士数目（文科没有）等"硬指标"，人文确实乏善可陈。

在很多人眼中，建设"世界一流大学"，人文是个软指标，容易上下其手。上海交通大学21世纪发展研究院和高等教育研究所对于什么是"世界一流大学"，曾给出了"充实的数据和具体的分析"，包括科研成果卓著，学术大师汇聚，科研经费充裕，学科门类齐全，留学生比例高等九大指标（参见刘继安《我们离世界一流大学有多远？》，2002年3月13日《中国教育报》）。这些看得见摸得着的指标，都忽略了一个重要的问题，即"世界一流大学"对于所在国（乃至人类）的社会进步以及思想文化进程的贡献。光说有多少诺贝尔奖得主，有多少科研经费，还不能完全说明问题。大学的意义，不仅仅是科技进步，还包括精神建设。而后者，并非立竿见影，而是潜移默化，需要较长的时间才能显示。对于希望"春种秋收"，马上显示政绩的校长们来说，人文的建设其实难度更大——花钱再多，也都无法速成。记得原清华大学校长王大中不止一次说过：没有强大的文科，清华永远不可能成为世界一流。这一判断是明智的，不仅仅是科学/人文两条腿走路的问题，大学的风气、凝聚力以及社会声望等，与这些看似虚幻缥缈的人文学术，大有关联。假如我们像《美国新闻与世界报道》的大学排行榜那样，增加"学术声望"一项，给予25%的权重，并且在数以千计同类院校的校院长中进行问卷调查，使无法直接量化的因素通过民意测验获得二次量化的数据（参见潘懋元《一流大学与排行榜》，《求是》2002年5期，3月16日），那么，人文的影响力便立即浮现出来。

千万不要小看"学界口碑"，它比那些用数字支撑、言之凿凿的"排行榜"，不说更重要，起码一点都不逊色。而大学的"社会声望"，与人文学者的努力是密不可分的。介入当下的社会改革，变化风气，影响思想学术，这种贡献，无法量化，却是现代大学题中应有之义。如果以为只有得大奖、评院士才是大学成功的标志，那可就大错特错了。精神文化上的努力，不只无法准确统计，更因其介入现实，申述正义,张扬民主,很可能得罪权贵,招人嫌恶。但这种独立思考、不断求索、勇于承担的精神传统,是当代中国大学所应该格外珍惜并努力承继的。从行政管理的角度,这些擅长怀疑与反省、喜欢"胡思乱想"的人文学者,不只没给大学"加分",还"添乱"。可长远看,正是这些公共知识分子问心无愧的努力,使得大学充满生机与活力。

北大百年校庆期间,我曾参加过一次校方主持的小型座谈会,主题是我们与"世界一流"有多远。与会者大都是"海归派",说起自己熟悉的国外某某著名大学,全都如数家珍;对于北大在专业研究方面的差距,更是毫不留情。轮到我表态,一言既出,四座皆惊:"找不到差距。"不是说我所在的北大中文系特了不起,而是拿她来跟哈佛东亚系比,不可比,故没意义;跟耶鲁英文系比,可比,但说不清。记得当时我曾略为分疏,算是暂时平息了众怒。事后想想,不管是我的脱口而出,还是人家的过度反应,背后都大有文章,值得认真推敲。

先解释我的"可比"与"不可比"。听多了我们在经济、军事、管理、大学等落后十年、二十年的断语,很多人思考问题都是直线式的——似乎人类文明真的是"自古华山一条道",不可能有另外一个表演空间或发展形式,因此,一切差异都可以折算成时间上的"先后",而且精确到年月。可在我看来，科学技术的发展，确有较大的共通性；文化观念及制度建设，则不见得真的"条条大路通罗马"。五十年前我们有一句口号，叫"苏联的今天，就是我们的明天"，结果如何？落空了。今天如果有人开出支票，说"美国的今天，就是我们的明天"，我估计也很难兑现。以中国之"庞大"与"复杂"，说积极点，有制度创新的可能性；从消极方面考虑，则是没有任何成功的先例可供抄袭。在这个意义上，谈"比较"，不能只是追问时间上的"差距"，还应该考虑空间上的"差异"。

为什么说不能拿北大中文系跟哈佛东亚系比，教授及学生总数的多少不是最重要的，关键在于各自承担的功能及努力的方向不一样。一个关注本国（语言、文学、文化），一个探究外国（语言、文学、文化），即便面对同一对象，问题意识及研究方法也都很不一样。单打独斗，确有训练好坏之别；作为整体形象，却很难说谁高谁低。如果一定要比，北大中文系不应该找哈佛东亚系，而应该找耶鲁大学英文系、巴黎索邦大学法文系、莫斯科大学俄文系、东京大学国文系等。因为，每个国家的"国文系"，相对于"外文系"来，都可能聚集更多的人才，也吸引更多的目光，其工作目标不仅仅是一般意义上的"教学与研究"，更直接介入了当下的思想文化进程。

正因为希望而且可能深刻影响当下的思想文化进程，各著名大学"国文系"的工作，除了纯粹的学理探询外，还深深植根于本民族的历史传统与日常生活，因而很难做横向的比较。比如，以北大文科教授为主体发起的五四新文化运动，在现代中国史上曾发挥巨大作用，你拿她跟哪所大学的哪个阶段比，恐怕都不太合适；新文化运动的主将蔡元培、陈独秀、胡适等，都没有获得过诺贝尔奖或普利策奖，但这不等于说他们就不伟大。就像鲁迅说的，"伟大也要有人懂"（《叶紫作〈丰收〉序》）。

这样来看"人文"，你就明白其在现代大学的位置：很难"实用"，但有"大用"。只是这个"大用"，不见得马上被承认，还可能因立场不同而异说纷陈。换句话说，人文建设属于长线投资，而且有风险。这就难怪大学校长纷纷表态"大力支持"，但往往难以真正落到实处。

二、管理是否万能

八十多年前，蔡元培校长在《北大二十周年纪念会演说词》中，总结中外大学的经验，认定是由易入难循序渐进："盖兴学之初，目光短浅，重实用而轻学理，人情大抵如此也。"蔡先生意料不到的是，早就走过了"兴学之初"

的中国大学,其弊病依然如旧。但平心而论,这是整个社会风气的问题,不能单怨大学校长。

人文之所以普遍不被看好,除了此"重实用而轻学理"的国情外,还有其成果本身的模糊性。你说这位学者很伟大,这部著作非常了不起,好吧,拿证据来。请问哪位人文学者,拿得出"板上钉钉"的证据?我念博士时,有段时间与一位念化学的同屋,毕业时,他的博士论文创造的"直接经济产值"是5000万,我呢,一个大子也没有。在这种评价体系里,你让校方怎么重视人文?每回填表汇报成绩,见到科研成果转化的产值评估,人文学者能不头皮发麻,就算坚强的了。主事者很开通,提醒大家不必介意,这一栏是为理工科设计的,人文学术"特殊",可以不填。大学里,原先叱咤风云、执意于探求"普遍原理"的人文学术,如今成了需要"特殊照顾"的弱势群体,令人感叹唏嘘。

这种重理工轻人文的局面,近年似乎有了较大的转机。许多大学开始投入资金,争抢人才,一时间热闹非凡。可你仔细看看,这些大学之所以突然"发力",大都有明确的工作目标:或评重点学科,或争博士点。如果文科真的开始评院士,大学对"人文"重视的程度,肯定还会进一步提升。可态度变了,思路依旧,还是希望人文学者的成果能"过硬",也就是说,要"看得见摸得着"。

在一个迷信科学、偏好精确的社会里，一切成绩都必须量化。将教学、科研、精神、传统、学风、信誉等，全都变成数目字，而且精确到小数点后两三位，据说是为了便于管理，使评价有"客观依据"。另外，也好让领导一目了然，知道谁好谁坏，谁用功谁偷懒。现在的大学校长，心里都有本账，科研经费、重点学科、院士数目、SCI 索引等，这些都是"过硬的资料"。至于人文，最多举出个把德高望重的"国学大师"。

如此强调量化，坚信"管理出效益"，使得大学的工作目标，明显背离独创性原则，而片面追求数量上的繁多。其客观效果，很可能是催生出大批的平庸之作。这一点，是量化管理最受人诟病的地方。谁都知道，论文和论文不一样，不能以数量定高低；学术上的是非曲直，无法用民主投票来解决。而主事者也自有其苦衷：之所以凭数字定英雄，是没有办法的办法，谁让你生活在一个权威缺失的时代。既然谁也不服谁，谁也不敢拍板，谁也不想承担责任，那就将命运交给电子计算机吧。所谓"数字面前人人平等"，实际上是大学丧失评价尺度的遁词。因其表面上的平等，掩盖着实质上的不平等。

过于相信数字，不仅仅是技术手段问题，更重要的是心态及立场。还是在北大百年校庆期间，我曾谈及必须分清什么是大学的主体,是教师学生,还是行政管理人员?此提问被认定是主张"教授治校",有抢夺领导权之嫌。这里不想辨析民国年间北大、清华以及西南联大"教授治校"之利弊得失,单说大学里的工作,到底是以教学、科研为中心,还是以管理为中心。假如是前者,就必须着力于调动教师的积极性,尊重其工作兴趣,任其自由发展,尽可能为其攀登学术高峰创造最好的条件,而不是迷恋于如何提高管理的效率。

现在各大学里为改革制定政策以及具体实施的,多为行政部门,故不可避免地多从管理的角度思考问题,用心良苦,但效果不见得好。相信广大教师的学术良知,不将主要精力放在防止偷懒,而是鼓励创新,这既是对"人"的尊重,也是对"学术"的理解。原复旦大学校长杨福家曾以普林斯顿大学为例,说明创建一流大学必须有"大爱",方能"营造一个有利于产生学术大师的良好的研究环境"。下面这段话,我很感兴趣:"正是因为她的宽容和'大爱',安德鲁·怀尔斯教授才有可能9年不出1篇论文,埋头苦干、静心研究,解决了困扰世界数学界长达360余年的一大难题——费马大定理,最终获得历史上唯一的菲尔兹特别成就奖;她也允许患有精神病的天才数学家约翰·纳什静心地生活在校园内,并给予极大的关爱，终于使他在与疾病搏斗 30 年后获得了诺贝尔经济学奖，充分体现了人类应该具有的'美丽心灵'。我想，这恐怕就是普林斯顿大学成为美国第一大学的真谛！"（《一流大学需要大楼、大师与"大爱"》，2002 年 9 月 17 日《文汇报》）

当然，你可以说，杨先生现在不当校长，站着说话不腰疼。要是在他的校长任内，教授们全都几年不出一篇论文，看他着急不着急。这确实是个难题。大学里的管理，既要放得开，又要收得拢，分寸不太好把握。俗话说，无规矩不成方圆；可过多的规矩，又必然对天纵之才造成束缚。我曾不止一次提及，大学教育的微妙之处，在于如何"为中材制定规则，为天才预留空间"（参见《中国大学十讲》221 页，上海：复旦大学出版社，2002）。说说容易，真做起来，难度很大。谁是必须遵守规则、服从管理的"中材"，哪个又是可以特立独行、自由发展的"天才"，你来定？将来被你认定的"天才"一事无成，被划为"中材"的反而成绩斐然，看你怎么交代。由行政当局钦定若干种子选手（比如"跨世纪人才"之类），不见得就能保证比赛的胜利。况且，此举很可能极大地挫伤其他选手的积极性，焉知奖杯最后不是落在那些原先不被看好者手中。真正的学术创新，既需积累，也讲机遇，往往不能以常理推测。你很想要的，不见得就能得到；你没想到的，反而可能翩然而至。作为大学，最好的策略是，"时刻准备着"，迎接突然的挑战与荣誉。

面对着这样一种两难局面：或因管理太松而有所懈怠，或因管理过严而有所压抑，你问我怎么办？我的答案很明确：选择前者。理由是，好大学里的好教授，你不必管他/她，也不用催他/她，他们比你还着急；让其自由发展，不计较一时一地之得失，方能有大成。至于有些人因此而偷懒，没关系。因为，在我看来，一大堆无关痛痒的小成果（不说粗制滥造），还不如一个大突破。目前各大学的基本状态是，鼓励小打小闹，而不敢"拿生命赌明天"。如此追求稳妥，不敢冒险，很大程度是现有的评价及管理体制决定的。

建立规章制度，加强学术管理，这一努力，有其合理性，也值得提倡。尤其是如何选拔人才，防止近亲繁殖，杜绝武大郎开店，对于中国大学来说，更是生死攸关。只是必须记得，管理有效，但并非万能；而且，管理只是手段，不是目的。大学的管理工作，应包含对"人"的尊重，以及对"创造性劳动"的理解。前者涉及"尊师重道"，后者则不妨称为"放长线钓大鱼"。如此具有弹性的、不乏人情味的管理，方才可能"营造一个有利于产生学术大师的良好的研究环境"。

三、榜样如何获得

中国大学积弊甚多，必须改革，这我不怀疑；改革大业起步于"向世界一流大学学习"，这我也举双手赞成。问题在于，中国的高等教育是否必须而且能够"与国际接轨"。这里应该追问的是，哪个国际？什么轨？怎么接？所有这些，都必须认真推敲，而并非不证自明。

办大学没钱不行，有钱也不一定就行。这和建工厂、修工程不一样，后两者，只要有足够的技术与资金，就能顺利达成。一年建成世界第一的上海磁悬浮列车或者弄出个北京现代汽车厂，这都是奇迹，但并非不可能。可你要是抱着这种念头来办大学，肯定大失所望。没有十年八年，新大学很难像个样子。这里说的不是占地面积、建筑设计，或者著名学者、优秀学生——这些都还可以用钱来买，唯有学校的风气与传统，必须靠"养成"，急不得。这还是最理想的状态，不算那些走了弯道、摔了跟斗，甚至忙了几十年、上百年还没真正上路的。

办大学难，难在不能依样画葫芦。榜样不难找，可人家一招一式背后，都有深厚的历史底蕴，你光学表面的架势不行。我说过一句很"刻毒"的话：最喜欢拿某某大学说事，并将其作为标尺，用来衡量、批评中国大学的，往往是访学半年的专家。因其确实有所了解，可又知之不多，急于找到榜样，只看到人家的好处，而没来得及追问这些"招式"所隐含的意义及其来龙去脉。如此"好学"有余，"深思"不足，写写文章，发发感慨，很是精彩；一旦当起真来，用来指导中国大学的改革实践，很难不出现"橘化为枳"的尴尬局面。《晏子春秋》中有这么一句："橘生淮南则为橘，生于淮北则为枳，叶徒相似，其实味不同，所以然者何？水土异也。"在我看来，比起具体的植物，大学的生长，更讲"水土"，因而更难成功移植。

考虑到大学与社会之间，有着千丝万缕的联系，只要你希望超越"技术训练"，就必须面向本土，兼及历史与传统；否则，你将"水土不服"。新大学的难题是如何接地气、服水土；老大学呢，所有革旧鼎新的努力，都必须顾及已经形成的传统。如果一切推倒重来，把老大学改得"面目全非"，绝对不是好事情。有传统，就会有惰性。老大学的惰性，确实给改革带来很大的阻力，让具体操作者感觉动辄得咎，举步维艰。可正是这种抵抗，使得任何人都无法凭借一时之勇气与意气（即便是光明正大），改变大学的发展方向。大学里的任何改革，除了不同利益集团之间的博弈，还有今人与传统的对话，其结果往往是"非驴非马"。这种"不纯粹"，偏离各方的愿望以及学习的榜样,不一定是坏事情。因为,这有利于大学精神的延续——既与时俱进,而又不丧失传统。

改革者在设计方案时,一般都有很具体的追慕对象。就像写论文一样,有人博采众家之长,有人固守一家边界。后者的措施成龙配套,亦步亦趋,容易学得像;前者则必须视野开阔,各家之长如何协调是个难题,弄不好变成大杂烩。但对于立意高远者来说,前者无疑更具魅力,也更有发展前景。1902年,当时的管学大臣张百熙为了重开因庚子事变而停办的京师大学堂,曾敦请各驻外使节提供各国的学制资料。其中驻美使馆提供的资料最有意思。因"国家并未设官管理",也没有统一教材,只好"经切商美外部",提供哈佛大学(四种)、哥伦比亚大学(四种)、耶鲁大学(两种)、宾西法尼亚大学(一种)等十三本章程(其余两种为中小学课程)。尽管因意识形态等方面的考量(1906年的《学部奏请宣示教育宗旨折》说得很明白,德国与日本的教育"重在保帝国之统一"或"万世一系之皇统",故最少流弊),晚清各种学堂章程的制定,实际上多采德、日学制;但晚清教育政策的制定者,还是努力"博考外国各项学堂章程门目,参酌变通,择其宜者用之"(张百熙等《重订学堂章程折》)。今天谈论大学改革者,不知是否意识到,诸君信誓旦旦的"与国际接轨",很可能是个虚妄的目标。

不止一次见识过这样的局面：大家正热火朝天地讨论如何"与国际接轨"，冷不丁说到某个具体问题，这时候，留法与留德的，留日与留美的，意见全都不一样。这下子你就明白了，起码在大学领域里，"国际"上并非只有一"轨"。只不过现如今美国独步天下，成为唯一的超级大国，其强大的经济与军事实力，使得许多人误将美国大学作为唯一的标准，整天将"哈佛""斯坦福"挂在嘴上。文化传统不同，各国大学其实面貌迥异；同一国家的著名大学，也因其成长背景及现实环境的差别，而选择不同的发展方向。就连常被相提并论的"哈佛"与"斯坦福"，其间的"楚河汉界"，也都值得你认真对待。

过去的教育家，以我为主，借鉴西方大学经验时，很有节制，知道什么能学，什么不能学；现在可好，认准一家，义无反顾，猛扑过去，表面上学得很快，也很像，可他忘记了，所有的仪式背后，都必须有精神作为支撑。举个近在眼前的例子，眼下渐趋消歇的大学合并之风，便是看对了病，开错了药。这帖药，明显是为了救治1952年院系调整落下的病。主事者用心良苦，只是忽略了国内各大学原有的传统，对"国际标准"的理解也未免过于单一，加上行政主导，实际推行中，出现了"以大为美"的偏差。可就像王则柯所说的，普林斯顿大学和加州理工学院学科门类并不齐全，学生也不过区区数千,但在学界享有崇高声誉(《小的是美丽的》,《开放时代》2003年2期),你能说这不算"世界一流",不值得仿效?这下问题更大了,你让我学什么?哈佛?斯坦福?普林斯顿?加州理工?我的答复是:都可以,又都不可以。说"可以",是假定你已经深思熟虑,知己知彼;说"不可以",是怕你只是震于大名,盲目响应。

其实,大学分类型——研究型、教学型、技术培训型、社区服务型,都有其发展的空间。不问规模大小,只要定位准,声誉好,就是好大学。就像写文章,能雅是本事,能俗也是本事;就怕半吊子,高不成低不就,理论、实用全都不彻底。不同类型的大学,目标不一,道路不一,评价标准也不一;先自我定位,再寻找相关的榜样,比起笼而统之的"接轨"说,要实在得多。各大学的差异,很大程度上是历史形成的,不是想改就能改,你只能在历史提供的舞台上表演。而就目前中国大学的现状而言,首先是明白自己脚下的舞台,寻找适合自己发展的道路,而不是忙着制订进入"世界一流"的时间表。

对于许多大学校长来说,明白自家长短,形成自家个性,是第一步,也是最要紧的。民国年间的许多著名大学(包括国立大学、私立大学、教会大学),是有个性的,你几乎闭着眼睛就能想象得出其各自的风采。1952年院系调整后，各大学之间，从专业设置到学术风气，越来越趋同；唯一的差别，只是规模的大小与水平的高低。这种办学观念过于"整齐划一"的状态，现在正逐渐被打破。但所谓"形成自己的特色"，与其说是"扬长"，不如说是"避短"。让志向远大的校长们知道什么是自己学不了的，与让他们知道应该学什么，具有同样的重要性。因为只有这样，校长们才懂得如何腾挪趋避，不至于贪多嚼不烂，模糊了努力的大方向。

说到"腾挪趋避"，这一百年中国的大学教育，并非拒绝"开眼看世界"，而是找不到很好的"接口"。晚清的模仿德、日，1920年代的学习欧美，1950年代的转向苏联，近二十年的独尊美国，我们谈论大学发展与改革，始终"目光朝外"，这不是没有道理的。姑且不说西学（包括声光电化与民主法制等）的魅力无法抗拒，西方大学制度在生产及传播知识的有效性方面，也非传统中国的书院可比。可即便如此，我还是觉得，只谈"与国际接轨"，而不努力发掘传统中国的教育资源，这样的改革，是有局限性的。

在《大学之道——传统书院与二十世纪中国高等教育》中，我曾提到，在借鉴欧美现代大学制度的前提下，应该追问传统的书院教育是否能为我们提供某种思想资源。我的答案是肯定的。粗略言之，大概可以包括如下三种思路：

  从教育体制考虑：私立大学、研究院及民间学会对于中国学术思想多元化的贡献；
  从教育理念考虑：全人格教育、通识教育以及打破教育的实用主义传统；
  从教学方法考虑：强调独立思考、自学为主，注重师生之间的理解与沟通。

  这里所说的，不指向具体学科及研究领域（如中国传统文化研究），而是强调整个学术思路的转移，即二十一世纪的中国大学，不应该只是"欧洲大学的凯旋"（借用Ruth Hayhoe 的说法，参见 China's Universities, 1895—1995: A Century of Cultural Conflict, pp3—23, New York, 1996）。

  最近十年，学界对于中国古代书院的研究，取得了不小的成绩，出版了许多史论及资料集，此类成果，可惜不被制定教育政策及从事大学改革者所重视。"千年书院"，再加上"百年大学"，如此"中国经验"，实在不该被忽视。1921 年，北大校长蔡元培在美国伯克利大学中国学生会演说，阐述其"大学理想"——中国传统的孔墨精神，加上英之人格教育、德法之专深研究、美之服务社会(《蔡元培全集》第四卷64—66页，北京：中华书局，1984)。这样的视野与襟怀，方才谈得上"制度创新"。今天谈论大学改革者，缺的不是"国际视野"，而是对"传统中国"以及"现代中国"的理解与尊重。

不管是"孔墨精神"还是"书院教学"，都比较虚幻，不能直接套用，必须经过一番创造性转化，方才具有可操作性。可思考问题，有这个维度与没这个维度，就是不一样。没这个维度，很容易变成简单的"拿来"，或自我陶醉于"中国的哈佛""东方的剑桥"这样不伦不类的比拟，而与"世界一流"无缘。

2003年6月20日于京北西三旗

(初刊《书城》2003年7期)

国际视野与本土情怀
——我的大学观

大概是反对的声浪太大了,《北京大学教师聘任和职务晋升制度改革方案》第二次征求意见稿,删除了原稿有关晋升标准的第 37 条:"除少数特殊学科外,新聘教授应能用一门外文教学授课。"这规定也确实有点离谱,难怪其备受嘲笑。想想北大课堂上,说《诗经》的,讲老子的,还有讨论焚书坑儒的,全都一口美式英语,实在有点滑稽。批评者认为,此举的制订,暴露出海归派抢占地盘的企图与技法,以己之长攻彼之短,而全然不顾及教学需要;更有明察秋毫的,指出此举乃为留学英美者量身定做——大学生多以英语为第一外语,若用法语、德语、俄语、日语讲授专业课,基本上没有听众。还有上纲上线,将此举说成是北大的"自我殖民"的,那就更可怕了。但我相信,主持其事者最初很可能基于这么一种良好的愿望：北大教师应有广阔的国际视野。

将"国际视野"直接等同于"外语能力"或"外国人的著述"，这一视觉及理解上的误差，在当今中国，其实相当普遍。为了说明问题，请允许我讲三件有趣的见闻。

几年前，在英语培训方面成绩卓著的"新东方"，在中央电视台的专访节目中表达了如下雄心：希望成为"中国的哈佛"。我当时一笑置之——一所语言学校，办得再成功，也不可能摇身一变，成为举世闻名的综合性大学。北京大学溯源，从1898年的京师大学堂，而不是1862年的京师同文馆说起，我想，正是基于这一考虑。这一点，首任管学大臣孙家鼐说得很清楚："即如总署同文馆、各省广方言馆之式，斤斤于文字语言，充其量不过得数十翻译人才而止。"（《议复开办大学堂折》）可随着国际化口号越来越响，在很多人看来，学问大小尽可见仁见智，外语能力方才是"真功夫"。

去年秋冬，我在台湾大学讲学，听一位从北大研究生院退学的学生诉说自己的困惑：初到燕园，很是感动，清晨起来，校园里书声朗朗；可走上前去，发现所读多为英语，让她大失所望。那学生说，她已决定放弃好不容易获得的北大研究生资格，或就业，或直接上美国念书去。当时听了，我真是倒吸了一口凉气。1947 年 9 月，时任北大校长的胡适发表《争取学术独立的十年计划》，称："今日为了要提倡独立的科学研究，为了要提高各大学研究的尊严，为了要减少出洋镀金的社会心理，都不可不修正学位授予法，让国内有资格的大学自己担负授予博士学位的责任。"1983 年 8 月，北京大学举行仪式，第一次为自己培养的研究生授予博士学位。最近二十年，随着学位制度的建立与健全，中国人的"学术独立"梦想基本上得以实现。可怎么会给人这样的错觉:大学校园里"书声朗朗"的，主要是英语？

阅读最近一期《中国图书商报·书评周刊》（2003 年 5 月 16 日），其中的"名家荐书"专栏让我大吃一惊。应邀登场的十一位名家，包括学者、作家、编剧、画家等，所开书目五花八门，涉及哲学、文学、史学、宗教、艺术等。有趣的是，不约而同地，名家们所开书目，绝大部分是外国人的著述（中译本）。其中眼界最高的两位，所列二十种书，没有一本是中国人写的。这可真应了鲁迅早年的激愤之辞："我以为要少——或者竟不——看中国书，多看外国书。"(《青年必读书》) 念及此，既感叹今日中国人之视野开阔，再也不会回到闭关锁国状态；又有点担心，与原本具有深厚国学根基的五四那代人不同，今人之不读中国书，将如何接地气、续血脉，重建中国文化。名家如此，大众也不例外。研究生们挂在嘴边的，除了众多如雷贯耳的西哲，再有就是海外汉学家。孔孟的书有人读，《红楼梦》及鲁迅也常被引证，至于当代学者的相关著述，对不起，没时间看；即使看了，也不屑于引用。当代中国的读书人，似乎全都孤身一人，背靠长城，凝视远方，与海外学界对话。

这些琐细观察，与北大之制订教师晋升标准，当然没有直接的联系；只是从一个侧面说明，当代中国的教育及文化界，与百年前相反，长于"开眼看世界"，短于"低头思故乡"。我相信，随着麦当劳、可口可乐、跨国资本、全球化思潮的高歌猛进，这一趋势将有增无减。正是基于以上考虑，在《大学三问》（《书城》2003年7期）中，我特别强调："今天谈论大学改革者，缺的不是'国际视野'，而是对'传统中国'以及'现代中国'的理解与尊重。"此类分歧，与主事者的知识类型（科学还是人文）、生活经验（留洋还是本土）有关，与其政治文化立场也不无联系，但我认为，最重要的，还是大学理念。

我们为什么办大学？大学只是生产合格的产品——学有所长的学士、硕士、博士，还是必须融入并影响当代中国人的文化理想与精神生活。记得原清华大学校长梅贻琦曾提及"大学俨然为一方教化之重镇"，说的是师生的自我修养与表率作用："古人谓一乡有一善士，则一乡化之，况学府者应为四方善士之一大总汇乎？"（《大学一解》）大学之反哺于社会，不仅仅是人才与技术，更包括风气的养成、道德的教诲、文化的创造等。其工作方式，可能是"润物细无声"，也可能是"惊风飘白日"——前者如1930年代的清华，后者如五四时期的北大。

你可能会反驳说，这只是从人文角度考虑问题，缺乏普遍意义。可我以为，作为专业设置，文、理、法、医、工、农等，各有其独立性，评价标准不一；但作为整体的大学形象，是人文（或社科），而不是科学（或技术）。这不仅仅指"教育"的学科定位，更包括"办教育"这一行为本身所蕴涵的文化理念。大学不只需要SCI或诺贝尔奖，更需要信念、精神以及历史承担。在一般人看来，后者有点虚幻，不像前者那么言之凿凿，可这种"草色遥看近却无"，正是古人所谓"教化"的微妙之处。

在这个意义上，大学不像工厂或超市，不可能标准化，必须服一方水土，才能有较大的发展空间。百年北大，其迷人之处，正在于她不是"办"在中国，而是"长"在中国——跟多灾多难而又不屈不挠的中华民族一起走过来，流血流泪，走弯路，吃苦头，当然也有扬眉吐气的时刻。你可以批评她的学术成就有限，但其深深介入历史进程，这一点不应该被嘲笑。如果有一天，我们把北大改造成为在西方学界广受好评、拥有若干诺贝尔奖获得者，但与当代中国政治、经济、文化、思想进程无关，那绝对不值得庆贺。

在我看来，大学需要国际视野，同样需要本土情怀——作为整体的大学如此，作为个体的学者也不例外（起码人文及社会科学是这样）。之所以发此感慨，是因为近日拜读香港科技大学丁学良教授的高论。丁教授为了说明北大改革的迫切性和必要性，再三强调"研究东亚社会科学和人文问题"的"中国内地教授"水平如何之低。"能够出访国际学术界、能够到西方名大学作报告的人，在我们国内都还算是最好的或相当好的教授了，但是，出去一讲，没有多少学界同行看得起你！"（龙希成《丁学良谈北京大学的顶级定位：国际比较的视野》，2003年6月19日《21世纪经济报道》）我没有做过全面调查，不敢与丁教授抬杠。但我猜想，中国教授（香港除外）在西方大学演讲之不受欢迎（依丁先生的观察），有可能是本身研究水平很低，有可能是人缘不好，也有可能是英语表达不流畅；但还有一种可能，那就是台上台下各自的学术训练及志趣不同。如果是后者，就不该片面指责中国学者，反而应该追问西方教授的偏见。

我这里所说的"偏见",基本上不带褒贬色彩——各有各的文化语境,各有各的问题意识,即便全都出以公心,也都有很好的学术训练,同样可能存在某种隔阂。问题往往出在,西方学者擅长"理论推导",中国学者则强调"现实体验",二者各执一辞,难免尺短寸长。碰到这种情况,先不要乱戴高帽,也别意气用事,就像当年章太炎所说的:"饴豉酒酪,其味不同,而皆可于口。今中国之不可委心远西,犹远西之不可委心中国也。"(《国故论衡·原学》)后一种危险现在基本不存在,需要警惕的是前者。

我与丁教授不太一样,起码在人文研究及社会科学方面,强调"交流",但不主张"合一"。在我有限的视野里,最近二十年,随着中国社会的日益开放以及中国学术的明显长进,越来越多的西方学者意识到,讨论中国问题,"中国内地教授"的泥土经验以及贴身感受,还有其别具一格的眼光、趣味与立场,自有西方学者——包括进入西方学术体制的华裔学者——不可及处,值得认真倾听、理解与尊重。

2003 年 7 月 6 日于京北西三旗

(初刊《三联生活周刊》248 期,2003 年 7 月 14 日)

我看北大百年变革

小 引

北大是个夸张的地方,这里的一举一动,都会被大众及传媒所关注,并赋予许多或许本身并不具备的"战略意义"。所谓"北大无小事",对于一所大学来说,不见得佳妙,因为,众目睽睽之下,原先设计的高难动作,表演中很可能变形。必须是久经沙场的大将,有极好的心理素质以及周密计划,方能临阵不乱,既不被猎猎军旗所蛊惑,也不被阵阵战鼓所震慑。期待鲜花与掌声,但也不回避荆棘与陷阱,以平常心面对历史与现实,步步为营,而不是幻想着"一剑定乾坤",对于备受关注的北大人来说,至关重要。

所有的大学都必须改革——不只北大;所有的改革都

有风险——北大也不例外。在我有限的视野里,北大一百零五年的历史上,改革层出不穷,稳定反而是少见。当初众口一词的,结局未见得就好;当初异说纷陈的,说不定反而大获成功。"改革"作为口号,并不包含是非正邪之类的价值判断,就看你立意是否高远,措施是否配套,具体推行时是否有理、有利、有节。之所以这么说,是因为"敢为天下先"的北大,并非每次改革都值得称许。

评判大学改革,不以当事人的主观愿望为准,而是揆之常理与人心,验之历史与现实,着眼学术与文化,既看短期效应,更看长远影响。这其中,事关国家兴亡者,比如抗日战争的爆发、反右运动的策划、"文化大革命"的点燃等,与大学有关,但非区区大学史的论述框架所能容纳;我关注的是那些大学本身具备某种主动性的变革。

选择北大历史上十次大大小小的改革,以年系事,为今日谈论大学改革者提供必要的知识背景,有"以史为鉴"之意,无"含沙射影"之图。对于百年中国大学的成败得失,我在《中国大学十讲》(复旦大学出版社,2002)和《大学三问》(《书城》2003年7期)中有更充分的评述,这里以叙事为主,不作太多的发挥。此回的温习校史,不是为了"发扬革命传统",而是希望阐明:任何改革都是在与历史对话,有其潜在动机,有其问题意识,也有其发展方向，而不可能只是简单的移植。

1903年，大学章程与学生运动

此前一年，张百熙奉命重办庚子事变中被毁的京师大学堂。作为管学大臣，张百熙兼管全国教育，进呈了涉及京师大学堂等的《钦定学堂章程》，俗称"壬寅学制"。本年重新制订的"癸卯学制"（即《奏定学堂章程》），由于"当今第一通晓学务之人"张之洞的积极参与（《张百熙奏请添张之洞会商学务折》），更为丰富翔实，也更具可操作性。此学制自公布之日起实施，一直延续到1911年清朝灭亡为止，对于晚清之"兴学堂"起了决定性作用。为此重定之学堂章程，二张等上折，阐述立学宗旨："至于立学宗旨，无论何等学堂，均以忠孝为本，以中国经史之学为基，俾学生心术一归于纯正，而后以西学瀹其智识，练其艺能，务期他日成材，各适实用，以仰副国家造就通才慎防流弊之意。"这段话常被讥为"顽固""保守"，实则不外进一步落实张之洞"中学为体，西学为用"的思想。此种引进西方教育体制，而又希望保存传统文化精神的思路，在晚清知识界很有代表性，无可厚非。

作为"癸卯学制"一部分的《奏定大学堂章程》，比起此前的《奏拟京师大学堂章程》（1898）和《钦定大学堂章程》（1902）来，目光远大，规划全面，尤其文学科大学（分中国史学、万国史学、中外地理学、中国文学、英国文学、法国文学、俄国文学、德国文学、日本文学等九门）各门的研究法、教科书以及课程设计等，很能显示主持其事者的眼光与学识。至于通儒院（即今日的研究生院）的设计，更凸显了追赶泰西各国大学的雄心壮志："大学堂以各项学术艺能之人才足供任用为成效；通儒院以中国学术日有进步，能发明新理以著成书，能制造新器以利民用为成效。"

二张等主持制订的《学务纲要》，以三代学校之德行道艺四者并重，对应外国学堂的智育、体育外，尤重德育，竟坐实为一条小小的禁令："学生不准妄干国政。"具体说来便是："恪守学规，专精学业，此学生之本分也。"之所以强调学生"思不出其位"，就因为这一年的4月30日，京师大学堂师生二百余人鸣钟上堂，集会演说，声讨沙俄侵略，抗议清廷无能，"言至痛哭流涕，同学齐声应许，震撼天地"。加上随后的上书政府，通电全国，号召各省学生"发大志愿，结大团体，为四万万人请命"，已写就北大"闹学潮"的传统及基本操作方式。

1910年，分科大学与学科建设

本年3月31日，京师大学堂分科大学举行开学典礼。办大学不比建工厂，光有校长、章程及资金还不行，起码还得有合格的教授与学生。二张等设计的《奏定大学堂章程》，悬的甚高，但无法落实。一直等到预科学生毕业，清廷方才可能"内顾物力之艰难，远维树人之大计"，真正筹办分科大学（《学部奏请设分科大学折》）。拟议中的分科大学有八，真正落实的有经科、法政科、文科、格致科、农科、工科、商科等，医科没能赶上这头班车。各分科大学中，所设专业大为削减，如格致科原分六门，只设化学、地质学两门，农科原分四门，只设农学一门，商科原分三门，只设银行保险学一门。至于387位学生，"惟直隶省人最占多数，新疆省尚无一人"（参见《教育杂志》1910年5期）。

将一纸蓝图落到实处，其实很不容易，至此，现代中国大学的学科体系方才算是初步建立。像北大中文系等将系史溯源于此，而不是1898年，我以为是合适的。

据《中华教育界》1卷4期（1913年4月）报道，北大开办十余年，先设预科、师范科，毕业四次，造就良多。但第一届分科大学毕业生共230人，还是得等到1913年的四五月间方才完成学业。正因人才难得,为数无多,"教育部对于此次大学毕业办法,除按照中央学会议决(大学毕业)授以学士学位外,并咨由国务院分发京外各机关免去学习,即以荐任各官分别任用,以示鼓励"云云(《北京大学第一次毕业》)。

1917年,高深学问与社会责任

本年1月4日,新任北大校长蔡元培到校视事,五天后发表公开演讲,称"大学者,研究高深学问者也",希望学生摒弃"做官发财思想";七天后致函教育部,要求聘请《新青年》主编陈独秀为文科学长;二十三天后在国立高等学校校务讨论会上,提出大学改制议案。"新官上任三把火",就此揭开了北大改革的序幕。

与这三把火相适应,蔡校长礼聘大批学有专长且颇具革新思想的教授,解雇了若干滥竽充数的外国教员。经过一番整顿,全校教授平均年龄降到三十几岁,充满青春活力。同时,蔡校长审时度势,扩充文科和理科,停办工科和商科,突出北大在"高深学问"而不是"应用研究"上的实力。至于其"依各国大学通例,循思想自由原则,兼容并包"(蔡元培《自写年谱长编》,见启功等编《蔡元培先生手迹》92页，北京大学出版社，1988年），以及支持北大师生组建各种学术及政治团体，介入当代社会变革，则使北大很快成为新文化运动的中心。

没有比李大钊所书联语"铁肩担道义，妙手著文章"更能代表五四时期北大师生的情怀了。这一兼及"高深学问"与"社会责任"的自我期许，日后成为无数北大人的梦想。

1931年，科学进步与救亡图存

曾长期担任蔡元培重要助手的蒋梦麟，1930年底辞去教育部长职务，改任北京大学校长。面对北大经费枯竭，教授们兼课太多、严重影响教学质量的艰难局面，蒋梦麟在胡适、傅斯年的帮助下，于本年1至3月，经多方谋划，获得中华教育文化基金的支持，在北大设立研究教授、奖学金及助学金，扩充图书仪器及相应设备等。此举稳定了北大的教师队伍，网罗了不少国内外第一流专家，对于蒋之主持校政以及推行改革，起了很大作用。

由于得到中华教育文化基金董事会研究合作费国币一百万元的资助，蒋梦麟"中兴北大"的决心，得以顺利展现。据胡适回忆，这位有魄力、有担当的蒋校长，曾这样叮嘱文、法、理三学院的院长："辞退旧人，我去做；选聘新人，你们去做。"(《北京大学五十周年》) 如此"放手做去，向全国挑选教授与研究的人才"，经过八个月的励精图治，等到秋季开学时，原先暮气沉沉的北大已"焕然一新"。

上任不到一年，"九·一八"事变爆发，身为校长的蒋梦麟，夹在主张积极抗日的北大学生与声称"攘外必先安内"的最高当局之间，好不尴尬，难怪其多次请辞。在本年12月17日举行的北大三十三周年纪念会上，蒋梦麟发表演讲，称："此后我校之使命，一方面固应唤起民众，努力奋斗；同时则仍当从事建设，努力于科学之进步。"虽不否认学生救亡图存的努力，但作为北大校长，蒋梦麟显然更关心中国的科学及教育的进步。随后几年，蒋校长除了积极筹集经费，更注重学科（尤其是理科）建设。其整顿学校纪律，加强本科生及研究生管理，使得北大的学术水平有明显的提升。

1938年，三校融合与民主堡垒

本年4月2日，奉国民政府教育部令，撤退到昆明的长沙临时大学，正式更名为西南联合大学，并于5月4日正式上课。这所由北大、清华、南开三校组建而成的战时中国的最高学府，先后在校学生不过八千，其在现代中国教育史上的意义，却无论如何估计都不会过分。如此艰难岁月，僻居边陲的西南联大，居然弦歌不辍，且成绩骄人，实在是个奇迹。更值得注意的是，三所各具传统的大学，在此特定环境下平安相处，互相接纳。北大的激情，清华的严谨，南开的质朴，在西南联大时期各得其所，且互相渗透。正如《国立西南联合大学纪念碑文》所说："三校有不同之历史，各异之学风，八年之久，合作无间，同无妨异，异不害同；五色交辉，相得益彰；八音合奏，终和且平。"

《国立西南联合大学纪念碑文》，在中国读书人中广为传诵；更因燕园立有此冯友兰撰文、闻一多篆额、罗庸书丹的名碑，北大学子普遍对其耳熟能详。可重读一遍，照样还是令人感慨万千。碑文称西南联大可纪念者有四，中云："联合大学以其兼容并包之精神，转移社会一时之风气，内树学术自由之规模，外来民主堡垒之称号；违千夫之诺诺，作一士之谔谔，此其可纪念者三也。"碑文力求简洁，有些话无法敞开来说。比如此"兼容并包之精神"，一般人都会联想到蔡元培校长确立的老北大传统。这当然没错。可在战时特殊环境下，西南联大之所以能坚持"兼容并包之精神"，成为大后方重要的"民主堡垒"，还必须提及由清华大学带入的教授会制度。

著名经济学家陈岱孙曾撰文,高度评价梅贻琦校长之建立教授会制度,称其:"在校内,它有以民主的名义对抗校长独断专权的一面;在校外,它有以学术自主的名义对抗国民党派系势力对教育学术机构的侵入和控制的一面。"(《三四十年代清华大学校务领导体制和前校长梅贻琦》)而西南联大决策和管理之相对民主,与梅贻琦长期主持常委会工作,以及教授会制度的确立不无关系。西南联大的教授会,比起清华时期来,权限有所缩减,基本上属于咨询机构;但在处理突发事件的关键时刻,教授会挺身而出,支持学生争取民主运动,作用非同小可。

1952年,院系调整与北大迁校

发生在本年的"院系调整",乃现代中国教育史上的大事,牵涉面很广,并不限于北大一家。但北大的调整过程,依旧有其特殊性。读王学珍等主编的《北京大学纪事》(北京大学出版社,1998),你很容易发现,被"调整"的不仅仅是专业。本年4月,经济学系周炳琳教授、西语系朱光潜教授分别在法学院师生大会、全校师生大会上做第三次检讨,依然无法顺利过关;5月,北大"三反"学习班结业,转入忠诚老实运动;6月,北大党政领导开会研究院系调整工作；7月，请苏联专家给全校教师作报告，介绍苏联高校情况与改革经验；8月，北大、清华、燕京三校领导讨论人事调整方案，并编制新北大的系、专业及专修科设置；9月，北大从城内沙滩迁往西郊原燕京大学校址；10月4日，院系调整后的新北大在燕园东操场举行开学典礼。如此兵贵神速，让后世的读史者感叹不已。当初院系调整之所以能够"雷厉风行"，是整个意识形态及社会氛围在支撑，包括大学里的思想整顿，也包括不容置疑的"向苏联学习"。

从长远看，院系调整对于中国大学发展，弊大于利，这点今天看得很清楚，也比较容易达成共识。具体落实到北大，则有点微妙。因集中了大批著名教授（以文史哲三系为例：中文系49位教师，来自北大的16人，来自清华的14人，来自燕大的19人；历史系37位教师，来自北大的16人，来自清华的8人，来自燕大的13人；哲学系48位教师，来自北大的15人，来自清华的9人，来自燕大的4人，来自南京、武汉、中山的共20人），此举大大提升了北大文科及理科的地位。但即便如此，经由此次改革，北大也是伤痕累累。1948年的北大，乃学科齐全的综合性大学，共有文学、理学、法学、工学、农学、医学等六大学院。此后便每况愈下，日渐萎缩。1949年6月农学院独立，

1950年9月医学院割去，1952年的院系调整又切掉了工学院和法学院，只保留了原先的文理学院，加上一个经济学系。这一局面，严重制约着此后几十年北大的发展。

这还只是涉及办学方向及专业设置，无暇顾及这种强行切割对大学传统的扭曲，以及对当事人（调离北大或并入北大者）感情上的伤害。

1970年，"上管改"与工农兵学员

在停止招收新生整整4年后，北大于本年6月4日开始在北京地区试行招生。6月27日，中共中央批转《北京大学、清华大学关于招生（试点）的请示报告》，规定废除考试制度，"实行群众推荐、领导批准、学校复审相结合的办法"，招收工农兵学员；并确定工农兵学员的任务是"上大学、管大学、用毛泽东思想改造大学"，简称"上、管、改"。这一决策迅速得到推广和落实，一直到1977年方才被高考制度所取代。

由于招收的工农兵学员是由各地"革委会"推荐，其学历及素质参差不齐。本年度北大共招生2665人，其文化程度为：高中171人，初中2142人，小学79人（不包括短训班）。

8 月间，北大完成《北京大学（1971—1975）五年规划纲要》（讨论稿），提出"要在五年内把北京大学建设成为一个世界上最先进、最革命的以文科为特点的社会主义综合大学"。具体措施包括建立"三结合"的教师队伍，"达到教师会做工、种田，工人能教学、搞科研"。课程设置方面则是："文科要以毛主席著作为基本教材；外语教材要'七分政治三分文学'，适应国际阶级斗争需要；理科教材要不断总结我国工农兵的发明创造，批判吸收世界先进科学技术。"另外，建设教学、科研、生产三结合基地，不断增加学校经费，五年后"实现全校粮食基本自给"。

1983 年，"国际水平"与学位制度

本年 8 月 4 日，北京大学举行仪式，第一次为自己培养的研究生授予博士学位。此前，经国务院批准，北大有 45 个专业 70 位导师有权授予博士学位，93 个专业有权授予硕士学位。学位制度的确立与完善，象征着北大（以及其他中国著名大学）学术实力的日渐雄厚以及参与国际竞争的志气。

同月，校方讨论并通过了《关于北京大学"五定"方案的报告》，特别强调："逐步扩大学生中研究生的比例，培养大批相当于国际水平的硕士和博士"；适当调整专业

设置,"要成为一所设有人文科学、社会科学、自然科学、技术科学等多种学科的,既重视基础科学的教育和研究,又重视应用科学的教育和研究的综合性大学"。如何兼及理论与应用,至今仍是北大的软肋;至于扩大研究生比例,则逐步得到了落实。

从 1903 年的预备设立通儒院,到 1947 年的讨论博士学位授予,再到 1983 年的举行仪式为本国学生颁发博士学位,北大整整走过了八十年。1947 年 9 月,时任北大校长的胡适发表《争取学术独立的十年计划》,称所谓的"学术独立"有四条件,第一是"世界现代学术的基本训练,中国自己应该有大学可以充分担负,不必向国外寻求"。"今日为了要提倡独立的科学研究,为了要提高各大学研究的尊严,为了要减少出洋镀金的社会心理,都不可不修正学位授予法,让国内有资格的大学自己担负授予博士学位的责任。"将"学术独立"与学位制度挂钩,希望"培养大批相当于国际水平的硕士和博士",不仅仅是责任,也是尊严——大学以及国家的尊严。

1989 年,新生军训与传统重构

本年 10 月 12 日,北大 89 级新生在石家庄陆军学院举行入学典礼。根据国家教委规定,北京大学新生必须参加一年军训,文科生在石家庄陆军学院,理科生在信阳陆军学院。这一"特殊照顾"(第二年起加上复旦大学),一直延续了四年。尽管校方曲为辩解,称这是因为"中央对北大的期望很高",一般民众还是认定此举乃惩罚性措施,直接针对此前十年北大连绵不断的"学潮"。这从其课程设置不难看出:"本学期北大新生将学习13门课程,其中政治课占总学时37.2%,军事课占30.5%,文化课占26.7%,野营拉练及社会调查等占5.6%。"(《新生开学典礼在陆军学院举行》,《北京大学校刊》1989年10月20日)

在开学典礼上,校方特别为北大传统正名:"吴校长说,所以需要特别强调正确认识北大的传统,是因为过去和现在,国内和国外都有一些人竭力想歪曲北大的传统,企图把北大的学生引到邪路上去。他们在讲北大传统的时候,只说北大有民主、自由的传统,并且故意抽掉民主、自由的阶级内容,用西方资产阶级的民主、自由观来影响和腐蚀学生,进而把闹学潮、反政府标榜为北大传统,这是对北大光荣传统的篡改和歪曲。"(《吴校长谆谆教诲新同学要正确认识北大的光荣传统》,《北京大学校刊》1989年10月20日)

用一年时间进行军训,对于北大之冲击"世界一流",

是个不小的障碍。1993年3月26日国务院办公厅秘书局印发《关于研究调整北京大学、复旦大学新生军政训练问题的会议纪要》，称："几年的实践证明，中央的决策是正确的，军训的效果是好的。目前，我国改革开放和经济建设进入了新的发展阶段，高等教育的发展也加快了步伐。"因此，1993年招收的北大新生，直接进入燕园，不再进行为期一年的军训。

1993年，"拆南墙"与面向市场

本年3月4日，北大南街改造工程开工典礼暨北大资源开发公司成立大会举行，引起中外媒体的极大兴趣，一时间关于北大"拆南墙"的报道及评论铺天盖地。各方说法不一，但有一点是共同的：推倒校园临街600米长的虎皮斑石南墙，改建为面积约25000平方米的商业街，此举象征着北大走出象牙塔，从注重政治与学术，转向强调市场与社会。

同月，校方提出1993年教学改革计划，本着"面向社会、适应市场、发扬优势，增强活力"的指导思想，"使学科建设和教学更好地服务于经济建设为中心的社会发展的需要"。

而在同年8月学校召开的科技开发、校办产业工作研讨会上,校长称:"发展校办产业、科技开发,在今天经济、教育、科技密不可分的形势下,绝不是学校分外的事,也不是权宜之计,应看作是同学校密不可分的一项工作,是关系到学校的稳定、改革和发展的重要环节。"

在"产学研一体化"口号的引领下,北大校办企业得到迅速发展,部分缓解了教育经费短缺的尴尬局面。八年后的2000年,全国校企销售收入483亿,科技产业收入300多亿,其中北大就有120亿,是排名第二的清华的近两倍。但批评者认为,学校直接创办企业,必然过多地考虑短期效应以及利益分配,使得原本以学理深厚、思想自由见长的北大,开始变得急功近利起来,这将直接冲击北大的教学及科研水平。

2001年4月,北大宣布重树南墙,理由是整治大学周边环境。

2003年夏,北大人事制度改革引起广泛争议。因事态仍在发展,暂不评说。

2003年7月4日于京北西三旗

(本文的撰写,参考了《北京大学纪事》《北京大学史

料》《北京大学日刊》《北京大学校刊》《国立西南联合大学史料》等）

(初刊2003年7月10日《南方周末》)

附录：在《读书》杂志关于大学改革座谈会上的发言

关于北大改革的论争，有的牵涉教育理想，有的针对具体方案。前者玄虚，但立意高远；后者激烈，但不无互相妥协的空间。我关注的是，为什么需要改革，改革的目标是什么？现在之所以吵得很凶，有些是方案本身的问题，有些则是主事者在对方案进行解释时，用了很多不太恰当的比喻，越说越乱。修辞学是双面刃，不善用的，很容易伤及自身。我算是研究大学多年，对目前北大以及其他中国大学的困境略有了解，深知主事者创新之艰难，因而，即便有所批评，态度也都比较温和。争论的双方，一般都承认，北大必须改革，关键在于改什么，怎么改。

北大百年，有过很多改革，有的改好，有的改坏。但以往，无论改好改坏，都是学校以及上级领导拍板做决定，与教师学生无关，我们只能当"事后诸葛亮"。这次不同，学校在制定方案时，让大家参与讨论，这很好。一方面是校方的心态在改变，另一方面也是互联网起作用。我感到高兴的是，校内校外，这么多人都来关注北大的改革，并进而讨论所谓的"大学之道"，这是以前没有过的。这一点，对日后中国大学的发展，将起很大作用。看了很多报刊文章以及网上的帖子，确实有些意气用事的，但总的来说，讨论很认真，也在逐渐深入。这点很不容易。我甚至认为，也只能是北大，才有这样的局面：包括校内激烈的争辩，公众参与的热情，以及传媒的推波助澜等。在其他学校，即便想这么做，也没这个效果。很可能是，一说改革，天经地义；方案一出来，就这么推行下去，有问题以后再说。北大的争论，起码让我们明白，在大学里，利益是多元的，文化背景是多元的，学科背景以及价值取向也都是多元的，不能要求广大教师"急领导之所急，想领导之所想"。在我看来，不管反对的声音多么刺耳，当领导的，都应该学会听取不同意见。

这次北大改革方案，一开始没有人文学科的教授的参与，我觉得是很大的遗憾。同样是文科，人文科学与社会科学，思考问题的方式不一样，文化情怀与学术理念也有很大差异。至于普通教授与行政管理人员，更是不可同日而语。你以前可能是很好的教授，可你当了校长、部长、院长，屁股决定脑袋，思考问题时，必然注重行政管理。

不是谁对谁错的问题，应该承认各自利益以及立场的差异，这样才有对话与协商的必要。不是说服，也不只是征求意见，而是对话与协商。不能说提意见的，就是"搅局"；更不能将反对者说成是害怕竞争。大部分参加讨论的人，都不是考虑自己会不会被淘汰出局，而是争一个"理"者。他们关心的是，这样改，对还是不对。

关于北大的改革方案，我想用三句话来概括：以美国为榜样；以市场为取向；以管理为中心。在我看来，这不仅仅是北大的问题，整个中国大学，目前都在走这条路。这条路表面上很正，很直，但有好多陷阱，我在文章中已经略为涉及，今天不再重复。我介入这场讨论，是想追问，有没有更好的路，能否回避目前就能看得见的陷阱。

我知道，北大校方有其难处，只能在现有体制及框架内修修补补。目标太大了，牵一发动全身，不可能有惊天动地的举措。要说改革，其实不少学校走在北大前面。举个例子，今年7月9日的《人民政协报》上，有两篇文章值得一读。一篇是专门介绍东北师大推行了三年的"教授治校"，其中有这么一段："保证学术自由的制度的核心就是'教授治校'：尽可能避免非学术因素对学术活动的干预，保证学术活动的丰富性和生动性，保持学者教学自由和研究自由，学科带头人引导群体最大限度地发挥作用，教授在大学的决策与管理中起决定性的或主导性的作用，学校的行政机构起服务与辅助作用。"具体措施是否真能落实，还有待进一步观察，但起码在指导思想上，东北师大的"教授治校"，不同于北大准备设立的起咨询作用的"教授会"。另外一篇是采访全国政协委员朱永新，他在今年的"两会"上提议案，倡议将中国的相当一部分大学彻底转制民营，一来减轻国家负担，让其腾出手来解决中小学教育投入严重不足的难题；二来吸引民间资金，让民办大学尽快成长起来，适应国家现代化建设的需要。这一使高等教育多元化的企图，不管能否落实，单是议案本身引起广泛关注，就足证中国的进步。在我看来，这些努力，都比北大目前进行的人事制度改革要激进得多。如果成功，其意义非同小可。北大属于敏感地带，众目睽睽，人多口杂，过于前卫或风险太大的改革，都很难实施。因此，如果你关注中国大学改革，不要只把眼光盯在北大。真正的大学精神创新或大学制度改革，很可能不是发生在北大。

（初刊《读书》2003年9期）

北大边缘人

借助于中心与边缘、正统与另类、主流与潜流、官方与民间等两两对立的概念,现代人构建了一个深沉而又"酷毙"的挑战者形象。毫无疑问,后者的命名带有明显的时代印记,其社会反叛姿态以及自我反省意识,值得称道。但所谓"边缘",到底是指社会身份、自我认同,还是思想资源、抗争支点,抑或四者兼而有之?另外,"边缘"与"中心"之间,到底构成互补互动的对话关系,还是只有你死我活的争斗?第三,自居边缘者的奋斗目标,到底是突进乃至取代中心,还是推翻抑或改写原有的游戏规则?所有这些,恐怕都不是三言两语就能说清的。更何况,身处"北大"的"边缘人",与暂时寄居"北大边缘"的"人",以及喜欢借"边缘"做文章的"北大人",

三者似乎也有很大区别。可这种学究式的追根究底,根本抵挡不住大众传媒的狂轰滥炸——还没等我考证完毕,以此命名的书籍已经摆放在书店里显眼的位子上。故与其花工夫详加辨正,告诉大家什么是真正意义上的"边缘",还不如暂时撇开概念之争,看看谈论者是如何自我界定的。

一般意义上的"中心"与"边缘"之间的对峙,在本书所涉及的人物与故事中,基本上不存在。这里的所谓"边缘人",挑战的是自己的命运,而不是构成"中心"的北大传统或整个现代教育制度。有不满,也有妒忌;有自嘲,也有愤恨,但均指向自家时运不济,而不是怨天尤人,更不主张取消研究生入学考试制度。因此,这不是一本反省现行大学教育或质疑学科规制的充满挑战性的"论述",而是带有些许感伤、浪漫与忧郁,混合着理想主义与青春气息的"故事"。这不只落实在访谈对象的身份,更包括口述/实录者的语调,以及整本书中洋溢着的乐观向上的意气。比起上世纪八十年代张辛欣、桑晔的《北京人》、九十年代冯骥才《一百个人的文革(十年)》,作为口述实录文本,《北大边缘人》带有明显的学生腔,缺乏前两者的平实与深沉,再加上出自众人之手,尚未形成稳定的表达方式,文字略嫌粗糙;但其中所呈现的年轻一代求学意志之顽强，与命运抗争的执着，还有面对失败时心态的坦然，还是很能打动人的。

很长时间里，我也曾为争取读书的权利而苦苦挣扎，其间的艰辛与屈辱，不足为外人道也。也正因此，我很能理解并认同那些非上北大不可、屡败而又屡战的朋友的心情。只是那时我胆小，只求有书可读，不敢像他们这样挑三拣四。看年轻一代义无反顾、不达目的决不罢休的勇气，着实让我感动。我也曾劝前来报考的朋友，将如此多姿多彩的生命，孤注一掷于"考研"，实在不值得；不如换个学校，取得自由自在读书的"资格"要紧。可说了等于不说，该考的照样考。逐渐地，我明白了，在这个问题上，上一辈人力求稳妥的策略，与年轻一代虽四处碰壁但仍锋芒毕露的性格相比，还是"稍逊风骚"。从这个意义上说，鲁迅笔下九斤老太那样的叹息是没有道理的。

至于为什么非上北大不可，这可不属于"知识经济"论述的范围。对有的人来说，北大只不过是一所可供就读的大学；而对另外一些人来说，北大却是人生中不能不圆的梦。对于前者来说，北大纵然学术氛围不错，可挑剔处依然多多；而对于后者来说，北大是实现其五彩斑斓的人生梦想的关键一环，即便有这样那样不愉快的经验，话到口边，仍不免将其理想化。每念及此，对于那些徘徊在燕园周围、久久不愿离去的年轻朋友，我实在不忍搅破他们神奇的梦想。

书中有位朋友说："为梦想而努力，但不一定能在北大实现。"这话如果改为"为梦想而努力，但不一定非在北大实现不可"，我想，当更能显示这个特殊群体的目光与襟怀。求学要紧，考试要紧，谋职要紧，但最要紧的，还是如何"融入北大的精神中"。听那么多尚未真正进入北大的朋友谈论"北大精神"，我相信很多北大人会既感激又惭愧。现实中的北大，并不像他们描述的那么美妙；可正因为隔岸观火，不带功利色彩，反而容易看出（当然也有夸大）北大的好处。那确实是北大，只不过是略带神话色彩、被理想化了的北大。作为一个教育机构，能让无数年轻人梦魂萦绕，寄予如此文化情怀，乃至成为某种精神象征，这一点，确实值得北大骄傲。我相信那位印度留学生的话，在国外，并没有"北大精神"一说。将一所大学历史上曾经有过的辉煌以及现实中的若干特征，概括为某种众望所归的"精神"，实在有点夸张。可问题在于，许多中国读者并不觉得如此称呼有何不妥。也正是这种交织着神话与现实的传说，这种借他人酒杯浇自家块垒的别有幽怀，这种爱之深故责之切的怨恨，这种因擦肩而过造成的终生遗憾，构成了许多人无法解脱的"北大情结"。

在众多关于北大的神奇传说中，最有影响、而且延续至今的，当属本书所涉及的自由听课。给充满求知欲的青年学生自我设计、自我选择的权利与机遇，学分制已经在很多大学推广开来；北大真正特异之处，在于默许外系、外校乃至外地的学生未经注册而进入教室。只要教室里有多余的位子，而你又不影响正常的课堂教学，周围的人即使明知你不是北大学生，也不会横加干涉。这已经成为北大校园里最为引人注目的风景。在《老北大的故事》（江苏文艺出版社，1998）中，我谈到"几乎所有回忆老北大教学特征的文章，都会提及声名显赫的'偷听生'，而且都取正面肯定的态度"。具体的例证可以变换乃至省略，但以下这段话，在我看来，至今依然有效：

> 偷听生对于老北大的感激之情，很可能远在正科生之上。尽管历年北大纪念册上，没有他们的名字，但他们在传播北大精神、扩展红楼声誉方面，起了很大作用。

没有做过详尽的考察，但印象中，北大百年史中，"偷听生"最为活跃的，除了上世纪二三十年代，就是八九十年代。中间几十年，因战争炮火或政治运动，众人谋生不易，无暇旁顾；除此之外，北大校园从不单单属于北大人。或许可以这么说，在中国的诸多大学里，北大的门卫最严，可北大的教室最松。

称为"偷听生"，实在有些不雅；称为"校外听讲者"，又未免太罗嗦。但我相信，没在北大正式注册，但又因某种机缘曾在北大听过课，这样的朋友，肯定很多。本书收录的，主要是考研朋友的自述。其实，还有在北大进修过一年、访问过三个月、听过几次讲座的国内外学者，以及没拿文凭的进修教师和培训班学员，还有北京各高校跑来选修若干课程的研究生，他们都或多或少感受过这里的校园文化氛围。这些人的评价，对于北大来说，其实是至关重要的。他们在北大待的时间不长，故保留强烈的新鲜感，加上这段经历有点特殊，不免将其作为茶余酒后的谈资。可别小看这些未经证实的"公论"，它直接关系到北大的社会声誉。也正是在这个意义上，我不觉得有彻底堵塞"偷听"漏洞的必要。

不说如何"发扬光大"，而是担心被"斩草除根"，是因为"偷听"的流行，明显有违现行的大学规章制度。别的大学当然也有"偷听生"，但不若北大那么有名，更不会像北大的"偷听生"那样自称"边缘人",而且还将自己的经历堂而皇之写成书。许钦文、金克木等人的追忆文章,发表于离开校园几十年后,因事过境迁,尽可当逸事欣赏。这回可不一样,人还在校园,而且"偷听事业"明显后继有人,竟然大张旗鼓地将其作为雅事来谈论,我实在有点担心。

原先校方的态度,很可能是既不提倡,也不禁绝。在这么一种朦胧状态中,许多有心人很好地利用这一便利,获取自己所亟须的知识。自从"北大边缘人"成为一个公众话题,相信会有更多的朋友慕名前来"就读"。这样的话,北大将不堪重负,以至不得不采取若干严厉的限制措施。这本来是一层窗户纸,不捅破,可以各行其是;一旦捅破了,一切都摊在台面上,反而不好办。近年北大比较受欢迎的课堂上,已经出现校外的朋友勤快,害得姗姗来迟的本校本系本专业的学生无从选修,因此啧有怨言的局面,再来一个"广而告之",如何了得?

不管是老北大,还是新北大,这种自由听课,都只是习惯使然,而不是校方有意倡导。相反,从加强教学管理的角度,如此"自由散漫"的课堂,是不可取的。至于为何屡禁不止,只能理解为传统力量的强大。当初老北大之所以默许"偷听生"存在,一是学校管理不严,二是实行选课制度，教师不可能认识课堂上的所有学生，三是每门课选修的学生不多，教师乐得睁一眼闭一眼，多收几个热心向学者，四是基于孔夫子"有教无类"的观念，潜意识里相信，人类有平等受教育的权利。最后一点尤为重要，但又不宜公开提倡，否则，现实中的大学（古今中外），根本无法经营管理。

理想中的大学，应该是没有围墙的。任何一个公民，只要有时间、有精力，听得懂相关课程，大学就应该向他们开放。随着知识经济的发展，人们会逐渐意识到，教育上的不平等，其实是一种更大的社会不公。假定天赋和体能相等，有机会进入北大的，显然比没机会接受大学教育的，有更多的生存空间和发展机遇。能不能上大学，能不能上最好的大学，对一个年轻人来说，很可能决定其一生命运。我欣赏书中一位朋友的话："学习知识的权利是人人平等的。"可同时我也知道，所谓教育机会的平等，几乎是不可能实现的梦想。即便一百年后，中国达到今天发达国家的经济和教育水平，能依照自己的意愿，进入第一流大学读书的，依然只是一小部分幸运儿。

也就是说，即使到了那一天，"到北大听课"，也不是每个人都能实现的梦想。北大校方之采取某些限制措施，以保证正常的教学秩序，我以为，不仅合理，而且也是必须的。但这里有个限度，就像书中有位朋友通情达理的说法，吃饭（因学生食堂有补贴）、上课、进图书馆的限制尚可理解，公开讲座应该允许自由参加。因为，这是北大开向社会的一扇窗口，不单展现自家风光，也借以吸纳社会人才以及公众目光。我坚信，除了各专业领域日新月异的发展，北大在中国教育文化界之引领风骚，还有赖于充满生机的校园文化，不忘天下的承担意识，以及界面友好的形象设计。

作为一名北大教师，我对本书的出版，心情很矛盾——既欣喜，又担忧。喜的是书中所体现的顽强意志与旺盛的生命力，也包括其中折射出来的很有"亲和感"的北大形象。忧的是，此书的出版，以及此前此后报刊对此问题的炒作，很可能导致加强课堂教学管理的要求。如何既保留北大相对开阔的胸襟，让更多有兴致的朋友到未名湖畔走走，而又不影响正常的教学秩序，我以为是一个棘手而又必须直面的难题。

2001年8月11日于伦敦大学客舍

（初刊2001年9月19日《中华读书报》）

附记：本文是应某出版社之邀，为其即将刊印的《北大边缘人》一书所作之序。序言早早发表，出书则遥遥无期。最后因成本核算不过关，该书稿胎死腹中，殊为可惜。

书法的北大

以"墨迹"的形式表彰"著名学者",并且串联起百年校史,此举虽说别具一格,却绝非前无古人。想到这个主意其实不难,难的是怎样把它做好。首先,必须有丰富且可靠的专题收藏;其次,大学史乃至学术史的眼光不可或缺;再次,审美趣味的高低制约着此课题的展开。过去常说,读某某诗文"如闻其声,如见其人";赏其墨迹呢?当然也有同样的效果。如此说来,墨迹背后的"人",方才是应该关注的焦点。选择什么对象、借助何种机缘、在哪个舞台上表演,于是成为关键所在。

在二十世纪中国,"北京大学"始终是个引人注目的话题。不过,世人之关注北大,似乎更多地从政治史而不是学术史的角度出发。这当然没错,北大之所以有今天卓尔不群的地位，与其在五四新文化运动以及此后一系列政治斗争中的"引领风骚"有直接的关系。可作为大学，北大毕竟还是以培养人才、钻研学术为主。这一点，就连积极投身实际政治运动的革命家李大钊也不否认。1922年12月，李大钊撰《本校成立第二十五年纪念感言》，称："只有学术上的发展值得作大学的纪念。只有学术上的建树值得'北京大学万万岁'的欢呼！"这其实是个简单的道理，大学之不同于政党、团体或职业学校，就在于此。

梅贻琦1931年12月出任清华大学校长，其就职演说中有一段话，近年广为传诵："所谓大学者，非谓有大楼之谓也，有大师之谓也。"其实，马相伯1912年10月代理北京大学校长，其就职演说同样值得记忆：大学者，"非校舍之大之谓，非学生年龄之大之谓，亦非教员薪水之大之谓，系道德高尚，学问渊深之谓也"。蔡元培校长1917年1月的就职演说，则干脆将其教育理想凝聚为一句话："大学者，研究高深学问者也。"这话是有明确的针对性的，既指向"读书做官"等俗念，也指向传统中国之过于讲求经世致用，而相对忽略纯粹的学理研究。

五四运动使北大"暴得大名"，可风潮刚刚过去，蔡元培校长就在《北大第二十二年开学式演说词》中提醒："况此次学潮以后，外边颇有谓北京大学学生专为政治运动,能动不能静的。不知道本校学生这次的加入学潮,是激于一时的爱国热诚,为特别活动,一到研究学问的机会,仍是非常镇静的。"这既是现象描述,也代表蔡先生的愿望。百年中国,北大留给世人的印象,确实是长于政治抗议而不是学理探究。这也与以往关于北大校史的叙述,多关注风云变幻的政治思潮以及地位显赫的政治人物,而相对忽略艰苦卓绝的学术积累有关。北大百年校庆期间,我曾再三提醒,除了确实存在的"政治北大"外,还有个同样值得关注的"学术北大"。可惜人微言轻,此说不太被理解,甚至引起若干激烈反弹。

谈论一所大学,选择"政治"还是"学术"作为视角,必定影响其对于具体人物的褒贬。假如承袭马、蔡、梅三校长的思路,从"学问渊深"的角度立论,那么,谁是影响二十世纪中国学术进程的"大师",便成了校史专家必须关心的问题。没有"大师"的大学固然可悲,有"大师"而不晓得尊重与表彰的,在我看来,更为可悲。前者乃心有余而力不足,不能,非不为也;后者则类似俗话说的,"捧着金碗要饭"。问题的严重性还在于,从什么角度表彰校史人物,抑扬褒贬之间,实际上凸显了主持其事者的价值观以及现实关怀。

以"著名学者"而不是"历任领导"或"政治人物"

为叙述框架，固然体现了编者的文化立场；至于以"墨迹"而不是"演说"或"论著"为线索，则透露了编者的欣赏趣味。在"政治北大""学术北大""教育北大""经济北大"之外，居然又弄出个"书法北大"，实在很有意思。只是这里的"书法"二字，必须打上引号，因为大部分入选者并不以"书法"名家；鉴赏"墨迹"，目的多半也在一窥其人格与性情。

既不是教育史，也不是学术史，更不是书法史，可就在这三者的重叠处，透过一眼精心开凿的小孔，我们得以窥测二十世纪中国文化的或一侧面。

说到教育史、学术史、书法史三者的重叠，首先让我想起的，是蔡元培长校后在北大推动建立的"书法研究会"。在1934年撰写的《我在北京大学的经历》中，蔡校长称：

> 我本来很注意于美育的，北大有美学及美术史教课，除中国美术史由叶浩吾君讲授外，没有人肯讲美学。十年，我讲了十余次，因足疾进医院停止。至于美育的设备，曾设书法研究会，请沈尹默、马叔平诸君主持。设画法研究会，请贺履之、汤定之诸君教授国画；比国楷次君教授油画。设音乐研究会，请萧友

梅君主持。均听学生自由选习。

查阅各种相关资料，你不难发现，蔡校长为北大音乐研究会代拟了章程，在北大画法研究会上做过多次演讲，可就是没有关于书法研究会的意见。我们只是在《国立美术学校成立及开学式演说词》（1918）中，发现蔡先生基于书画同源的传统说法，希望在现代教育体制中为书法教育保留一席之地。

> 惟中国图画，与书法为缘，故善画者常善书，而画家尤注意于笔力风韵之属。西洋图画与雕刻为缘，故善画者亦或善雕刻，而画家尤注意于体积光影之别。甚望兹校于经费扩张时，增设书法专科，以助中国图画之发展，并增设雕刻专科，以助西洋图画之发展也。

至于综合性大学为何也需要建立"书法研究会"，蔡先生似乎一直没有作过专门论述。我的猜测是：从"以美育代宗教"的立场出发，书法确实值得认真关注；但作为传统中国读书人普遍擅长的技艺，书法又似乎不值得专门经营。当年的老学生杨晦在《五四运动与北京大学》中，曾无限深情地回忆蔡元培长校后，北大陆续成立了各种社团，如书法研究会、画法研究会、音乐讲习所、新闻研究会等。杨文称，这些社团"请来的导师多是第一流的"，如"画法研究会的导师是陈师曾，音乐讲习所所长是萧友梅"，新闻研究会则"由校长秘书徐宝璜来主持"——唯独没有名列首位的书法研究会。这也难怪，"书法"与"传统中国"紧密联系在一起，在祈求变革的热血青年看来，起码不是当务之急。连日后成为大书法家的台静农，当年在北大求学时，也是"耽悦新知，视书艺为玩物丧志"（台静农《我与书艺》）。

蔡先生将书法这一中国独有的艺术形式作为大学教育的重要组成部分，这在西学东渐成为主潮，艺术教育普遍重洋轻土的年代，显得很有前瞻性。用毛笔书写汉字，虽然是那个时代读书人的基本功，可实用性的"写字"与审美性的"书法"，其边界还是可以厘清的。除了谋篇布局等技术性因素，关键还在书写者情感的投入。唐代诗人韩愈《送高闲上人序》说到张旭"变动犹鬼神，不可端倪"的草书时，有如此妙语：

> 喜怒窘穷，忧悲愉佚，怨恨，思慕，酣醉，无聊，不平，有动于心，必于草书焉发之。

台静农晚年为自家的书艺集做序,提到抗战中避地入蜀,得沈尹默师的指点,方才沉浸于书艺。而战后到台北任教,"每感郁积,意不能静,惟时弄毫墨以自排遣"(台静农《我与书艺》)。我很欣赏台先生的这一说法。诗人必须是"情动于中而形于言"(《毛诗序》),书家何尝不是如此?宗白华的《中国书法里的美学思想》也有类似的表述:

> 人愉快时,面呈笑容,哀痛时放出悲声,这种内心情感也能在中国书法里表现出来,像在诗歌音乐里那样。别的民族写字还没有能达到这种境界的。

能否像宗先生所设想的,用书法风格的变迁来作为中国艺术史的主体形象(参见《书法在中国艺术史上的位置》),我没有把握;但书风的转移,确实从一个特定的角度折射出整个时代氛围以及社会变迁。单是将这册《二十世纪北京大学著名学者手迹》(程道德主编,北京图书馆出版社,2003)浏览一遍,你都能大致感受到这一点。

用"墨迹"来串联百年北大,不等于说北大学者全都擅长书法。周作人《知堂回想录》一五六节"北大感旧"(二)中,有关于刘师培的追忆:

> 申叔写起文章来,真是"下笔千言",细注引证,头头是道,没有做不好的文章,可是字写的实在可怕,几乎像小孩子描红相似,而且不讲笔顺……当时北大文科教员里,以恶札而论,申叔要算第一,我就是第二名了。

这段话有真有假,1930年代便敢于让自家的书札或诗稿原件在杂志上"抛头露面",足证周作人在"写字"方面其实并不自卑。即便刘师培那备受讥讽的"恶札",放在今天,也都不见得拿不出手。只是因当年北大文科教员普遍擅长书法,刘字方才相形见绌。

当时北大教职员中,日后以书法名家的,或许以沈尹默最有代表性。可沈先生的成名,并非一蹴而就,而是不断自我更新的结果。在《我和北大》一文中,沈尹默回忆起光绪末年在杭州如何与陈独秀相识。一进门,陈就大声说:

> 我叫陈仲甫,昨天在刘三家看到你写的诗,诗做得很好,字其俗入骨。

半个多世纪后,沈回忆起此场面,依然十分动容,并称:

"也许是受了陈独秀当头一棒的刺激吧,从此我就发愤钻研书法了。"

这个故事流传甚广,因沈尹默并不忌讳,在不少公开场合述说。冯友兰便是在抗战中听沈本人讲这则逸事的。几十年后追忆,冯先生在《三松堂自序》第八章中有一段引申发挥,非常精彩,值得引录:

> 从"其俗在骨"这四个字,可以看出陈独秀对于书法评论的标准,不在于用笔、用墨、布局等技术问题,而在于气韵的雅俗。如果气韵雅,虽然技术方面还有些问题,那是可以救药的。如果气韵俗,即使在技术方面没有问题,也不是好书法,而且这些弊病是不可救药的。书法的好坏,主要是在于气韵的雅俗。

从"气韵"而不是"技术"的角度来谈论书法,这既是传统中国书学的精髓所在,也切合学者的修养与气度。

半个世纪前,胡适为《明清名贤百家书札真迹》做序,除强调"书札"的史料价值,更提及"真迹"之如何表现作者的"性情风度"。并非所有"明清名贤"都以书法名家,更不要说现代学人知识结构变化,不再像过去的读书人那样讲究书法。但"真迹"能体现"性情风度",这一点始终没有变化。

1926 年，梁启超在清华学校教职员书法研究会讲演，题目是《书法研究》。说中国书法具备"线的美""光的美""力的美"，"各种美术之中，以写字为最高"，后者不见得能得到众人的一致认同，但要说书法乃"个性的表现"，则大概没有异议：

> 美术有一种要素，就是表现个性。个性的表现，各种美术都可以，即如图画，雕刻，建筑，无不有个性存乎其中。但是表现得最亲切，最真实，莫如写字，前人曾说："言为心声，字为心画。"这两句话，的确不错。放荡的人，说话放荡，写字亦放荡；拘谨的人，说话拘谨，写字亦拘谨；一点不能做作，不能勉强。

只要不过于拘泥，非要抠到底是"图画"还是"书法"更能"表现个性"，则任公先生的论述在理，完全可以接受。能与此相发明的，当属陈独秀 1934 年狱中所作《金粉泪》，其中嘲讽汪精卫的第 36 首云：

> 珊珊媚骨吴兴体，书法由来见性真。
> 不识恩仇识权位，古今如此读书人。

"吴兴体"指浙江吴兴人赵孟頫，因其以赵宋贵族而改仕元，被世人及书界讥评为妩媚而无骨气。如此借吴兴媚体来嘲讽汪的毫无政治节操，日后证明是有先见之明的。

假如承认"书法由来见性真"，阅读这册"墨迹"时，就不必斤斤计较谁的字好看，谁的字拙劣，而尽可参照蔡元培、梁启超、陈独秀、沈尹默、周作人、胡适、冯友兰、宗白华、杨晦、台静农等北大人的相关论述，了解"墨迹"背后的社会、历史与人生。那样的话，可称事半功倍。

在我看来，书法家康有为、罗振玉、梁启超、沈尹默、台静农等人的作品固然值得珍视，可排列并鉴赏历任北大校长的书法，也是件很有意思的事情，此中可见修养，见性情，更见时代风尚。蔡元培、胡适的作品比较常见，难得一见的是孙家鼐、许景澄、张百熙、严复、马相伯、李煜瀛、蒋梦麟、傅斯年、马寅初等人的作品。1950年代以后，学术风气转移，校长们已不再留心书艺。

擅不擅长书法，对于现代中国学者来说，其实不是特别要紧。就我个人的趣味而言，之所以对这册"墨迹"感兴趣，基于以下四点理由。第一，并非书家的熊十力、黄节、宗白华、朱光潜、冯友兰等人的作品，见性情，有韵致，更值得今人鉴赏。第二，并非着意经营，而是随意挥洒者，如康有为、梁启超的未刊文稿，朱自清、梁漱溟、叶圣陶的书札，还有王力及沈从文的诗，浦江清的札记等，这些"墨迹"，从内容到书法，不仅都值得仔细把玩，有些还有文献价值。第三，我欣赏中文系教授们的兼及诗才与书法，如魏建功、俞平伯、游国恩、吴组缃、王瑶、季镇淮、周祖谟、吴小如、陈贻焮等人的作品，就比简单地抄录古诗或励志格言要好得多——不在于诗歌本身的价值，而在其中"有我"。第四，我对理科教授中有兴趣"舞文弄墨"者，比如早年的任鸿隽、胡先骕、王竹溪，以及现仍健在的赵柏林，尤其敬佩。在一个连文科教授都逐渐远离诗歌和毛笔的时代，理科教授的"雅好"，起码是令我惊喜；当然，惊喜之余，还有惭愧。

这毕竟不是纯粹的书法集，读者更希望从中见人物，见性情，也多少见点学问。编者尽可能收入未刊文稿、私人书札以及自撰诗文，而不是同样很有意义的劝学语录或古人诗歌，这点很有见地。但受制于本书的体例（基本上一人一幅，重要人物不能漏收），加上不少妙品深藏民间或博物馆，编者不可能"随心所欲"。在这个意义上，就像所有的编纂一样，这里所呈现的，只能是"文明的碎片"。唯一略感遗憾的是，此书在编纂形式上，其实还可以多下点功夫。比如，人物简介可以稍为精细些，甚至包括书家照片及主要著作目录；这样一来，此书几乎可作"北大简史"读。当然,这只是我的个人兴趣。在制作成本及营销方式的巨大压力下,所谓的"个人兴趣",往往显得微不足道。

2002年8月11日于京北西三旗

(初刊2002年11月20日《中华读书报》)

"好读书"与"求甚解"
——我的"读博"经历

又到了照毕业像的时候,校园里到处绽放着笑脸与鲜花,空气中荡漾着歌声笑声祝福声,博士袍硕士袍随风起舞,无论生人熟人,全都把善意写在脸上。大学校园里,没有比这更美好的时刻了。如此盛大的节日,基本上属于应届毕业生;平日里威风八面的导师们,如今只是充当配角或照相时的道具。按理说,教授也是从学生走过来的,如此风光,人人有份,可偏偏我就没有这样温馨的记忆。

十六年前的这个时候,我独自一人,骑脚踏车,来到未名湖边的研究生院,取走那张属于我的博士文凭。回宿舍时,顺道买了个西瓜,放在水房里冰着,准备晚上受用。给父亲挂了个电话,说"东西拿到了";电话那头很激动,叮嘱下次回家时一定带给他看看。那时年轻,看不起"博士""硕士"等头衔,以为关键是有无真才实学。第二天,为完成下一个研究课题,江南读书去也。

也不是我特立独行,那时北大压根儿就没有此类穿袍戴帽拨丝带的仪式。前有"破除形式主义"的正面教育,后有"早请示晚汇报"的反面文章,对于各种华丽表演,学者们大都没有好感,以为真实且深刻的个人感受,不必借助仪式,也能永远铭刻在心。只是随着教育、文化以及日常生活的逐渐西化,1990年代以后,婚纱照、酒巴街、生日派对、博士典礼等方才大行其时。到了这个时候,像我这样既没拍过婚纱照,也没戴过博士帽的,一下就显得很土。

话说回来,以平常心看待博士学位,也不无好处。对于国家来说,建立完整的学位制度,乃学术独立的标志,是天大的喜事;至于个人,读书做学问须持之以恒,"博士"云云,不过是取得一张从事专业研究的入场券。念及此,我辈对于博士帽的过分简慢,也不算太离谱。只是每回清点"过去的生命",拿不出一张冠冕堂皇的博士照,还是感觉有点遗憾。什么时候"老夫聊发少年狂",粉墨登场,补拍一张,还没想好。

我之所以不是特别看重这博士头衔,其实与自己的专业方向有关。回首百年中国学术,研究文史的第一流学者,大都没有博士学位——即便曾出国留学的(如陈寅恪、钱锺书等)也不例外。这一点,与经济、法律、物理、生化等专家大不相同。哲学家、史学家完全可能自学成才,法学家、数学家则很难回避严格的学院训练。正是这一差异,使得北大最早授予的,是理学博士,而不是像我这样的文学博士。

说起来,我之"读博",纯属因缘凑合。1984年夏天,我完成硕士学业,希望到北京工作。由于王瑶先生的大力推荐,北大中文系准备破例接纳我这中山大学的毕业生。可到了学校这一关,被卡下来,理由是:既然好,何不让他考博?于是,我有幸成为北大中文系历史上第一届博士研究生。此前,北大中文系诸多名教授,虽有招收博士生的资格,或因本人谦虚("我都不是博士,让我怎么带博士生"),或因一时找不到满意的弟子,一直悬着。

那一年,北大中文系总共招收了两名博士生,除了原本就是北大教师的温儒敏,剩下的就是我了。那时候,博士生宿舍三人一屋,开始我和学国际政治、学有机化学的同住,后又改为与治中国史、治法国史的为伍。这样一来,我们的日常聊天,不能不"跨学科"。比起日后的师兄师弟师姐师妹互相提携，合作无间，我们那一届博士生，因同一领域人烟稀少，普遍养成与其他学科对话的习惯。记得1985年秋冬，我和钱理群、黄子平论"二十世纪中国文学"的系列文章发表，引起学界广泛关注，北大研究生会曾专门组织讨论，与会的包括文科各系的博士生，甚至还有理科的朋友。这种对新事物保持强烈的好奇心，除自家园地外，也关注其他学科的进展，在触类旁通中获得灵感与动力，与今日博士生教育的过于强调专业化，形成鲜明对比。以我有限的观察，那一届博士生普遍读书认真，视野开阔，但学术训练相对薄弱。这一局面的形成，与1980年代的思想解放运动不无联系，也与博士学位制度刚刚建立，各项规章制度不太健全有关。举个例子，我的博士论文已经写完，正准备举行答辩，忽然下来一个新规定：必须先通过博士资格考试，而后才能正式进入论文写作。我们苦笑一声，只好便宜行事，两步并做一步走。

制度不太健全，对于博士生来说，有好也有坏：学术训练不足，这是缺点；但自由活动的空间很大，则很值得怀念。那一代人的擅长独立思考，保持开阔的胸襟与视野，很大程度上是被逼出来的。梁启超《清代学术概论》在说到"启蒙期"学术特点时，有这么一段话：

"在淆乱粗糙之中，自有一种元气淋漓之象。"1980年代的中国学术，包括创始期的博士教育，某种程度上可作如是观。

说来有点不可思议，我读博士，从来没有正正经经地上过专业课。除了必不可少的第一外语和第二外语，我的主要任务是读书、思考，每周与导师王瑶先生进行一次学术对话，还有就是访问校内外相关专业的专家学者。1989年岁末，王先生去世，我曾撰写《为人但有真性情——怀念王瑶师》(《鲁迅研究月刊》1990年1期)，其中有一段话广为传诵：

> 先生习惯于夜里工作，我一般是下午三四点钟前往请教。很少预先规定题目，先生随手抓过一个话题，就能海阔天空侃侃而谈，得意处自己也哈哈大笑起来。象放风筝一样，话题漫天游荡，可线始终掌握在手中，随时可以收回来，似乎是离题万里的闲话，可谈锋一转又成了题中应有之义。听先生聊天无所谓学问非学问的区别，有心人随时随地皆是学问，又何必板起脸孔正襟危坐？暮色苍茫中，庭院里静悄悄的，先生讲讲停停，烟斗上的红光一闪一闪，升腾的烟雾越来越浓——几年过去了，我也

就算被"熏陶"出来了。

这段描写并非"写意",而是"写实"。我的"读博"之所以如此潇洒,既取决于王先生的个人风格,也与其时博士制度刚刚建立,尚无各种硬性指标有关。

制度不太严格,外在束缚很少,既稀见奖励,也难得惩罚。如此缺少竞争,是否会降低学术水准,我看不一定。并非百米短跑的你追我赶,而是跳水台上的自我发挥,这种自由自在的读书状态,更接近古人所说的含英咀华、沉潜把玩。读书做学问,需要心平气和、优游从容。记得原清华大学校长梅贻琦曾提及大学课程太多,不适合于从事高深研究。在梅先生看来,对于读书人来说,"闲暇"十分重要:"仰观宇宙之大,俯察品物之盛,而自审其一人之生应有之地位,非有闲暇不为也。纵探历史之悠久,文教之累积,横索人我关系之复杂,社会问题之繁变,而思对此悠久与累积者宜如何承袭节取而有所发明,对复杂繁变者宜如何应付而知所排解,非有闲暇不为也。"(《大学一解》)对于志向远大并潜心于学者,"余裕"的重要性,起码不下于常被提及的"压力"。在讲求规则严格管理逐渐成为主流话语的当下,为"无拘无束自由自在的读书"辩护,或许不无必要。即便在争分夺秒的"读博"阶段,也不该时时刻刻念叨着那借以获取学位的毕业论文。

王瑶先生的指导博士生,有几点明显与今日潮流不合,值得提出来讨论。第一,不鼓励研究生在学期间发表论文。理由是:不垒高坝,提不高水位;随处发泄,做不成大学问。这还不算初出道者投稿时可能揣摩风气,投其所好;或者发表后的沾沾自喜,得意忘形。第二,不给学生出任何题目,只负责首肯或否定你的选题。理由是:所有好的学术选题,都内在于研究者的趣味及能力,别人取代不了。更何况,对于学者来说,此举生死攸关,正是研究生教学的重点。第三,硕士论文不要超过三万字,博士论文不要超过十万字。理由是:学位论文必须凸显作者的眼光、训练与表达能力,不能弄成臃肿芜杂的史料长编。你可以有很多附录,但正文部分必须干净利落、严谨简洁。王先生的这一"戒律",日后有所松动,但基本思路没变,即学位论文并非"以长为美"。之所以"松动",是因为具体实施时出现了问题:遵照王先生的思路以及学校的相关规定(那时北大经费紧张,答辩时往往只提供部分章节),我将博士论文《中国小说叙事模式的转变》的"下编",改题为《论传统文学在小说叙事模式转变中的作用——从"新小说"到"现代小说"》。

答辩会上，出现一个尴尬的局面：有些提问，我在论文"上编"其实已做了相当充分的论述。

王先生指导研究生的这"三大策略"——尤其是不给学生出题这一招，在我看来，实含至理。今日中国学界，不管是理工医农，还是人文社科，名气越大的博士生导师，越像运筹帷幄的"将军"或"老板"，将众多研究生编入自己的课题组，分派题目，合作攻关。这种工科教授得心应手的操作方式，用到文科，好处是学生上路快，而且旱涝保收；缺点则是可能限制学生才华的发挥，就好像是孙悟空永远跳不出如来佛的手掌心。清代大学者戴震说过这么一句惊心动魄的话："大国手门下不出大国手，二国手、三国手门下教得出大国手。"（段玉裁《戴东原先生年谱》）为什么？我想，最大的可能性是："大国手"所具有的无边法力与无上威严，成了其"门下"自我表达以及突围的巨大障碍；而"二国手""三国手"的"门下"，精神负担小，放得开，故反而可能有大发展。对于真心希望"青出于蓝而胜于蓝"的学者来说，戴震的这句话值得仔细咀嚼。

刚博士毕业那阵子，偶有争议，常被人讥笑：还博士呢，连这都不懂！其实，这是将西方追求专精的学术精神，与传统中国的博雅趣味（所谓"一物不知，儒者之耻"）相混淆。同样名为"博士",作为学位的 Ph. D. 或 Litt. D.,与古代中国学官不可同日而语(尽管现在的官场上,高学历成了晋升的重要条件),可也不太像博通古今之人或专精某一门特殊技艺的(如茶博士)。一定要比,只能说是后两者的综合。当然,那是指理想的状态。

我所理解的"读博",除了现实层面的获得学位外,应该还有另外两重意义,一是读书的心境,一是读书的技术。这里所说的"读书",包括阅读、思考、探究、写作等,接近今人所理解的"治学"。晋人陶渊明自称"好读书,不求甚解",人多以为是自嘲;其实,这是一种很高的读书境界。所谓"每有会意,便欣然忘食"(《五柳先生传》),更显示其读书之乐。不强作解人,不过度诠释,不为了职称而著述,这样的读书,方才能得其三昧。今人则相反,未曾耕耘,先问收获,落实到具体操作过程,便是"不读书,好求甚解"。如何兼及博雅与专精,既保留读书之乐趣,又希望对学术有所推进,我想,最佳状态是:"好读书,求甚解。"后者指向职业,前者指向志趣。

在重视学历的现代社会里,读书与职业之间,确实存在某种联系。大学里,只讲修心养性固然不行,可变成单纯的职业训练,也未免可惜。理想的博士生训练,不只是习得精湛的"专业技能",更包括养成高远的"学术志向"与醇厚的"读书趣味"——这也是我对北大格外感激的地方。

      2003年7月10日于京北西三旗
     （初刊《学位与研究生教育》2003年12期）

第三辑

学院内外

大学精神与大学的功用

——答《人民日报》记者徐怀谦问

徐:谈中国大学的精神,不能不提蔡元培先生出长北大时提出的"兼容并包,思想自由"的原则,您对前者尤为看重,为什么?

陈:1917年1月4日,新任北大校长蔡元培到校视事,五天后发表公开演讲,称"大学者,研究高深学问者也",希望学生摒弃"做官发财思想"。同时,蔡校长审时度势,扩充文科和理科,暂时停办工科和商科,突出北大在"高深学问"而不是"应用研究"上的实力。此举对日后北大的发展影响极大。

至于蔡先生的"循思想自由原则,取兼容并包主义"(1919年《致〈公言报〉函并答林琴南函》),一般人可能会注重思想自由,我却更看重兼容并包。为什么呢?借用英国哲学家伊赛尔·伯林的概念，前者是积极的自由，后者是消极的自由。思想自由是对自我而言，用中国传统的说法是有所为；兼容并包是指对待他人，要有所不为。消极自由的意思，是保证你说话的权利，保证各种学说并存，让它们自由竞争，自由发展，谁赢得民心，谁就是胜利者。大学生有独立思考的能力，应该给他们选择的机会。从这个角度说，"兼容并包"是一种制度性的保证，比个人的思想自由更为可贵。蔡先生早年再三说，中国人不能容忍异端，长此以往，很容易养成一种正统的暴力，即对异端采取一种非常残酷的态度。而北大不同于其他大学的特点，就是相对来说能"包容"，因而才显得大。这个"大"有两层意思：一是北大人立意高，常有"天将降大任于斯人"的抱负——当然也有人说这是狂傲；二是度量大，北大人在自信之外，相对来说，更能容纳别的思想学说。另一方面，蔡先生主张"兼容并包"，并非放弃选择的权利，也不等于没有倾向性。他的总体倾向是求新、向上。例如，学界普遍认定，正是蔡元培长校后的所作所为，直接促成了新文化运动的诞生。

在我看来，兼容并包是和大学，和 University 的本义一致的。它接近大学最本质的东西。University 的本意，便是将追求科学知识和精神生活的人聚集在一起，以便于共同研究。不只师生之间如切如磋的"论道",同学间无时不在的精神交往,也是"大学"题中应有之义。德国哲学家雅斯贝尔斯将"生命的精神交往"定为大学的基本任务,不是没有道理的。

徐:除"思想自由,兼容并包"之外,蔡先生还有哪些大学理念对塑造北大形象起了关键作用?

陈:蔡先生的思想,或者具体到他的大学理念,一方面有中国传统的儒家观念,比如修身养性、中庸、有所为有所不为等;另一方面,也有很多西方的观念。1921年,蔡先生在美国加州大学的伯克利校区做演讲,较全面地阐明了他的观点。他说,作为一个大学校长,他希望能把中国的教育精神和西方的教育精神结合起来。中国的教育精神,他提到孔子、墨子的陶养德性;西方的教育,他谈了三种模式:一是英国牛津、剑桥养成有教养的绅士的教育模式,注重人格熏陶;二是德国柏林大学以专业研究见长的模式,注重专业人才的培养;三是美国的大学模式,强调服务于社会。这三种模式是蔡元培所理解的世界大学发展的最根本的精神。后来北大较好地融会了这些精神,并形成了自己的特点,即注重人格养成的教育模式。这其中有西方大学理念的影响,但更主要的,是因为北大的前身是京师大学堂，和中国传统书院关系密切，而传统书院是以人格培养为中心的。北大上世纪二三十年代的办学宗旨就非常强调"陶熔人格"，北大人今天在精神上的自由度和独立性，跟这是一脉相承的。

徐：关于现代大学与传统书院的精神联系，其他学者较少注意。请您做些详细的说明。

陈：今日中国的大学，其价值取向及基本路径，乃University而非"太学"，这一点不会有什么疑义。1925年4月，蔡元培校长在德国做了题为《中国现代大学观念及其教育趋向》的演讲，称对于古代中国的高等教育，"其质与量不能估价过高"，晚清以降，"摆在我们面前的问题，是要仿效欧洲的形式，建立自己的大学"。所谓"上法三代，兼采泰西"，前者基本是一句空话，因为三代的学制谁也说不清。但中西教育观念的差别却是实实在在的。依晚清以来通行的说法，后者重知识传授，前者重人格修养。钱穆说："新学校兴起，则皆承西化而来。皆重知识传授，大学更然。一校之师，不下数百人。师不亲，亦不尊，则在校学生自亦不见尊。所尊仅在知识，不在人。"所谓"吾爱吾师，吾更爱真理"，针对传统中国的师道尊严，曾博得国人一片掌声。可教育学家很快发现，此种只重知识不尊师长的潮流,也有不小的流弊。为师的不自尊,求学的不重道,所谓"全人格的教育",根本无法落实。于是"教书""育人"并重的观念,重新得到张扬。书院制的优势,终于得到有识之士的重视。

不只是钻研高深学术的研究院,也不只是传统深厚的人文学科,在清华大学校长梅贻琦看来,大学精神之所寄,在于教师的树立楷模与学子的自谋修养。他有一句名言:"所谓大学者,非谓有大楼之谓也,有大师之谓也。"这话现在广泛传诵,但其真正内涵,未见得被真正理解与接纳。对于大学来说,"大师"之所以至关重要,不只因其学识渊博,智慧超群,更因其人格和修养可以成为学生追摹的目标。

徐:北大百年校庆时,您接受我采访,曾谈过北大应成为中国的"思想库",这是一种很高的期许,也是对大学精神和大学功用的深刻理解。但除了北大,其他大学好象很难这么提。

陈:我说大学应该是思想库,是因为大学和社会有相对的独立性,大学的任务跟一般决策性研究机构不同。各个部委的研究所要解决很多具体的实际问题,也很有用,但很难说是"思想库"。我之所以说大学可以、而且应该是"思想库",有三方面的意思:一、大学思考的是根本性的、基础性的命题,它不求一时一地的得失。不对一时一地的政治及经济得失负责,这只有大学做得到。二、大学更讲知识综合,可以进行跨学科的研究,这是 University 和 College 不同的地方。大学不是专科学校,不是某一方面比如经济或法律的研究所,大学的优势在于它有很多很多的专业。很多专业背景不同、利益及趣味也都并不一致的学者聚在一起,思考问题,讨论问题,这点很重要。大学是出大战略、大思想的地方,它不应该只出小计谋。三、大学怎么影响社会?我认为,大学应该能提出有利于国计民生,而且能影响一个时代的大的命题。之所以谈"思想库",那是因为社会对大学有这样的期待——大学应该深刻地介入并影响社会发展进程。说"应该",那是感慨现在还没有。上世纪五十年代以后,我们强调的是大学接受工农兵的改造,而不是大学教化社会、影响社会,这就难怪其无法发挥"思想库"的功能。现在政府开始重视大学的影响力,但似乎注重的主要是科技。比如,北京市的市长会特别强调,要发挥在京中央直属大学的作用,但政府看重大学的,是那些可以转化成产值的科技成果,对于无直接功用的、只能潜移默化、有些玄妙甚至有点危险的思想文化,则没有真正给以重视。现在人们常说的人文学科不太受重视，跟这种政府倾向有关系。所以我说，北大应该成为中国改革及发展的"思想库"。但能不能做到，现在还很难说。

徐：现在又有不少人用这些"硬指标"谈论世界一流大学这个话题。您认为，我们到底要建成怎样的一流大学？一流大学到底有哪些硬指标？北大与世界一流大学的距离到底在哪些方面？

陈：这个我不知道。我看过一些文章，从科研经费、学科排名、诺贝尔奖获得者人数等方面来判定谁是世界一流大学。按这种标准，第三世界国家永远没有一流大学，因为钱不够。

我有一个想法，所谓"世界一流"，除一些必要的硬指标外，还得看其对本国、本民族社会进程影响的程度及贡献，这应该也是一个重要标准。

上海交通大学21世纪发展研究院和高等教育研究所对于什么是"世界一流大学"，曾给出了"充实的数据和具体的分析"，包括科研成果卓著，学术大师汇聚，科研经费充裕，学科门类齐全，留学生比例高等九大指标。这些看得见摸得着的指标，都忽略了一个重要的问题，即"世界一流大学"对于所在国（乃至人类）的社会进步以及思想文化进程的贡献。光说有多少诺贝尔奖得主，有多少科研经费，还不能完全说明问题。大学的意义，不仅仅是科技进步，还包括精神建设。而后者，并非立竿见影，而是潜移默化，需要较长的时间才能显示。对于希望"春种秋收"，马上显示政绩的校长们来说，人文的建设其实难度更大——花钱再多，也都无法速成。记得原清华大学校长王大中不止一次说过：没有强大的文科，清华永远不可能成为世界一流。这一判断是明智的，不仅仅是科学／人文两条腿走路的问题，大学的风气、凝聚力以及社会声望等，与这些看似虚幻缥缈的人文学术，大有关联。

任何一个国家的现代转型，都必须面对很多"本土性"问题，假如你的思想或设计解决不了美国的问题，但能解决中国的问题，这本身就是绝大的贡献。这个东西，切实存在，应该是中国学者追求的目标。跟国外权威教科书的说法不吻合，没关系。总有一天，这些"另类"的思想或方案，会进入新的教科书。

徐：有不少学者指出，大学理念应该多元化，不能只有一个模式一条发展路子。拿美国大学来说，哈佛是高贵的人文博雅传统，斯坦福是实用主义，普林斯顿以形而上的理论研究著称，麻省理工专攻形而下，以科技领先自豪。

您认为中国的大学应如何养成自己的个性？

陈：在中国的大学里面，我不敢说北大是最好的大学，但北大是最有个性的大学。上世纪五十年代院系调整的时候，保留十四所大学，其他改为学院。大学的综合性丧失了，University 变成 College，变成专业训练，培养社会主义建设所急需的工程师，急功近利，有很多毛病，尤其是对人文的思考、真理的追求大为减少。这种状况，到上世纪九十年代，来了个急转弯，很多大学在升级。以前是大学改成学院，现在是学院改成大学。中国人的毛病是，一统就死，一放就乱，出现了很多让人啼笑皆非的事情。大学升级，有很多人为的因素，尤其是好大喜功，要不得。但另一方面，它确实是对五十年代院系调整的一个反拨，回到 University。从教育学思考，不失为一条路子。

可惜的是，中国人对大学的不同类型缺乏理解。我们常说，每个国家的大学，是不太一样的，比如，英国的大学，就与美国的大学有不小的差异。可更重要的是，每个国家内部的大学，其实是有不同定位的。我们以前常说，蔡元培学习德国大学的路子，以文理为中心。这没错，可那只是洪堡大学的路子。德国大学还有别的路子，比如，同样留学德国的马君武，回来办广西大学，走的是柏林工业大学的路子。也就是说,即使在同一个国家里,也有不同的大学类型。起码有两种大学类型,是不能偏废的:一种注重理论思考,另一种偏向于专业训练。我的观点是:不同国家不同类型的大学之间,不可比,没有高下之分。

第二个需要区分的是,应该有不同层次的办学方式。一说起美国大学,都说哈佛、耶鲁、斯坦福,那是研究型大学。其实还有很多好大学,只有本科,没有研究院,规模小,但名气很大,学生对母校的认同感与回报率,不低于哈佛。它不发展研究院,不是没这个能力,而是要全心全意经营好本科。这种大学,普遍实行小班教学,师生之间接触密切,更能因材施教,所以很受欢迎。

国内大学则不同。所有的大学都在拼命争硕士点、博士点,并以这作为评判大学优劣的标准。好不容易争到手,结果呢,领导面子固然好看,可教学质量不升反降。为什么?原本用在本科教学的资源,被挪用来培养很可能不合格、或者学非所用的硕士、博士。不能怨学校,这是被评比逼出来的。领导要政绩,成果必须是看得见摸得着的,于是有多少博士点硕士点、有多少重点学科或研究基地,便成了硬指标。其实,大学发展应该多元化,有以学理研究为中心的,有以技能训练为中心的;有以本科教学为中心的，也有以研究院为中心的，一定要分开。不同类别的大学，应该有各自不同的发展路径与评判标准。即使北大、清华是全国最好的大学，你也不能把全国的大学都办成北大、清华；都变成北大、清华了，那你很快就会发现，缺少另一方面的专门人才。

第三个要区分的是，即使同是以学理研究为中心的University，也要看到，大学办得好不好，关键在于有没有个性。1950年代院系调整后，一个最大的问题，不是专业设置单一，而是政府管得太死，各大学面目趋同。做教育改革的，如果不关注教育史，不考虑中国大学的传统，只是搞横的移植，不管移植德国、苏联还是美国，肯定都不行。大学跟工厂不一样。工厂希望统一规格，这样便于操作，也好控制质量；大学则必须有自家面目。没能办出自家特色，面貌过于趋同，这才是当今中国大学发展的一个根本问题。

比如，民国年间，教育史上的一个奇迹，不是北大、清华，而是南开。为什么？你北大、清华是国立大学，相对于私立大学南开来说，可利用的资源要多得多。从1898年南开中学前身严馆时期的六名学生，发展到1948年的包含大、中、女、小、渝五部，在校生达四千余人的一代名校，南开的发展是"超常规"的。这里有校长张伯苓的苦心经营,包括他确定发展战略时的腾挪趋避。比如,张伯苓办南开大学,不设中文系,便是有意为之。他认为,学文学的,多空谈;而他更崇尚实业救国,所以要求笃实的学风。旧南开的化工、经济、社会学等做得很好。很多人批评他,说他固执、偏激,可你不能不承认,他办的大学是有个性的。作为一所私立大学,张伯苓的南开,发展出一条迥异于蔡元培的北大、梅贻琦的清华的"实业兴学"路线。现在办大学的,追求的都是"大而全",缺一个学科、少一个专业,扣多少分,这么多硬指标摆在那儿,大家只能办一样的大学——差别只在于规模大小、水平高低。

在我看来,大学最是应该千姿百态。考虑到这一点,不仅北大、清华不足法,哈佛、牛津也不足法,没有一个"标准大学",更不存在中国大学全都必须追摹的"榜样"。一百多年来,中国人办现代大学,一开始学日本、学德国、学美国,再转而学苏联,现在又回过头来学美国,言必称哈佛、斯坦福。学是应该的,但必须记得以下两点:第一,大学要接土气,第二,大学要千姿百态。在我看来,对于一所大学来说,找到属于自己的位子与路向,比什么都重要。

也就是说,大学分类型——研究型、教学型、技术培训型、社区服务型,都有其发展的空间。不问规模大小,只要定位准,声誉好,就是好大学。就像写文章,能雅是本事,能俗也是本事;就怕半吊子,高不成低不就,理论、实用全都不彻底。不同类型的大学,目标不一,道路不一,评价标准也不一;先自我定位,再寻找相关的榜样,比起笼而统之地谈"接轨",要实在得多。各大学的差异,很大程度上是历史形成的,不是想改就能改,你只能在历史提供的舞台上表演。而就目前中国大学的现状而言,首先是明白自己脚下的舞台,寻找适合自己发展的道路,而不是忙着制订进入"世界一流"的时间表。

徐:凡对教育史略有所知的人,无不对当年北大清华的"教授治校"心驰神往。在今天这样一种教育体制下,我们能否请回"教授治校"?如果不能,为什么?

陈:"教授治校"是一个很敏感的话题。1998年,我在北大校方组织的一次座谈会上提出这个问题后,颇受责难。到目前为止,北大的改革,还不是在这方面着力。大概是因为,北大太受重视,导致它的变革非常艰难。因为,一举一动全都在众目睽睽之下,很难有大动作。可以说,北大属于敏感地带,过于前卫或风险太大的改革,无论多好,都很难实施。因此,只能在现有体制及框架内修修补补。要说改革，其实不少学校走在北大前面。

反观北大，不要说"教授治校"，连"校长治校"都不是，我们现在的体制是：党委领导下的校长负责制。这次北大改革，准备在院系一级设立起咨询作用的"教授委员会"；这样的"教授委员会"，对学校的大政方针没有影响力，因此，这样的举措意义不大。

徐：那您理想的大学管理是个什么样子？

陈：理想的大学管理，就是老北大或西南联大的"教授治校"。校务委员会和教授委员会，两者之间有合力，也有矛盾。我曾经举过一个例子，西南联大发生学潮的时候，常委会和教授会的态度有微妙的差异，各自发挥的作用也不一样。二者和而不同，帮助学校渡过危机时刻。一般来说，校务委员会代表管理层，更强调现实性以及可操作性；教授委员会则更关注教育的长远利益，在校方和教师、学生之间起缓冲、平衡、制约等作用。教授委员会对于协调管理者与被管理者，对于保证学校的长远利益，对于坚持学术独立理念，可以发挥很大作用。但如果只是一个咨询机构，恐怕作用就很有限了。

这次北大改革方案的制订，一开始没有人文学科的教授参与，我觉得是很大的遗憾。同样是文科，人文学术与社会科学，思考问题的方式不一样，文化情怀与学术理念也有很大差异。至于普通教授与行政管理人员，更是不可同日而语。你以前可能是很好的教授，可你当了校长、部长、院长，屁股决定脑袋，思考问题时，必然注重行政管理。不是谁对谁错的问题，应该承认各自利益以及立场的差异，这样才有对话与协商的必要。不是说服，也不只是征求意见，而是对话与协商。不能说提意见的普通教授就是"搅局"；更不能将反对者说成是害怕竞争。大部分参加讨论的人，都不是考虑自己会不会被淘汰出局，而是争一个"理"者。他们关心的是，这样改，对还是不对。

大学的发展，既要尊重管理层的思路，也必须考虑普通教授的观点。承认大学里面利益多元，趣味、思想多元，必须协调，这才需要教授委员会。教授委员会的组成，必须跟校务委员会不同。如果只是行政班底的翻牌，这样的教授委员会，不具独立性，有名无实。

徐：北大是有优点的，也是有缺点的。您认为北大的缺点是什么？

陈：优点和缺点有时是纠结在一起的，你无法截然厘清。在赞赏北大人志向远大的同时，你必须意识到其很可能好高骛远；在表扬北大人很有个性的同时，你可能注意到其不太合群。总体说，操作能力较差，社会协调能力弱，是北大学生带有普遍性的缺点。这和北大人的自我期待有关。从京师大学堂到老北大、新北大，总以为自己是第一学府，国家兴亡，匹夫有责，爱关心国家大事；从小处做起，则明显不足。说得好听是志向远大，说得不好听便是眼高手低。

这和北大的专业设置也有关系。北大的专业设置，历来不是以实用性、而是以学理性见长，以文科理科为中心，工科不是北大所长，有好长一段时间甚至取消了社会科学，所谓的"文科"变成了人文学科，所以，北大学生的玄想能力比操作能力强。加之，北大曾经很深入地介入了百年中国的政治变革，教授、学生大的方面想得多，细处做得少，有时容易养成浮夸的风气。

一方面，我对北大学生有所批评，另一方面，我承认，要完全改变，很难，也不应该。假如有一天，历来很"张扬"的北大学生，也都变得唯唯诺诺，跟社会特别协调，这决不是好事情。中国有那么多大学，有若干所大学特立独行，悬在空中，没什么不好。大学刚毕业，就变得很世故，跟坐了十几年机关的人一样，这不很可怕吗？要是那样，我反而怀念北大学生的"书生气"。

北大的专业设置必须考虑社会需要，学生的自我期待也需要做些调整，这些都没问题。但大的方面，比如说北大精神，或者说这所学校的风格，不是一年两年、十年八年养成的，而是长期积累所得，是好是坏你都必须认真面对，不要轻易否定。而且，说实话，要改也难。

对北大来说，最要紧的，或者说必须引起高度重视的，不是学生性格方面的某些缺点，而是作为一所大学，北大本身的学术实力在下降。

从全国来说，目前的北大，学术实力依然很强。举个例子，两年前评重点学科，好多大学只有一个两个，甚至剃光头，而北大呢，全国重点学科有八十一个，比第二名的清华多出将近一半。表面看来，确实比其他大学高出一截，但相对差距在缩小。此中奥秘，只有同行才清楚。比如我所在的中文系，居然有六个重点学科，不得了。可你必须明白，瘦死的骆驼比马大。现在北大的"超强"阵容，其实是1952年的院系调整导致的。比如，全国只保留一个哲学系，一个语言学专业，其他大学的著名教授，都归并到北大来。换句话说，北大某些专业曾经有的"霸主"地位，其实不完全是自家努力的结果，而是国家意识形态乃至教育方针的调整所决定的。此前，北大当然也很不错，但不是"独霸"，就以国学研究而言，清华、燕京、辅仁、中央、中山、齐鲁等，都有自己的长项，都可以跟北大叫板。

院系调整造成的绝对优势，现在基本上不存在。老先生们都退休了，现在担纲的，大都是"文革"后各校自己培养的研究生，这么一来，各重点大学之间，差别不是很大。基本上是自己的学生，没有经过全国性的遴选，北大的绝对优势大大减弱。都说要引进人才，北大也在努力，但总的来说，流动很不顺畅。你想要的，不见得进得来；你不想要的，也撵不走。这些年来发展的新学科，国际化程度高，外来人才多一些；但原本实力很强的传统学科，确实有"近亲繁殖"的弊病。只是要打破"近亲繁殖"，不是一所大学就能做到。学界必须达成共识，再加上政府出面协调，最最起码，也必须是一二十所重点大学"联手"。否则，你动他不动，有进无出，或有出无进，一下子就堵死了。连"近亲繁殖"这样相对简单的问题都解决不了，所谓"大学制度的创新"，那就更渺茫了。至于北大，首先是要有危机感，知道我们曾经有过的"绝对优势"正逐渐丧失，其他大学并没有睡觉，他们正急起直追。因而，不要整天拿远在天边的哈佛、牛津说事，看看近在眼前的其他兄弟院校，他们的改革方案也有值得北大借鉴之处。北大办在中国，其他中国大学存在的毛病、面临的困境，北大一样不拉。解决这些制度上的缺陷,需要勇气,更需要大智慧。我当然希望北大在这新一轮"制度创新"的攻坚战中,能有出色的表现。

2004年2月7日据采访记录稿修订而成

(初刊《社会科学论坛》2005年1期)

博士论文只是一张入场券

——答《中华读书报》记者祝晓风问

编者按：又到了硕士、博士们为写论文而挑灯夜战的季节。写论文究竟为了什么？每人的回答各有不同。为了长学问？为了做贡献？还是为了那顶博士帽、为了谋职寻禄？目的不同，手段就不一。如果是为了学术上的长进，为了让那顶博士帽方方正正、堂堂正正，就不妨听听陈教授的谈话，看看这些有用的书。

问：请您简单介绍一下当时写作博士论文《中国小说叙事模式的转变》的背景。

答：上世纪80年代中期有所谓理论年、方法年。那几年大家讨论问题，喜欢先谈大的理论框架，摆弄各种新方法、新理论。这是1980年代的风气。那三两年，文学界、学术界都有比较大的变化。就在那个时期,我们提出"二十世纪中国文学史"概念,影响比较大,很多人希望我们就这方面大加发挥。可是我和老钱(钱理群)、黄子平不一样,当时我还在读博士生,他们两个在北大当老师。所以我面临一个问题,就是博士论文写作。当时我已经发表的论文虽然影响较大,但怎么样和博士论文的写作结合起来,仍是一个很大的难题。做博士论文,很多人一开始提出宏大的规划,希望一举解决一个很大的问题。何况那时我年轻气盛,又正值"二十世纪中国文学"的提法被普遍看好。所以博士论文还没有开始写作,我的导师王瑶先生就提醒我:"别弄一大堆理论。"意思是说,别把理论弄成一个筐,什么都往里头装。当时最容易谈的如"东西方文化异同",确实是什么东西都可往里装。做学问,"说有容易,说无难"。中国文史这么大的范围,你爱说什么,很容易找到;说无,就必须排它,做很多实证性的研究。所以很多人都愿意在"说有"这方面做文章,那很容易,随便逮住几个例子就能写出一篇论文来。王瑶先生希望我不只在具体课题研究方面有所突破,而且对整个知识的发展有所贡献。所以,当时我特别警觉,从1985年的热潮中退身下来,认真做博士论文。

问：您当时对自己的博士论文有什么想法？听说一开始您也有题目被否定，是这样吗？

答：博士论文跟别的文章不一样，在我看来，必须是顾炎武所说的"必古人之所未及就，后世之所不可无，而后为之"。这样的题目，才适合作为博士论文的题目。是否前面没出现，后面不可缺，写小文章无所谓，做博士论文的选题则特别重要，必须定位在这里。对我来说，还有一点很重要：怎么样利用你的积累，最大限度地发挥你的长处；另外，论文做完后还可以继续伸展。这两点是做论文的人应特别注意的。如果随便抓一个时尚的题目，即使有若干好的想法，也是不可能完成的。因为这跟你的长期积累、志趣以及长处脱节，做起来肯定是仓促上阵。博士论文是一个成果，也是一种训练。这句话的意思是，从硕士到博士，这六年总得有个阶段性的成果。这固然很重要，但更重要的是博士论文做完之后，还能继续发展，有个生长点。假如没有，做完论文就丢掉了，以后再找个题目，那只是拿了个学位。

所以，我考虑的是：第一，这个题目值得做，所谓"古人之所未及就，后世之所不可无"；第二，这个题目我能做，我以前的积累指向这里，以后的研究从这里出发。这两点锁定以后，再选题目就比较好办。当然，你会根据学界动态，以及自己的兴趣不断调整。选题目其实很难。你必须考虑到学术界的状态、你自己的能力，还有这篇论文出来后对学术界的贡献。在选题过程中，你会不断冒出很多很多的想法。我相信很多人都是这样。有的人一进大学、研究院就有一个题目，围绕这个题目，目不斜视，一直做下去；另一种是通过读书，不断思索、徘徊、选择，在很多题目的纠缠中挣扎，最后确定一个。我是后面这一种。1985年，我同时准备做几种工作，好些后来没有做，有的因为条件不成熟，有的则是我的知识准备不够。我说这些，也许对大家有用。就是说，你知道好多题目有意思，值得做，但是如果你做不了，只好抛弃。我当时选了三个题目，涉及三个类型。

第一个题目是，现代文学和宗教的关系。后来我没做，别人做了。因为我念硕士时写了一篇《论苏曼殊、许地山小说的宗教色彩》，到北大念书，很大程度是因为这篇文章。文章写成之后，我刚好到北京，给老钱看，老钱又推荐给王瑶先生看了。此前王先生没有招过博士生，看了这篇文章后，说"让他来考吧"。所以我是北大中文系第一届博士生。王先生跟许多人说过，我招的这个学生，对宗教方面有兴趣。当我做博士论文时，王先生说，他不给我出题目，但可以帮我排除。也就是说，他不管我怎么读书，怎么选题，只告诉我哪种选择可能是错的。我的这个题目，就被他否了。为什么否？他的意思是，第一，虽然你对这方面有兴趣，但你没有受过宗教学方面的专门训练，除非你补课，在宗教学方面下很大功夫，否则你就是骗文学界的人。你可以在文学界谈禅论道，但这毕竟不是你的专长。第二，他说，我可以很明白地告诉你，将来能请到的参加你的论文答辩的教授，没有一个人懂这个。答辩时，可能人家看在导师的面上，让你通过。也可能你的论文超出那个时候一般教授考虑的范围，你会碰到很多意料不到的困难。两种结局都不理想，所以这个题目最好不做。

第二个题目，我当时对语言哲学感兴趣，所以自然而然地对文言和白话的关系感兴趣，想重新讨论这个问题。我当时跟王先生讲，我自信对晚清一段有一定积累，可以从晚清一直谈过来，讨论20世纪中国文学语言问题。我谈了一些思路，王先生还是不同意。他认为这个题目，如偏重理论，太玄了；如着重资料清理工作，则没有大的建树。1985年前后，关于这个问题，成果还不多。但大家也都意识到，语言的变化，肯定是这个世纪中国文学很关键的问题。王先生讲，文言转白话，肯定会有大成果出来，但是现在没有找到恰当的理论框架，研究成果很一般。这就是说，我们预感到这个问题的存在，但是没有找到恰当的解决办法。在这种情况下，你一定要做也可以，但这不是最理想的。另外，如果一定要做，就得大补语言学的课。好在我们系里的朱德熙先生历来主张文学语言不能分，所以北大中文系的一个长处，是语言专业比较强。

  第三个题目是关于小说叙述方式。这个题目，一开始不是这么报的，这是后来逐渐成形的。一开始只是想讨论中国小说形式的变化。王先生说这个题目可以做，但提醒我不要把"文学概论"直接套到文学现象上去。选定中国小说作为研究方向，已经是我读博士的第二年，也就是1985年的下半年了。

  问：王先生的教学实在很好，您是怎样处理"问题"与"理论"的关系的？

  答：我的第二步工作，是在阅读大量小说和理论著作之后发现新问题。做研究的人，"思想火花"不断冒出，尤其是当你接触其他学科的研究成果或新的理论框架时。做博士论文的人，除非特别没出息，否则都会努力把研究推进一步。希望自己的论文有一个全新的面貌，自然会考虑到新的理论、新的方法。问题在于，你的论述对象很可能经受不住你借用的理论之重压，因而纷纷解体——这对于史家来说，是很可悲的。我希望在对象的探讨中能发现新的问题，而这个问题最好有较大的发展潜力，这个潜力又能和新的知识结合起来。对于博士生来说，很可能问题意识比理论框架更重要。在小说研究方面，1980年代有很多理论，我比较关注卢卡奇和巴赫金。一般人会从意识形态推导文学形式的变化，而我想从文学形式窥探到意识形态的变化。假如我从戊戌变法、五四运动等来论证小说的变化，这样的论文当然也可做，但价值不大。我希望从小说形式特征的一点一滴的变化，去窥探、折射时代思想、文化潮流。不一定每个时代的政治观念、经济制度、文化思想的变化都会直接引发文学形式的变化，但文学形式的变化，肯定折射了时代与社会变化。从小说形式的变迁入手，讨论本世纪中国的意识形态，这是我的基本思路。另外，就是和我们上面提到的"二十世纪中国文学"命题有关。以前的现代文学研究，基本上从1917年说起，我们则强调从晚清落笔。一方面，我找到了问题，从形式里面窥探社会的变迁，而这是可以伸展的；另一方面，我找到了一个载体，那就是晚清到"五四"的小说。而这两点，恰好与我的研究趣味吻合。

问：您在《中国小说叙事模式的转变》中特别提到"小题大做"，这对写论文有什么直接的好处呢？

答：我在好多书的序言里提到"小题大做"。小题小做，可以做到小巧玲珑，但没有多大意思；大题大做不是博士论文所能承担的，那需要花一辈子精力；大题小做，最怕的就是这个，写杂感可以，做论文不行。比较合适做博士论文的——对，写学位论文都是如此，就是"小题大做"。因为在研究能力不是特别强、知识积累不是很雄厚时，大题大做会有困难，而小题大做有可能使你的成果比较坚实。小题大做还有一个好处，可以相对封闭起来。北师大陈垣先生有一句名言，就是做学问要"竭泽而渔"，如果"小题大做"，可以做到；但若"大题大做"，则不可能。假如一个题目设计挺好，但你控制不住，可能因为你的时间、资料、思路等有问题，也可能因为这个题目本身就是不可控制的。这种情况下，必须找一个可控制同时能发挥自己的长处，且可能有理论意义的题目。我说的"小题大做"，意思是可以做深做透，另一方面也是因其可以控制。

但不是所有"小题"都能"大做"。这里面，你的眼光很重要。怎样在一个富有潜力的小题目里做出大文章来，要有大的眼光。我记得王国维指导清华研究院某学生论文，是关于孔子生平的考证。王国维说，你考证很精，但不是什么了不起的事情。小题目有的可以大做，有的大做不了。这取决于后面有无大的理论背景，也取决于题目本身的潜力。我希望进去的时候很小，出来的时候很大。这是研究的理想状态。我一开始想研究小说形式的各方面，最后缩小到叙事模式。依我的判断，在整个演变过程中，对于晚清、乃至整个20世纪中国文学，最值得注意的是叙事方式的变化。之所以将论题封闭在清末民初30年间，因为我想做的是中国小说叙事模式之"转变"。这样的"封闭"，会把复杂性凸显出来。假如我写成中国小说的叙事方式，这样也可以，但很可能变成面面俱到的铺陈。我做"转变"，会更多考虑问题的复杂性，不仅涉及外国小说的启迪，还必须追究古代中国小说的传承。表面上不断缩小范围，但实际上我的思考逐渐深入。谈中国小说，缩小到形式研究，再缩小到叙事模式，最后缩小到叙事模式的转变。这并非偷懒，而是将问题不断推进，思考逐渐深化的结果。

问：我觉得这才是真正的论文。它提出问题，切入问题。很多人不会写论文，就是因为提不出有价值的问题。

答：很多人不会写论文的原因，是误把教科书当论文写作的范本。教科书的特点是一、二、三平行罗列，而研究著作的特点是向前推进。起码就表面特征而言，一个是横的，一个是竖的。比如，告诉你杜甫诗有四个特点，一、二、三、四，中国农民战争有五大特征，一、二、三、四、五，这是平面罗列，不必深入研究，这是教科书。论文是找到一个问题，一步步往前推进，最后逼出令人信服的结论来。我希望我的研究题目缩小，但深度、厚度却大大增加。说形象点，做学术论文，要单刀直入，切忌贪多求全、四面开花。很多人的论文，一看就不是作研究的，单从题目就看得出来，因为只有"范围"而没有"问题"。论文的写作不能只谈"范围"不出"问题"，比如"妇女小说研究""《水浒传》艺术论""象征主义透视"等等，都不是好的论文题目，因为这本身没有"问题"，只是"范围"。为什么很多学生论文出不来？很大程度在此。找到一个好题目，很不容易的。好题目本身便体现了作者的研究思路。必须学会提出问题。提出一个有价值的问题，已经不只是找到研究对象，而且还蕴含了作者的思路、方法、策略。

问：您本人的散文和其他文体的文章写得相当有激情，而您在这篇论文的写作中却采取了一种很低调的"叙述"，这是论文本身的要求，还是写作者的选择？

答：我从硕士论文到博士论文，有一个很大的变化，就是叙述问题。我写完硕士论文，寄到北京，王瑶先生看了，批了四个字："才华横溢"。然后说，有"才华"是好事，"横溢"就可惜了。这句话特别触动我。逞才使气，控制不住自己，就这么一点小才华，随便挥洒，很容易洒尽的。另一方面，我理解为，这是对对象的不尊重。才华横溢者，容易用他自己的强势姿态来迫使材料就范。表面上，论文井井有条，不是内行看不出毛病。很多人，尤其是年轻人，容易犯的毛病是事先假定理论的"合理"与"毋庸置疑"，要求事实乖乖就范。假如未进入正式研究，或者论文还没做，就已经有了明确的结论，而且不可动摇，我相信这种研究价值不大。因为，你不用研究就有了结论，只不过用整个论文来证明你的结论。这样的研究不具备理论的穿透力。表面上得出的结论与最初的预料一模一样，可庆可贺；我的疑问是，那又何必花几年工夫做这个研究呢？当然，有时候最初的直觉是对的。但很多人不是这样，是因为他把与结论不一样的材料排除了，才会有这种情况。假如你尊重对象、理解对象、强调过程，而不过分注重结论，这样做论文，或许更有价值。你做完论文之后，与你进入论文之前，对问题的看法很不一样，那就会很有意义。

问：以前听您说过，学位论文只是基本的标志，您是怎样看这个标志的？

答：硕士阶段，要求学生对本学科的现状有所了解，对该研究领域的方法、材料基本掌握，初步具备研究能力，这就行了。硕士论文体现基本训练，在此前提下略有突破就可以，能体现对学科的贡献更好。而博士论文的要求，则高得多。博士论文做得好坏，对他以后的学术生涯影响很大。博士论文是个标竿，跳不过，或只是勉强过关，作为学者而言，就很少有更大的戏可唱了。博士论文应该是一个人进入学术界的入场券。

这里面体现着学术意识、学术规范与学术训练。有的人缺乏基本的学术训练，一辈子都不入门，很可惜。谈论学术规则，表面上不利于天纵之才，可这是一个下限，目的是杜绝"假冒伪劣"。入了门，可以变化、可以创新、可以发展。但缺乏基本的学术训练，不守基本的学术规则，一味"天马行空"，建议他改行从事文学创作。当然，从另一方面讲，教育体制有问题，学术训练有缺陷，学科分类及研究方法有弊病，对这些都必须持清醒的态度，时刻准备做出必要的修正。但这不应该成为学界"无法无天"者的护身符。

附：

编者按：《中国小说叙事模式的转变》，陈平原著，上海人民出版社1988年3月第1版。全书23万字，是作者的博士论文。该著以大量的第一手材料为基础,详细考察了中国小说叙事模式在清末民初30年间、即1898年至1927年间不易为人说清可事实上却是意义深远的转变。该著沟通文学的内部研究和外部研究,"把纯形式的叙事学研究与注意文化背景的小说社会学研究结合起来",创造性地运用形式主义、结构主义、符号学、现象学美学等理论,从类型学、文体学、主题学、叙事学等层面综合把握中国小说叙事模式的转变这一极富学术价值的理论课题,该著中的许多精辟见解都已成为既有理论价值又具文学史意义的不刊之论。该著因其突破性的学术贡献而被公认为是上世纪80年代中国文学研究的一部里程碑式的著作,同时也是上世纪80年代以来中国学术界知识创新的代表。值得一提的是,仅仅在材料占有方面,作者就付出了常人难以想象的劳动。作者为写这篇论文逐篇阅读了1898年至1927年这三十年间发表的小说,总计数千篇,这还不包括这前后的作品和相关的大量中外理论著作。

(初刊2003年3月5日《中华读书报》)

学院的"内"与"外"
——答《读书时报》记者熊彦清问

问：您近两年出版的著作和发表的一系列文章，集中在学术史、教育史，以及图文关系等方面。我注意到，这些著作和文章似乎围绕着这样一个共同主题：精英文化的传播或者说学院派文化的传播。梁启超当年将"报章、大学、讲演"作为传播文明三利器，这三者在您的著述中皆有所涉及。如《中国大学十讲》是专门研究大学史的，《大众传媒与现代学术》《文学史家的报刊研究》等文章讲学术与大众传媒之间的关系，还有您的《从文人之文到学者之文》，实际上是讲课记录，从大的范围来说，也可以看作一个讲演的记录。您能否谈谈在选择这几个方面作为自己的研究对象或者是著述体例时，是否贯串有某种共同的学术理念？

答：谈论现代中国的思想文化进程，我喜欢引梁启超的《自由书·传播文明三利器》（初刊 1899 年《清议报》第二十六册，后收入《饮冰室文集·专集》第二册）。原话是："日本维新以来，文明普及之法有三：一曰学校，二曰报纸，三曰演说。"这其实不是梁启超的"独得之秘"，而是时任文部大臣、后曾出任日本国首相的犬养毅传授的"先进经验"。对这段话，不只梁启超，清末民初致力于开通民智的知识者，恐怕大都"心以有戚戚焉"。百年一觉，回头看，这三利器的影响实在太大了；直到今天，许多知识人还是对其正面功用坚信不移。对于研究二十世纪中国思想、文化、文学、艺术的学者来说，考察"三利器"如何引进、扩张与变形，以及三者之间错综复杂的关系，是再自然不过的了。从撰写博士论文《中国小说叙事模式的转移》起，近二十年来，关注"三利器"的光环与阴影，始终是我的学术兴趣之一。有时正面奔袭，有时迂回包抄，有时隔山敲虎，有时指桑骂槐，对于二十世纪中国的知识人如何挥舞这"三利器"，对于这一学术课题，时至今日我仍保有浓厚的兴趣。

所谓"近朱者赤，近墨者黑"，长期的浸淫，使得研究者与研究对象之间，容易出现"交叉感染"。环顾学界，你可以看得很清楚，研究现代文学的与研究先秦诸子的，固然可能思想趣味相差甚远；同样专攻现代文学，热爱鲁迅的与追随胡适的，其文章风格，也很可能大相径庭。学术各有宗主，趣味难分高低，对于研究者来说，"尚友古人"是很正常的事，没什么不好，只要不弄到入主出奴那就行了。这么说，你就很容易明白，为什么研究现代中国的学者，大都在经营自家专业著述外，还喜欢涉足"学校""报纸""演说"等具体事务。这些人一旦"学有余力，出而经世"，大都选择这"三利器"。有的是刻意追求，有的则是无心得之。平日里耳濡目染，不必着意经营，一出手便是如此规模、如此气象。

介入当代中国思想文化进程，而不仅仅是成为某一专门领域的名家，这一自我定位，多少受陈独秀、李大钊、鲁迅、胡适等人的启迪。只是时过境迁，复制五四新文化人的"光荣与梦想"，几乎是不可能的。随着研究的深入，作为神话的"五四"正日渐退色；但即便如此，对于许多知识者来说，走下神坛的"五四"魅力依旧。不是不了解启蒙思路的内在矛盾及其幽暗面，也不是没意识到新文化人某种程度上存在着的傲慢与偏见，但其艰难中的崛起，依然得到许多后来者的激赏。可以这么说，对于前辈学人"铁肩担道义，妙手著文章"的向往，成了新一代学者介入当代中国社会生活的重要动力。就好像"1968"之于今日西方思想界一样，五四之于中国人，其最大意义在于，经由一代代学人的追问与解剖、顶礼与质疑、呼应与反叛，成为后来者不可或缺的思想资料。

我当然明白，实际情况比这要复杂得多，作为学者，是否具有现实关怀，除了学术背景，更与个人抱负以及生存处境有关，不该强求一律。另外，对于"现代性"的广泛质疑，以及资本运作与商业精神渗透到日常生活的每个角落，不要说"三利器"的有效性大打折扣，就连"普及文明"的合理性也都颇受质疑。我愿意在专业著述里继续与"三利器"对话，而在学术随笔中，面对各种当代问题，不断调整自己的思路以及发言的姿态。

问：您最近出版的新书《看图说书》，主要是介绍中国古典小说中的插图，而《千古文人侠客梦》修订版与初版之间最大的不同也是增添了大量的插图。我们知道，图画在文化传播中的作用功不可没，您认为通过图像研究，我们是否可以从历史中重新获得文化传播的资源。传统的学院文化传播载体主要是单纯的文字，在"读图时代"这样一个大的背景下，您的这种对图文关系的研究是否也是在为今天学院文化的传播寻找一条可能的路径呢？

答：图像的阅读与使用，可雅可俗，可难可易，我曾谈及好的图文书,应能同时凸显文字美感、深化图像意义、提升作者立意,三者缺一不可。对于研究者来说,既擅长阅读、分析图像,又颇能体味、保持文字魅力,这很不容易,需要修养,也需要训练。换句话说,读图有趣,但并不轻松——这同样是一门学问,值得认真经营。

从1995年撰写《从科普读物到科学小说——以"飞车"为中心的考察》,有意识地在历史论述中使用图像资料,到刚出版的《文学的周边》(北京:新世界出版社,2004),十年间,我先后出版了12种包含图像资料的书籍。这里面,有得也有失;得失之间,值得认真反省。作为读者,我会惊讶图文书越出越多,成熟的插图画家却越来越少,大家都热衷于挪用,而不是创作;作为作者,我则更关心在图文书中,如何保持文字的魅力。

为什么书籍需要"并置"图像与文字,当然不仅仅是为了"好看",应该还有更深层次的追求。在我看来,图文书的制作,由浅入深,可能达到如下四种不同的境界:第一,只是视觉效果上的"图文并茂",即并置的图文之间,不一定有必然的联系,甚至可能八杆子打不着;第二,添上图像,确实有助于读者对文字的理解,最典型的是为前人的著作配图;第三,图像乃论述时必不可少的重要证据,如特定的场景、物品、地图、肖像等;第四,图文之间互为因果，互相阐释，互相论证，对图像资料的解读，构成全书的重要支柱。不用说，第四种是图文书的最佳状态。

在《文学的周边》中，收录我去年在华东师大所做的一次演讲，题目叫《从左图右史到图文互动》，专门讨论图文书的崛起及其前景。关于图文书制作，我谈了六点体会，最后一点是："纯粹的图像，在呈现历史进程以及表现精神世界方面，是有局限性的。我对于文字之'不可替代'，坚信不移。所谓'视觉文化'占据了主导地位，并形成了某种'霸权'，这只是一种假象。在文化思维及学术建设中，文字依然扮演主角。关注图文书，不是基于趣味阅读，而是追求图文互证——此乃对于古人'左图右史'阅读方式的继续与深化。"这基本上回答了你的问题。也就是说，关注图像，不仅仅是为了将学院文化传播开去，其本身便是学院研究题中应有之义。作为知识生产及传播的重要途径，中国人很早就晓得"左图右史"的重要性；只是由于种种原因，这一传统失落了。我们今天所做的，不仅仅是发挥"潜德幽光"，更是借鉴西方图像学及文化研究的思路，深化这一思考。如果没什么意外的话，我希望明年能出版《西学东渐与左图右史》一书，将我在这方面的研究成果较好地呈现出来。

问：您的《从文人之文到学者之文》是三联讲坛丛书中的一本，是您的"明清散文研究"课程的讲课记录。尽管这不是对讲演这种传播方式做出专门论述的著作，但我还是觉得，这本书充分地体现了您对讲演这种方式的重视，您本人在讲演的内容、方式甚至是语气、节奏各个方面都十分注意。您能否就学术传播与互动谈谈对讲演这种最直接的传播方式的看法？

答：一般来说，学术讲演不如专业著述深入，弄不好真的"卑之无甚高论"。越是名嘴，听众越多，现场效果越好，越必须删繁就简。这是没有办法的事情。如果只是这样，那讲演的意义，仅仅在于扩大影响。而在我看来，讲演之值得关注，还有以下几点。首先，可以使得你思路明晰。很简单，要让听众听明白，必须自己先想清楚。不客气地说，许多让人无论如何理不清头绪的论述，并非道理特别深邃，而是论者自己都没想清楚。你让他来讲演试试，保证他不得不改——除非他根本不顾及听众的反应。其次，可以养成对话的习惯。好的讲演者，不是站在台上自说自话，除了眼前的听众，还有不在场的论敌。这些潜在的对手，需要在辩论中被说服。因此，表面上是"独角戏"，实则潜伏着许多危机；能在众声喧哗中凸显自家的立场，这才是本事。再次，可以淬砺自家的述学文体。这点我颇有心得，不妨略为发挥。

在《学问该如何表述——以〈章太炎的白话文〉为中心》，我提及两种性质及功能大有差异的"演说"：同样使用"浅显之语言"，一介绍时事、传播新知，以达成"开通民智"之目的（如秋瑾）；一系统讲学，谈论国粹，借此"激动种性，增进爱国的热肠"（如章太炎）。后者当年听众有限，但影响到了现代白话文的形成——胡适发表白话诗"算是创体，但属文艺"，"唯有规规矩矩作论文而大胆用白话"，对于当时的读书人，那才是最为艰难的选择（参阅黎锦熙撰《钱玄同先生传》）。明白这一点，才能理解新文化运动兴起前七、八年章太炎、钱玄同等人之创办《教育今语杂志》并尝试以白话述学的意义。

晚清以降，述学之文同样面临自我更新的使命。实现这一使命的，主要通过两个途径，一是严复、梁启超、王国维等新学之士所积极从事的输入新术语、新语法乃至新的文章体式，借以丰富汉语的表达能力。这一努力，符合百年中国"现代化进程"的大趋势，一直受到学界的重视。可还有一条曲折隐晦的小路，比如章太炎，面对新的读者趣味和时代要求，在系统讲授中国文化的过程中，无意中提升了现代书面语的学术含量，为日后"白话"成为有效的述学工具，作出了独特的贡献。

而在《学术讲演与白话文学》中，我谈到，就在1922年这一新旧文化交接的节骨眼上，国学大师章太炎、梁启超，以及新文化主将胡适、周作人，基于各自不同的文化理想，分别在上海、南京、天津和北京登坛说法，讲授各自所擅长的专深学问。讲演者一般使用的是白话（即便章太炎这样的古文大师也不例外），如果用渊雅高深的文言来记录、整理，不是绝对不可能，但必须经过一番伤筋动骨的改造。以至经过"文言"这个模子出来的"讲演"，很可能尽失原先的风采与神韵。在表情达意方面，文言自有其长处，但绝对不适合于记录现场感很强的"讲演"。回过头来，看看胡适之将"演说"与"国语文"直接挂钩——凡能演说者，没有不会做白话文的，因二者都需要有条理有层次的思考与表达（参见胡适《中学国文的教授》，《胡适文存》卷一）——还是很有见地的。至于学者的公开讲演，不管是赞成还是反对白话诗文，都是在用自己的学识与智慧，来协助完善白话的表达功能；换句话说，都是在"赞助白话文学"。

假如此说成立，那么晚清以降蔚然成风的"讲演"，对于推广白话文，其实功莫大焉。比起宣传革命、启发民众的"演说"，章太炎等人带有学理性质的"讲演"，更值得关注。因为，新文化运动能否真正取得成功，取决于"白话文学"以及"白话学术"的实绩。前者讨论甚多,后者则尚未引起广泛的关注。白话能写"美文",白话还能表达深邃的学理——只有到了这一步,白话文的成功方才无懈可击。

问:当我们说文化的传播,尤其是精英文化的传播时,也就意味着学者必须走出书斋,在公共领域里发言。您怎么看待在人文学科边缘化、精英文化疲软的时代背景下人文学者的公共参与行为?

答:是不是积极寻求在公共领域里发言,跟个人学识及趣味有关,可也跟其从事的专业领域不无干系。你辨析古文字,他研究政治学,不用说,后者更容易也更愿意面对公众发言。我们不能因此得出结论,说他比你更有社会关怀。确实有像乔姆斯基那样,其政治活动与专业研究毫不相干的;但我更欣赏基于专业立场的社会关怀,因为那样更有针对性,也更有效果——除非事情的是非明摆着,站出来说话,唯一需要的只是勇气。

你所说的"人文学科边缘化",压力主要来自何方?如果是指一时一地的政府决策、近百年来日渐强大的科学主义,或者最近十年突飞猛进的大众文化,那都是老话题了,时贤多有精彩的论述。其实,对于人文学者来说,更直接的压力来自社会科学的迅速崛起。所谓"经济学帝国主义",所谓法学家的霸权、社会学家的傲慢等,固然只是一时的戏语,但也反映出面对急剧变化的当代中国,社会科学家比人文学者更具有影响力。这一点,我是心悦诚服的——毕竟人家术业有专攻,比你更能理解及阐释现实生活,不服不行。

可这不等于说在当代中国的社会改造及思想建设方面,人文学者无所作为。相反,人文学者所擅长的综合的眼光,长线的思考,以及注重精神价值等,正可与社会科学家相补充。至于具体的学术研究中,人文与社科如何打破隔阂互相渗透,在华伦斯坦等著《开放社会科学》(北京:三联书店,1997)中,有精彩的论述,这里不赘。

问:您最近出版的几本著作都非纯粹的文学研究,十年前,您在《学者的人间情怀》这篇文章中提到应当允许并尊重那些钻进象牙塔的纯粹书生的选择,近两年,您又在《大众传媒与现代学术》等文章中为那些主动走出书斋,与传媒结合的学者做辩护。您能否谈谈在这种多元化学术路向中对自己的定位?另外一个问题是,您认为在学术研究和社会关注之间是否存在着某种矛盾关系,如果有,如何在这两者之间找到平衡点?

答：《学者的人间情怀》写于 1991 年 4 月，最初刊《读书》1993 年 5 期，后进入自家以及他人的各种选本，流传颇广。《大众传媒与现代学术》则是 2002 年 3 月提交给浙江大学主持的一国际会议的论文，收入我今年初出版的论文集《当代中国人文观察》（北京：人民文学出版社，2004）。在后者的自序中，有这么一句："悠悠十年，观察对象在变，观察者本身也在变。本书的论述，从思想到文体，前后并不完全一致。为了存真，各文依写作及发表的顺序排列，除统一体例、调整注释外，文章内容不作改动。"重读旧文，确实有沧海桑田的感觉。具体的论述，很多已成明日黄花；好在根本思路没发生大的逆转。比如此书第二篇《当代中国人文学者的命运及其选择》，提及商品经济大潮的冲击以及大学教授生活之窘迫，现在只能作为历史资料阅读；但文章最后之"重建学术自信"，现在看来仍没完全过时："我曾经试图用最简洁的语言描述这一学术思路：在政治与学术之间，注重学术；在官学与私学之间，张扬私学；在俗文化与雅文化之间，坚持雅文化。"

在《大众传媒与现代学术》中，我说了这么一段话："十年前撰写《学者的人间情怀》，我曾谈到中国的知识分子形象过于单调，颇有基于自家学术及道德立场排斥异己的倾向，尤其提到应允许并尊重那些钻进象牙塔的纯粹书生的选择。十年后，我想反过来，为另一种倾向辩护：即走出安静的书斋，搁置专深的研究，投身到目前还略嫌粗俗但明显生机勃勃的传媒事业中。"这是针对那些有志于大众传媒而又"犹抱琵琶半遮面"的学者说的，并不意味自家的选择发生变化。我的理想仍然是固守书斋但不放弃面对公众发言的权利与机遇。我当然明白，既保持"天下兴亡匹夫有责"的书生意气，又不失为现代意义上"术业有专攻"的人文学者，这一选择，有很大的风险，弄不好两头都落空。正因为意识到其中的陷阱，才有必要一次次谈论。

十年前谈论此问题，首先是有感于世人对于学问的轻蔑，以及由此形成的"借学术谈政治"的"光荣传统"。至于压在纸背的，则是以"不服从"的姿态，对抗"顺我者昌"的时代潮流。高明者当初也曾断言："不谈政治本身就是最大的政治。"比起积极抗争来，所谓的"不服从"，有对抗的意味，但更接近于传统中国文人的独善其身。无论是过去还是现在，我都不曾刻意褒扬这一选择。我更关注的是，"为学术而学术"这一选择，在社会上被尊重以及被认可的程度。斗转星移，十年后的今天，专业化思想深入人心，谈论"学者的人间情怀"，必定往另一方面倾斜。

三年前，在《现代中国》第一辑"编后"，我曾这样谈论"有情怀的专业研究":"随着专业化思想的深入人心,治学者必须接受'系统训练',这已经成为共识,而且正在迅速落实。我担心的是,'专业主义'一旦成为塑造我们思想行为的主要力量,会对各种可能出现的不合规矩的'奇思妙想'造成极大的压抑。越来越精细的学科分野、越来越严格的操作规则、越来越艰涩的学术语言,在推进具体的学术命题的同时,会逐渐剥离研究者与现实生活的血肉联系。对于人文学来说,这个代价并非微不足道。既投身'专业化'大潮,又对'正统派'之得失保持清醒的认识,我以为是必要的。

"在《知识分子论》中,萨义德(E.W.Said)曾抱怨'今天在教育体系中爬得愈高,愈受限于相当狭隘的知识领域';而研究文学时,'专业化意味着愈来愈多技术上的形式主义,以及愈来愈少的历史意识'。以所谓的'业余性'(amateurism)来对抗专业化大潮,在中国人看来,或许不如'博雅'的说法更精确。与此相关联,我希望以'情怀'来补充'规则'的缺失。对于训练有素的学者来说,说出来的,属于公众;压在纸背的,更具个人色彩。后者'不着一字',可决定整篇文章的境界,故称其'尽得风流',一点也不为过。没必要借题发挥,也不是以史为鉴,在选题立意、洞察幽微中,自然而然地调动自家的生活经验,乃至情感与想象，如此'沉潜把玩'，方有可能出'大文章'。我以为，纯粹的技术操作并非理想的学术状态。尤其是谈论二十世纪中国的社会、生活、思想、学术、文学、教育等，今人的长处，正在于其与那段刚刚逝去的历史有着千丝万缕的联系，故容易'体贴入微'"。

讨论这个问题，还必须考虑到：同是谈论"政治"，有人指的是思想原则，有人说的是意识形态，还有人谈论的是社会生活，三者互有交叉，但几乎不可同日而语；"学术"与"政治"之间二元对立的假设，理论上经不起再三推敲，但作为特定生存状态下的"含糊其词"，难以言传，但可以意会（参见上海文艺出版社2000年出版的夏中义著《九谒先哲书》，以及李扬发表于《书屋》2001年9期《"学术"与"政治"的二元对立及其理解"历史"的方式——评夏中义〈九谒先哲书〉》）；关于什么是"学术"，专业背景不同的学者，其答案很可能风马牛不相及，更何况还有学者个人趣味、性情与能力方面的差异，切忌以一己之长，衡天下人之短。

问：您曾经在一篇文章中提到"尽人事，知天命"这样一种人生态度，那么作为一位学者，能谈谈您怎样界定自己的"天命"与"人事"吗？

答：我们这代人，立身处世，多少总有点理想主义色彩，只不过有的人挂在嘴上，有的人藏在心里。我所理解的"理想主义"，不是"天将降大任于斯人"，更不是"不出如苍生何"，而只是一种社会责任与自我实现的混合物。觉得自己该为社会做点有益的事情，而且估计有可能实现，于是就努力去做——就这么简单。至于在具体工作过程中，不断根据时势变化以及自家能力消长，做必要的自我调整，这就是我所说的"尽人事"。

至于"天命"，主要不是指上苍的托付（有吗？我很怀疑），而是自己无法超越的边界。介于"知其不可而为之"的悲壮感与"只求耕耘不问收获"的平常心之间，希望有所斩获，而又不敢期望太高。明白自己的局限，但又不想过多解释，以免有赚人泪水、博人同情之嫌。

如此立说，近乎自嘲——私心以为，这是一种很重要的精神素质。既不把自己看得太重，也不把自己说得太轻。有尊严，肯努力，不自我作践，也不自以为了不起，这就行了。至于遗憾嘛，每代人都有，没什么好抱怨的。

（删节本刊《读书时报》2004 年 9 月 15 日；

全文刊《社会科学论坛》2005 年 2 期）

学者与传媒[1]
——答复旦大学新闻学院许燕问

许：这是我的采访提纲。您可以挑您觉得有兴趣有心得的讲。

陈：请告诉我，你们需要多长篇幅，这样我才知道需要说多少。纸面媒体还好，如果是电视台采访，我都会跟他们算得很准。为什么呢？一个是减少你我的无效劳动，二是怕采访稿发表出来的时候效果不好。记者们往往把那些我认为比较重要的删掉，而保留无关紧要的。不是故意的，是趣味以及立足点不同。

采访提纲我看了，你有时候说的是传媒，有时候说的

---

[1] 采访时间：2004 年 7 月 21 日；采访地点：北京大学五院；采访人：许燕，复旦大学新闻学院博士后。

是报纸，有时候又说新闻，在我看来，这些概念是不太一样的。比如，要我谈传媒的话，我会考虑电视、广播、纸质媒介，还包括电子网站，还有出版等。这些东西，在我看来都是传媒。这样的话，它涉及的面，不仅仅是一个"新闻报道"的问题，还包括教育的传播，经典的确立，文化的建构，还有文学形态的塑造等等一系列问题。

现在，你等于是划了一个很小的范围，只谈新闻。好吧，我们就照这个范围，来考虑所谓的"媒体问题"。

接触媒体的习惯

许：请谈谈您平时接触报纸媒介的习惯。

陈：我看报纸，带有很大的偶然性。因为，都是人家赠送的，人家送什么，我就看什么。原因是，报纸太多了，没有哪一份是非看不可的。所以，已经大概十多年没订报纸了。人家送的报纸，在这里面挑着看，这样的阅读，当然很受限制。因此，我不能代表那些整天看报纸，因而有很高鉴别力的人。

报纸里面，我看得比较多的，比如《北京晨报》《文汇报》《新民晚报》等。这三份报纸，面貌不太一样，我的阅读视点也不一样。看《北京晨报》，那是因为我在北京生活，除了国家大事，也希望了解一些本地的东西。在北京的报纸里面，比起《北京日报》啊，《北京青年报》啊之类的，我还是比较欣赏《北京晨报》。上海的《文汇报》和《新民晚报》，代表另外两种类型。《新民晚报》的那种市民色彩，我比较欣赏。而且，里面有若干个专栏，比如说以前的"夜光杯"，以及刚创刊不久的"记忆""国家艺术杂志"这一类，都不错。《文汇报》呢，瘦死的骆驼比马大，不是很理想，板起面孔说教的时候多，但也有好处，还有点大报的气度，偶尔会发些很有意思的长文。报纸文章，全都变成豆腐块，并不好。有时候，好文章需要一定的篇幅，那才够分量。不是说这三个报纸最好，而是在送给我的报纸里面，这三者各有特点，配合着看，可互相补充。

另外，还有两个周报经常阅读，一个是《南方周末》，一个是《中华读书报》。相对来说，在这么多报纸里面，《南方周末》最有大报的气度。而且，《南方周末》曾发挥很好的社会舆论监督作用。这两个都是周报，我读《南方周末》，主要关注那些社会、经济、法律方面的报道与分析。《中华读书报》比较芜杂，文章水平很不均匀，但它的好处是信息量大，每期总有三两篇不错的文章，还有不少有用的出版信息。在这么多读书类报刊中，《中华读书报》

是我比较关注的,每期都翻翻。当然,这是因为我在大学里教书,有特殊的兴趣。

概括起来,就报纸而言,我看得比较多的日报是《北京晨报》《文汇报》和《新民晚报》,周报是《南方周末》和《中华读书报》。关于报纸,就谈这些。

许:您看哪些杂志呢?

陈:跟读报一样,我阅读的杂志,也都是别人赠送的。在这么多杂志里面,从新闻角度,我看得比较多的是以下三种。第一是《南风窗》。虽然杂志社自诩其政治视野开阔,我却始终把它们看成一个以财经为中心,兼及政治、社会的半月刊。在我的社会关怀里,《南风窗》提供了很多有用的信息。眼界所及,同类杂志中,《南风窗》是办得比较好的。我比较欣赏他们关于财经的深度报道,尤其是每一期的专题,做得相当专业。总的来说,广州的传媒做得不错。

第二个是《万象》。上海的《万象》,完全是另外一个路子,文人气很浓,有点小资,或者雅皮,文字很漂亮。但不管怎么说,它的定位很明确。中国杂志的最大问题,在于定位不明确,办刊的人头脑不清晰,什么都想要,结果没有铁杆读者。《南风窗》或者《万象》,都是定位很明确，一看就知道是干什么的，喜欢的人很喜欢，不喜欢的人根本就不看。现在中国的大部分杂志，是鸡肋，你说吃也不是，不吃也不是。这种杂志，看了没坏处，但不看也不可惜。其实，杂志面貌不明确，被选择的可能性反而小，因为读者很忙，没那么多时间去比较、淘汰或选择，只能挑那些一眼就看上的。

还有第三本杂志，那就是《书城》。这杂志，很难说它是哪里的。因为，《书城》的刊号是上海的，而具体编务却在广州，是《南方日报》那一批人在做，那些编辑好多是北大的毕业生。因此，他们有能力邀集一大批北京的或海外的作者，当然也包括上海的以及广州本地的，一起来做这么一个类似《纽约书评》的杂志。它其实不只是谈书，还包括唱片、电影、展览等等，还有文化时评以及关于文学或者历史的思考。

这三个杂志，是我比较看好的。我说的不是专业集刊，比如我们北大的《国学研究》《现代中国》《语言学论丛》等，那是另外一种评价标准。从大众文化读物的角度，我觉得这三种杂志比较可读，文章精彩，编务也比较到位。

许：您上网吗？

陈：我会在网上浏览新闻，原因是对于突发事件，它比纸媒的反应快，还有一些相关链接。不过，这样的阅读，对我来说比较吃力。所以，如果报纸上有的，我就不看网上的。因为眼睛受不了，整天坐在电脑前面，很不舒服。所以说，我在网上只是"浏览"。严格说来，浏览与阅读，是不太一样的。

我在网上看新闻，主要上新浪。为什么是新浪？很简单，一开始上的是新浪，习惯了。我不像我的学生，在很多网站上逛来逛去，有严格的选择。因为，网上阅读，对我来说，是次要的东西。而且，说到底，所有这些，报纸啊，杂志啊，网络啊，这些阅读，在我每天的工作时间里，不占很大的位置。即使这样，我都觉得负担够重了。如果再沉湎于网络，那就更没有时间读书了。毕竟，报纸杂志或网络上的东西，相对来说还是比较浮面的，不值得花太多的时间。所以，我会警告我的学生，别看那样多报刊。

许：太浅了是吗？

陈：对，太浅。一个是内容大量重复，一个是话题以及趣味时尚化。所谓"时尚"，就是很热闹，但容易成为过眼烟云。

许：而且特别耽误时间。

陈：对，特别耽误时间。所以我才提醒他们，阅读报刊，不值得花太多时间。有些报刊寄送了一段时间，没时间读，我会告诉他们："谢谢，不要再寄了。"不是别的缘故，是我没时间看那么多大同小异的东西。现在中国的报纸杂志，一方面遍地开花，一方面没那么多好稿子，因此大量文章及信息重复。这跟我们没有建立起权威的新闻平台，比如报纸杂志，大有关系。

一两个月前，发表过一个统计，说的是全世界的报纸和杂志。其中提到发行量最大的报纸，前二十名中，有中国的《参考消息》和《人民日报》，但都比较靠后。我一看，虽然有好些中国的杂志和报纸挤进去，但以中国的人口比例，还是太少，很可惜。为什么呢？比如说发行量最大的《参考消息》，400万份，而《朝日新闻》呢，2000万份。以中日两国人口比例，你能发现这个差距。这么说吧，我们所说的"大报"，其实发行量并不大。报纸的"大"与"小"，与发行量多少并不直接对应，但中国的"大报"发行量以及影响系数不够大，这是个问题。即使是现在大家看好的报纸，比如说《南方周末》，以前说160万份，现在怎么样，不知道；说是降下来了，降到多少，100万份？150万份？在中国这么大的人口基数里，这个数字并不特别让人满意。所以我说，要说对整个社会舆论以及国民素质的影响，我们现在还没有一份报纸，超过民国年间的《大公报》。你得考虑那个时候的阅读人口，在有效的阅读人口中，有多大的比例选择这份引领风骚的"大报"？这样来比较，你就会发现，现在的中国，几乎没有真正意义上的"大报"。大报需要发行量，需要人力财力，更需要眼光、学问和胆识。而现在的情况是，报纸遍地开花，各县市都自己办报，各行业也都有自己的报纸。好处是新闻从业人员迅速增加，有利于提高就业率；不好的地方就是，报纸对社会的影响力反而下降了。现在的中国，很多大报已经小报化了，我说的既是发行量，也包括趣味。这是很大的问题。不是针对个别报纸，而是总体趋向。大报小报之间，没有很好的分割，这样的格局，不太理想。

许：您看电视吗？

陈：看，但看得不多。大体上只看一些新闻节目，还有一些专题片。

许：新闻节目？

陈：在国内的时候，也看新闻联播，但嫌其水分太大，会转过来再看一下凤凰卫视。然后就是专题片。除了历史考古等知识性节目,还关注社会调查,那些关于社会问题的深度报道。至于一般的新闻,看标题就够了。但某些社会问题,值得关注,我也会连续跟踪。

许:您觉得这是您这样的文化学者专有的特点,或者是中文类的或人文类的学者关注的特点呢?

陈:我不知道别人怎么"看新闻"。我不代表别人,也没做过专门调查。像我们这样做人文研究的,一般都会有社会情怀,会关注社会上一些重大事件。没办法亲身去下面跑,比如说三农问题啊,三峡水库问题,环境保护问题,前面的孙志刚,现在的艾滋病等,所有这些,都必须靠记者们的深入报道。所以我会看《南方周末》《南风窗》这样关注社会的报刊。至于娱乐新闻等,基本上不看。你可以说,这是我们的学术背景决定的,个人色彩太强,没有代表性。其实,有些比较尖锐的话题,网上的报道比报刊详细,那时候我会选择网上阅读。一般的情况是,吃晚饭时听新闻联播,有一耳朵没一耳朵,听到关键处,再跑过去仔细看。可以这么说,电视里的新闻,对我来说不是很重要。以我的经验,受众越多的媒体,本身所受的限制就越大,因而也就很难有独立的声音。

新闻从业人员的形象

许：在新闻类的或者传播类的相关刊物上有过调查，据说学历越高的人看电视的时间越短。这可能跟电视的特点有关系。

陈：是的。因为它太受关注了。受关注以后，会受几个方面的牵制。一个是政府的牵制。有好多话，在电视里面不能说，但在纸质媒体里可以说，在电子媒体里更可以说。这是一个，它受意识形态的影响太大了。第二，太受公众趣味的牵制，这同样很要命。越大众化的东西，它的水分就越大；要适应这么多人的口味，只能不断往里面注水。第三，跟电视从业人员的素质有关。在我接触的媒体人中，电视从业人员的素质是比较低的。相对于纸质媒体来，电视台的记者及编导更多"傲慢与偏见"。

许：我有另外一个体会，我在电视台做的时候，当时是硕士毕业去实习。我的感觉是，也许我们做纸媒的或者做文字工作的人，看中的是思想的深度，但是电视是一个多重感官的表现形式。这样的情况下，它要求的那种人的素质跟我们承认的人不同。比如说，它的那种号召力，那种当场的表现力，还有动作、情感等等夸张的表现力，更重要。而人文学者或者这些受过深度思想教育的人，他其实不看重这个。这样他就不能在电视面前跟大众保持一种共鸣。我倒是很少想他们是不是比我们差或者比我们俗。

陈：不过，他们自己也承认。有电视人这么跟我说，他们之所以那么得意，就因为出名太容易了。只要你扛着机器出去，机器上有电视台的标志，人家就对你格外尊重。我在一篇文章里头说到，有一次，是在未名湖边，刚好碰到某电视台在采访季羡林。扛机器的人很粗暴地指斥："转过来""转过去""抬起头""别动"。那种感觉，很难受。在大学校园里，像季先生这样的老教授，没有一个学生敢这样对待他的。就因为你扛着机器，代表了一种科技的力量，还有国家意识形态，就能用这种命令的口吻，指挥着采访对象转过来或者背过去。我说，越是垄断性强的行业，这种权威感就越明显。这种没有来由的"权威感"，很容易使从业人员显得浅薄、傲慢。所以，我很少跟电视台合作，也极少接受电视媒体的采访，就因为看不大惯。

我会在下面谈，为什么跟纸质媒体接触，比较少这种抗拒心理。还是照你的提纲，先谈关于记者的问题。

其实，1980年代以来，好多有理想的年轻人投入到传媒事业里面去。包括现在中国的进步，某种意义上，新闻记者发挥了作用。比如对社会问题的深入调查，这些是我们做不了的。制度上的大的问题，不是媒体能够解决的；思想上的深入思考，也非媒体所长。但本着社会良知，在第一时间、第一现场揭露黑暗，有助于社会问题的解决，这个媒体做到了，而且发挥了很好的作用。比如前几年广西发生矿难，记者揭露真相，很勇敢。我们的学生中，也有到下面去采访的，碰到各种各样的问题，说起来惊心动魄。社会采访，尤其是那种揭露弊病的，记者有时候冒着生命危险。要我说，如果做新闻，最好就做社会新闻，这才能"铁肩担道义"，落实你的责任感。多多少少，能给老百姓说话，总是好事。这方面，记者的工作能力、责任感以及事业心，我很欣赏。

但另一方面，也有很不同的记者。举个例子，赶会场，拿钱，发通稿。在北京举行的各种文化活动中，常能见到这样的记者。赶各种各样的会，拿上礼品和车马费，还有主办单位提供的通稿，就走人。这样的记者太多了。主办单位说，能有报道，比登广告好，合算多了。但我心里很悲哀。所以，每次我主持国际会议，也会通知若干毕业出去在传媒工作的学生：爱来就来，不来也无所谓。我们不送礼，也没有通稿，你们能报道最好，不报道也没关系。对于新闻从业人员来说，跑新闻是天职，不应该靠钱来收买。可现在已经成为一种惯例了，不给还不行。那么多新闻发布会、各种各样的文化活动，还有图书出版等，一想到这些报道背后的故事，很伤心。起码民国年间没有这种情况，国外也不敢这样做。可在当代中国，这已经成为行规了。你调查过没有，是不是这样？没错吧？基本上成为行规了。

这可是耽误了整整一代人。因为，不可能永远这样。虽然现在报刊还没对外资开放，但这是迟早的事情。这一套制度，建立在意识形态控制以及行业垄断基础上的这种新闻制度，总有一天要改变。如果改变的话，像现在这种记者的能力、风格、趣味，根本就不行。相对来说，我对广东的传媒印象比较好。我接触的传媒里面，最敬业的，是广州的记者，业务素质也不错。偶尔有一两次，来不及，只能电话采访，发表出来，也还挺像样的。就我的感觉来说，广东传媒的总体实力，很可能是全国最高的。当然，北京有人才，但北京的人才受制于整个体制，发挥不出来。

许：他的惰性一下就大了。

陈：人总是这样的，如果可做可不做，久而久之，他的能力也就没了。做新闻和做学问不一样，如果是学术研究的话，给他足够的时间和空间，让他自由思考，能做好。不用做那些规定动作，自由发挥，只做我自己感兴趣的，对于有才气而且肯努力的学者来说，能出大成果。但新闻不一样，如果没有压力，不一直往前走，他根本出不了东西。除非你做的是新闻研究，或者变成一个作家。

新闻本身是一个实践性的学科，它不是一个理论性的学科，所以，没有压力以及实践的可能性，这种能力会迅速衰退。不少大报的记者，刚进报社的时候素质很好，能力很强，耽误了五六年，也就完了。这种情况，与大学里的学者不一样。大学养几个一心读书不问世事的闲散之士，没关系，他自己读书，不断钻研，焉知日后不出大成果？如果做新闻，这样不行。所以，"孔雀东南飞"，有时候不是因为生活待遇，是寻求发展的空间。上海也有人才，可上海的报刊同样不理想。京沪穗三地，相对来说，广州的媒体做得比较好，可能是山高皇帝远，自由度大一点。而且，广州还面临香港的压力。我的同学有在广州做报纸、做电视的，都感叹，不拼命做，顶不住，根本就抢不到读者。换句话说，那里的市场化程度比北京高，没有多少政策性保护。另外，那里的新闻从业人员的素质和敬业精神，也比北京要好。有一个现象值得注意，每年都有大批北京各高校毕业的学生南下。你会发现，广州的传媒发达，很大程度是靠北方的人才来支持的，而不是纯粹靠本地。看一座城市发展得好不好，其中很重要的指标，就是看它能不能吸引全国的人才。

许：那是一个包容的城市。

陈：对。就我所知，广州的报纸杂志，大量使用外来人才。就连北大中文系，每年都有不少毕业生去广州的媒体求职。

许：《广州日报》《南方日报》，他们都是每年在国家的几个重点大学里挑人才的。

陈：这样的话，一方面，借助青年学生的理想性以及青春气息，保持媒体的活力；另一方面，人员来自五湖四海，文化上具备多样性，防止将报刊的眼光及趣味局限于某一城市。也就是说，不要把广州的报刊办得只有广州人才读。在这方面，广东的报业集团，包括杂志，都走出了自己的路子。相对来说，广东的出版还不太精彩。好多年前，我在谈到母校中山大学时说，谈文化，要注意几个方面，一个是报刊，一个是学校，还有就是出版、演出、影视等。广东的传媒不错，教育则说不上很出色。只有中大等学校真正强大起来以后，整个广东的文化事业，才有可能像广东的经济一样，傲视群雄。

"传媒里大力宣传的作品，不太被文学研究者关注"

陈：你问我文学研究与新闻报道的关系，说实话，我不太关注关于文学的报道。因为我觉得，媒体所关注的，是文学事件，不是文学作品。能够被媒体看上的，必须是成为事件的文学；而成为事件的文学，大都不是好作品。你会发现，大家都在争论的，比如说《十面埋伏》呀，还有以前的《曼哈顿的中国女人》呀，这些传媒热炒的，都没有永久的价值。传媒不关注纯粹的文学，它没有这种能力，也没有这个品味。媒体关注的，是哪个作品引起争议，有人告状说他剽窃，或者作家自杀了，或者作品获大奖。如果不是，单凭艺术性，无法挤进新闻版。

许：与文学相关的一些社会话题呢？

陈：文学必须成为"话题"，或者"事件"，那才叫新闻。或者评奖，或者告状，这样的话，你的作品才可能被公众广泛关注。可我们知道，对于文学作品的评价，主要不是靠传媒。文学成为事件，固然有利于作品的推介，但因其炒作成分，容易让人反感。对我来说，今天某某作品开新闻发布会，明天哪位作家签名，后天又有谁获奖，所有这些，都不值得关注。

许：您觉得您的学科里面自然有您的评价标准，这才是您的学科独立的特点？

陈：对。传媒没有能力来鉴定文学作品的好坏。而且传媒的介入，有时候反而坏事。要说作品好坏，我不太相信记者的报道。因为我不知道他们是否拿了红包，发的是不是作者本人拟订的通稿。不是说全都这样，但在大家心目中，有这么一种疑虑。什么叫作品的新闻发布会？就是你的长篇小说或其他什么书出版了，花点钱，请一批哥们儿来捧场。

许：那我找一个相熟的人在某个报上大发一篇，某某某著名作品出版了。

陈：这样一来，难怪读者不信任。所以说，传媒里大力宣传的作品，不太被文学研究者关注。

"以公众的常识来肢解专家的智慧"

陈：你问关于我的文章，哪些写得好。这很难说。相对来说，特写、随笔、书评等，有写得很不错的。但如果是新闻采访，一般写不好。

许：为什么？

陈：因为我不是新闻人物。而且，我不是那种性格张扬，可以被新闻记者在十分钟内或者半个小时内就能够准确把握的人物。对于记者来说，事先不认真做功课，是不可能写好采访记的。比如说，你来采访我，昨天晚上才知道你要采访的对象。今天见面，一上来就问："对不起，陈老师，你是哪里人啊？""你是学什么专业的？""毕业于哪个大学？""你写过什么东西？"我一听这些，还有什么心思接受采访？可以说，对采访对象，连起码的尊重都没有。另外，我不关心那些综述或新闻报道里提到我的，不外你出席什么会议，或者谈及什么大家感兴趣的话题。其实，你只是一个记者用来加强语气的筹码。反正需要一个姓名，你恰好在场，那就是你了。就是这么一句话，张三不说，自有李四来说。至于那则报道的主旨，跟你个人没关系，记者也没有必要深入了解你的思路。至于随笔、书评、特写等，那是另一回事情，作者必须对你有所了解。

许：这本身跟您的学科相关。

陈：对。既然做文章，就得仔细观察。不管是将你作为一个知识分子，还是作为一个学者，或者作为一个大学教授，一个爱书人、读书人，从不同的角度来观察、描写、评述，这样的文章，我会认真阅读的。说好说坏，我都听。不是评价越高越开心，是看有无透彻的理解，读到会心处，莞尔一笑。因为，人世间，相知本就很难，更何况历来文人相轻。有的文章写得很不错，对我来说也是一种鼓励。大部分是学生辈写的，有时候太客气了。但学生谈师长，一般都会先认真阅读，读了再开口，这样的话，起码他……

许：起码他尊重了您的思想。

陈：是的，尊重评论的对象，这点很重要。刚踏出校门的人，还有一点……

许：学术的虔敬。

陈：对。还有一点真诚。这种情况下，他的能力大小，文笔好坏，都不是最重要的。起码他/她读书，努力来跟你沟通。这样的话，我会很在意，尽可能配合。

许：您有没有被伤害过？

陈：很难说。是有这种情况，人家有各种各样的考虑，为了文章好看，或者为了命题完整，拉你出来垫垫脚。但无所谓，因为我不是公众人物。

几年前，我不记得是在成都还是西安，有一个报道，说余秋雨在他们那里做演讲，然后接受记者采访。人家问他，说钱锺书困守书斋，不像你整天在电视里抛头露面。余秋雨回答，不认同钱锺书的选择，中国知识分子应该尽量站到镜头前来，充分表达我们的思想和趣味。这么说，本来无所谓，是一家之言。但钱先生声誉很高，好多人责难余秋雨，说他不该如此唐突前辈。余秋雨做了一个辩解，说他当时谈的不是钱锺书，而是陈平原。也就是说，不同意陈平原关于传媒与学者之间关系的看法，这就没问题了。我很高兴，能做为一个靶子，帮助化解危机。至于余秋雨谈的是否属实，这无所谓，不值得特别较真。如果是重大的或者紧要的问题，那就……

许：您就得写文章更正了。

陈：对。如果不是的话，为一些小小的误会，不值得吵。纠缠在这些枝节问题上，没有意义。而且，在报纸上你一言我一语，连篇累牍，不断地吵，实在是浪费纸张和读者宝贵的时间。有的问题是原则性的，比如你说我杀人放火，我没有，那我得抗议。或者，你传播那些我根本没说过的，跟我的信念和趣味背道而驰的言论，造成大家对我的严重误解，那确实必须辨正。但如果不是，整天为鸡毛蒜皮的小事吵架，没意义。现在传媒太发达，也有不好的地方，为了填篇幅，什么阿猫阿狗、东家长西家短的，全都上了报纸，太琐碎了，不值得。

刚才说了，我不太信任媒体关于文学或学术的报道。一般说来，我会谨慎地对待各种各样的采访，其中一个重要原因，就是不信任记者能在那么短的时间里，了解你的思路，并且用很简洁的语言表达出来。

许：事实上包括我们今天的采访，事先在心理上都是有一个想法的。然后来了想印证。

陈：对。所以你会提出一些我根本就没有办法回答的问题。有些记者，他们一提问，自己都笑了。因为那是一些套语套式，什么"你最想说的话"呀，或者"你最喜欢的作家"，还有"你最欣赏的格言"，包括你这篇提纲里的"你最欣赏哪一篇"，诸如此类的问题，一听就觉得不对。这不是采访学者的路子。这些都是街头采访的话头，对于书斋里的学者，不该这么提问。我整天都在读书，喜欢的作家作品很多，你让我怎么回答？

你在大学里待过，你应该知道，学者的思考比较缜密，而且，大都不喜欢那种绝对化的表述。有时候问题确实很复杂，你只能说一方面这样，另一方面那样。记者马上截断，就要"一方面"，不要"另一方面"，那样太复杂，没人听。大家喜欢口号或标语那样简捷明快的话，说起来特响亮，听着也很爽。可过于简单的思考与表述，那就不像学者了，那是新闻从业人员，或者政治家。后两者习惯将问题的复杂性给过滤掉，这样才能凝聚为适合于社会动员的口号，或者醒目的标题。所以，我怀疑记者能否在短时间内，了解一个相对复杂的问题，再把它表述出来。这还不说认不认真；不认真的话，那更不行了。

你问我最怕什么话题？现在，最怕人家跟我谈武侠小说。我的《千古文人侠客梦》出版已经十几年了，那书流传甚广，不少读者误认为我是武侠迷，还整天在读武侠。其实，书写完了，告一段落，好些年不读武侠小说了。该说的已经说了，没什么新东西。还有，最怕人家跟我谈那些时尚的话题，因为他已经有了一个结论，只是需要一个"某某人"来印证他的想法。如果是记者，那就更热闹了，不就是这么几句大白话吗，你北大教授不想说，好，我找清华的；再不济，总有别的大学教授愿意说。

许：引诱。

陈：对，引诱。那句话，采访者心里早已经有了，只是需要一个人把它说出来。说的不太一样，没关系，就是那个意思。你想说点别的，没用，不需要；要的就是这么一句。文章已经有了，你的任务是提供一个注脚。

许：就是中国的文法里面的"用典"一说。

陈：对呀。过去人家用古典，咱们现在用新典。在我看来，新闻界的最大问题是，没有学会倾听，也就不可能发现新思路、新问题。久而久之，被采访者也懒得想了，你需要什么，我顺着你的思路说就是了。表面上看，合作很愉快，工作效率也高……

许：您觉得这个是不是新闻界整个在写作方面的弊端？

陈：对，我下面会提到，现在的新闻界，缺乏独立思考，而且文体意识薄弱。我不相信中国记者有那么聪明，能在那么短的时间里，在没有前期准备的情况下，三言两语就能抓住采访对象。我接受过外国媒体的采访，他们做专题采访很慎重，事先准备工作做得很认真，会不断跟你讨论，打电话，通EMAIL，阅读各种背景材料。这样，他最后提出来的问题，非常专业，逼着你非认真对付不可。而我们的记者提问，大都是昨天晚上脑袋一拍想出来的。对你没有多少了解，提问自然很浅。记者没办法与采访对象对话，不能怨他们，他们太忙了，没时间读书；可这样的话，怎么可能在短时间内，理解一个学者……

许：尤其是一个学者一生的积累。

陈：没有能力在很短的时间内，理解一个学者经过几十年思考获得的东西。所以，他们就只能按照一般人的想法，按照常识，来谈论专家。专家也是人，是人就得吃喝拉撒，就有喜怒哀乐，这样一转，专家的智慧就被纳入他的常识里面来。题目已经有了，文章也大致就绪，只需要一个专家来证实公众的常识。换句话说，你的专业训练，只是给他的文章提供一个注解。所以我说，你别看目前媒体上到处是专家的身影，但基本上是"以公众的常识来肢解专家的智慧"。

中国传媒没有强大的专家背景支持

许：这本身就是大众传媒的特点。

陈：不对。不是所有的传媒都这么做的。我在一次演讲时，举了一个例子，把日本人做新闻的态度，尤其是做专题片的态度，来跟中国人相比。我们都知道，余秋雨先生很聪明，文章也写得漂亮。可他的《千年一叹》，有点可惜。看着他每天在不同的历史废墟前大发感慨，很难受。

他是有才气的，但整个凤凰台的制作思路有问题，他本人似乎也太自信了。因为在国外，不管是在日本，还是在欧美，做这样的节目，需要很多专家的支持。

许：我现在想，一个人这么有灵感，每天采访一段，写一段日记，那段日记随后当经典一样的发了。我就想，多聪明的人，每一天写的东西，都能当经典啊？

陈：你想想，比如说我们这些人，不算太笨，一辈子也就做那么一点东西。你对东亚有研究，对西亚很可能就不熟悉；你对丝绸之路有研究，不见得就能谈论两河流域文化。同样做这样的节目，假定在日本，在法国，或者在美国，他们肯定会集中一大批学者，借助他们的学养与智慧，这样才能更好地呈现历史，思考现状，而不只是发感慨。完全可以采访大批的学者，他们有很好的专业训练，然后你根据电视的特征，做剪辑等后期加工。同样是做传媒，你看一下《失落的文明》，就明白中国的差距。主持人可以串场，可以调动公众情绪，这没问题，但背后应该是一大群专家在做支持，否则做不好。这样的宏大叙事，我们居然用一个文人来打通关。其实，凤凰台那个节目，已经算做得不错了。我的感慨是，中国的传媒"缺钙"，除了意识形态因素，还有一点，就是没有强大的专家背景支持。

许：这是不是也跟中国媒体的经济能力有关？

陈：有关。一系列问题搅和在一起，很难弄。现在中国的传媒普遍规模很小，经济压力使得他们更多考虑发行量、收视率等，还有就是尽量省钱。比如说，找一个人来做，比找一大批专家，可能便宜多了，做得也快。可搞这样的"急就章"，不是好办法。

我举一个例子，是我这些年来和传媒打交道，最不高兴的一件事。几年前，中央电视台的某一个部的编导，看了我谈大学故事的书籍以及相关专题片后，想让我给他们策划，介绍世界上的著名大学。我当时觉得，这是一个很好的主意。一开始他们想做中国的，是我建议做国外的，挑了五十所有历史、有故事的世界名校。理由是，这样做"旱涝保收"，上者对人类文化精神的阐发，中者对国外大学制度的介绍，下者对域外风光的渲染，这三个层次可以尽量统一。他们很高兴，让我帮助找人。我请了很多国外著名大学毕业出来的学者，比如说美国的、法国的、德国的、日本的。他们又帮助联系在国外教书的朋友，一起来谈，还写了样稿，我甚至跟某些大学的校方取得了联系。我的基本思路是，谈某某大学，必须是在这所大学长期生活过的，熟悉它的文化精神及学术传统。扛着机器进去，一通横扫，那样拍不出大学的韵味。我甚至说，不要找漂亮的女孩子，可以在各大学里请熟悉大学史的朋友，由他/她来导游这所大学。这样，才能将这所大学的历史、人文、风景等，很好地呈现出来。日本的学者很认真，他们甚至跟校长都讨论过了，制定了几种方案供我们选择。我们这些书生，忙碌了好长时间，最后电视台不干了。不是嫌这选题不好，而是觉得这么弄太麻烦了。据说他们后来改为请几个记者，扛了摄像机去，这就行了。这样做当然容易，反正现在出国不难，申请个签证，再扛上摄像机，走进大学校园，问清楚这叫什么楼，那叫什么湖，转一圈回来，大家都高兴。

这事情让我很伤心。人家不尊重学者的劳动，包括我和我的朋友们，给他们白干活，这还只是个人问题。学者做事情很认真，不做则已，一做就会很投入。真没想到，媒体人是这么工作的。以我跟传媒合作的经验，不愉快的，基本上都是电视。因为他们有制播权，属于"紧俏商品"，故显得傲慢。

许：您有没有想过，电视之所以如此，有的时候是因为经济投入的问题，因为媒体其实要有一个经济回收。另外一点，它的节目播出的话，如果是特别专业的学者做的极有深度的东西，那它的收视率会怎么样？

陈：那你说《失落的文明》，它的收视率是高还是低？计算收视率，必须区分一次性播出与不断重播。就像书籍，有畅销书与长销书的区别。

许：上海有个纪实频道，它的收视率一直是被台里别的频道补的。阳光卫视，就是各种各样的很有文化历史深度的纪实片，一般学者会很喜欢。但是它做不下来的原因，就是因为收视率相对不够。因为它本来针对的是白领层。这是不是跟中国整个文化的素质有关？

陈：是。

许：一方面我们的文化没有能力，另外一方面收视率提不上来的话，媒体支撑不了。

陈：不能想象。因为同一个电视台，不同频道的收视率肯定不一样。比如说国外的媒体，他们知道在什么地方赚钱，什么地方赔钱。为什么愿意赔？除了文化承担，还有品牌意识。没有一个国家的文化素养，高到民众喜欢学术对话超过足球联赛……

许：但它也想做到雅俗共赏。

陈：对。一方面，我承认中国学者大都迂阔，偶尔介入传媒，不顾及传媒的特征。包括镜头感和语言能力，都有问题。不管你有多高的专业修养，一旦进入媒体，就必须面对普通观众。这时候，一举一动，一言一行，都必须配合传媒的特性。国外专题片中的学者，表现很好，懂得怎么限制自己。我们的问题是，传媒和学者的关系没有协调好。学者越来越抗拒，不愿意跟传媒打交道。传媒也埋怨学者啰唆，不好合作。

许：包括这一次访谈，我也跟在上海的一些朋友联系过，我说我们做这种高端的专家学者谈传媒，就像中央台的《对话》，做个节目怎么样？他拒绝了，说是"收视率太低，不考虑"。

陈：现在中国的媒体，比资本主义国家的还讲利润。而且追求马上就能拿到手的好处，缺乏长远的考虑。

许：您要是从经济的角度考虑，如果我只有10万块钱，我要是长期投入需要100万的话，就只能在刚开始的时候这样短期回收。那么长远的节目，几乎是不可能投入做的。

陈：是的。问题在于，我们现在已经不是起步阶段了。如果大家都很穷，媒体也很小，那我绝对能理解。可现在的问题是，媒体挣钱太容易了，大家其实已经安于现状。然后用各种各样的理由来推诿，说有这样那样难以克服的困难。要知道，现在中国的新闻出版，包括电视，都是垄断性行业。在垄断的状态下，强调利润，然后还叫苦。如果不损害自身利益，他们也许会告诉你："确实应该做点好事，这样吧，你们尝试尝试。"可是，如果触动利益，马上往后退，以收视率作为挡箭牌。

所以，我说，现在的传媒从业人员，比起晚清和民国的报人来，普遍缺乏理想性。不管是《新青年》还是《大公报》，文章高低不说，编辑能力也不谈，单是理念就有很大的差别。那时候，好多新闻杂志……

许：都有它自己的媒体的理念，宁可不挣那么多。

陈：不挣那么多，但我要坚持自己的理念。多多少少，总还想着，这可是千秋功业，不仅仅是糊口的手段。现在不一样了，委派一个社长或总编，说好了，任期内必须达到多少利润指标。所有这些，使得他们不可能做长期的考虑。确实有这样的问题，传媒太分散，力量太小，生存压力很大，因此没有大的抱负。但另一方面，也不完全是经济能力问题。想不想做，和能不能做，是两回事情。想做而做不了，挣扎过，屡战屡败，屡败屡战，很可敬佩。但现在这样"壮怀激烈"的媒体已经很少了。

你问我，怎么看传媒对文学观点的介绍。我说，第一，不太信任他们的介绍。第二，好多精彩的论述，是没办法用三言两语讲清楚的。传媒要求你，用最简单的语言，把你那么复杂的思考说出来，那是不太可能的事情。第三，有些学者成功登上媒体舞台后，变成"闻人"，到处发表意见。这不是好事情。我觉得，学者应该有自己的边界。所谓"专家"，就是学有专长；有长必有短，什么都能说的，就不是专家了。如果一个学者到什么山，就能讲什么话，那就等于是一个新闻从业人员，不再是学者了。现在的问题是，好的学者不愿意上电视；乐于上电视的学者，又容易说滑了，说花了。整天在电视上说事，没时间读书思考，说着说着，你与大众的理解和接受能力其实差不多了。无论什么问题，你都敢说，这本身就有违"请教专家"的意义。传媒希望多快好省，懒得去琢磨，逮住一个专家，什么都让他说，所谓"打通关"。长此以往，专家已经没有权威性了，变成一个略带嘲讽的词。就像电影导演冯小刚说的，"这年头，谁还信专家说的？"

我总觉得，新闻从业人员和专家之间的隔阂，经过了二十年的改革开放，不但没有消解，似乎还在加深，更加互相不信任，这很可惜。1990年代初期，有些做新闻的朋友，还很真诚地说，特别希望跟学界合作。后来呢，合作越来越难，互相嘲讽倒是越来越多。我不知道下一代人会怎么样，希望会有变化。

事业心·道德感·文体

陈：最近二十多年，中国的传媒发生了很大的变化。一方面，我承认，二十年来，中国的传媒有进步。某种意义上，舆论监督发挥了一定的作用，这很不容易。听一些做新闻的朋友说起他们的经历，很坎坷，也还在努力。虽然我对中国的传媒很不满，但必须承认，在一步一步往前走。走得不快，有很多不令人满意的地方，但这些不是传媒人就能解决的。是整个国家的体制问题，只能慢慢来。

不过，有些问题，我想是传媒人必须考虑的。一个就是我所说的事业心。因为以前从事传媒的人，是有理想追求的。而现在越来越多的人，只把它当饭碗，作为一个职业，只问薪水高低。做传媒，没有事业心，那是不行的。比如当老师……

许：对，中国的老师，有一种师道在里面。

陈：当老师，"传道授业解惑"，有一种尊严在里面，不完全是挣钱。当然我也要挣钱，但除此之外，我还有精神上的追求。而现在的很多新闻从业人员，没有这种追求，没有这股"气"。以前不是这样的。在我看来，做新闻的，应该有"铁肩担道义，妙手著文章"的追求。这是理想，能做到多少，那是另一回事。连这点想法都没有，那太可惜了。

许：您所说的以前，大概是指什么时候？

陈：晚清或者民国年间。那时候，好多有学问的人，有理想的人，投身到新闻事业。

许：那个时候西方的专业理念很强。

陈：他们愿意做新闻，为什么？这里面有风险，又很难，生活条件也不是很好，可他们还是选择了这个职业。现在可好，越是养尊处优的，越没有什么风险，这变成了一个很好的职业。这种感觉，不太好。要我说，现在的新闻从业人员中，好多人没有"精气神"。

许：您觉得是什么原因把它变成这样的？

陈：不说了。

第二，我想说道德感的问题。晚清报馆初兴的时候，有一个说法，就是"传播文明三利器"。在传播文明方面，有三个最厉害的武器，一个是报章，一个是学堂，一个是演说。这三者对于开通民智，起了非常重要的作用。今天我们说新闻的专业主义，不等于没有道德判断。把新闻作为一个事业来经营，这本身就包含价值判断。专业主义与知识者的良知、道德感，并不完全矛盾。换句话说，写什么不写什么，除了新闻价值，还要有自己的道德判断。就像你当教师，当法官，当经济学家，除了专业考虑，还有某些超越了具体的专业规则的道德诉求。我发现近年传媒的一些偏差，除了新闻从业人员的素质，也与不恰当地强调自己的专业特性有关。

第三，我想说文体。早期的记者，是从文人分化出来的，其中有很多的转折和变化，这里不说。晚清以降，新闻界走出来不少人才，有的是经营型的，更多的是文体家。新闻报道本身，也是一种重要的文体。我们现在的新闻从业人员，包括报纸杂志、广播电视等，大都缺乏文体方面的训练。你在报刊上读一篇文章，不用看署名，马上就知道是谁写的，这样的例子太少了。

许：您觉得要个性化？

陈：个性化不只是思想上的独立判断，还包括写作能力。不是说把事情讲清楚，这就够了。缺乏文体感，导致现在报刊上的文章千篇一律。其实，同样一件事情，不同的记者，应该可以写出不一样的报道来。可你发现，现在的报道，不是通稿的，也都像是通稿了。同一件事情，报道出来的，都差不多。记者太懒了。

许：是新的新闻八股。

陈：有时候是外面框住你，那没办法；但有时候不是，是记者偷懒，不用心思。还有一个就是，老总把关，尽量求稳，不要跟别人不一样。这种情况下，新闻报道越来越雷同。

许：您觉得这种文体的改变提高，有哪些途径呢？

陈：一个是教学训练。以前的新闻从业人员，大都是文史等科系毕业的，现在强调专业化，大量录用新闻学院的学生。各大学为了方便学生就业，也都争着设立新闻学院。对这个趋势，我有点怀疑。新闻学本身的知识固然重要，但若离开了人文修养，会变成纯粹技术层面的训练。说实在的，做新闻，上手很容易，做好难。越做下去，技术操作方面的要求越不重要，关键是文化底蕴以及精神气质。

我刚才说了，晚清以及民国年间做新闻的，很多是从文人学者转过来的，所以对文体的感觉很好。而现在呢，学科逐步分化，学校在强调专业训练的同时，忽略了其可能存在的局限性。最明显的就是，新闻学院出来的，大都缺乏文体感。不管是说话还是写文章，都有一个明显的套路。将采访降低为一种纯粹的技术，只训练一些提问技巧，那样很不够。必须意识到，如果新闻专业的教学和训练，没有比较广阔的人文背景的话，很容易变成一种纯粹的"技术活"。新闻报道千篇一律，这个看起来很表面的过失，蕴涵着很多问题，包括立场，包括思考，也包括表达。

（初刊《上海文化》2005年1期）

我的"八十年代"[1]
——答旅美作家查建英问

查：咱们这个回顾，还是先从个人讲起吧。你是中山大学中文系七七级，直接从插队的地方考上来的，对吧？

陈：对。我插队八年多，在广东潮安，是回乡知青。就是说，不去东北或海南岛，而是回老家插队务农，接受贫下中农再教育。我是从那粤东小山村考出来的。今年是恢复高考多少多少周年，中央电视台做节目，让我去谈，目的是追问高考作文的事。

查：是吗，你还记得高考作文题目吗？

---

[1] 访谈时间：2005年1月3日；访谈地点：北京，圆明园花园。

陈：当然记得，那年每个省的作文题目都不一样，北京叫《我在这战斗的一年里》，广东的题目则是《大治之年气象新》。电视台找我，是因为广州出版社出了一本书，叫《八二届毕业生》，其中有一篇关于我的采访记。那是2002年春天，大学毕业二十周年，中山大学七七、七八级学生回母校聚会，媒体也跟上了。记者采访时，希望我谈谈。因为，七七、七八级大学生现在大都成了社会中坚，从政界、商界到学界，都有出色的表现，于是，产生了不少美好的神话。我说：八二届毕业生没你们想象的那么好，真的，没那么"伟大"，人到中年，有很多尴尬的地方。之所以滥得虚名，是因为在此之前，有一个低谷，所以，我们很容易得到社会的承认。

查：你说的低谷就是六七十年代。

陈：文化大革命中，中国的大学，十年没有正式招生；是有几届工农兵学员，但水平不高。所以，七七、七八级大学生进校，被寄予很大的希望。毕业时，恰逢国家推行改革开放政策，干部需要年轻化；所以，这批大学生很快占据了好的位子。即便下海经商，也是"春江水暖鸭先知"。这批人中，从政的与经商的，大都比较顺利。但在学术界，却很吃力。我们知道，这两级大学生，大部分人基础不好，生长在一个青黄不接的时代，没有受过很好的学术训练，想法多，能力小。每代人都有自己的局限性，那是没办法的事情，追悔莫及。但有的人知道自己的局限性，有的人不知道。像七七、七八级大学生，因大都走得比较顺，现在又颇为辉煌，很容易忘记自家内在的缺陷。所以，我主要谈这个问题。在某种意义上说，我们最大的好处，是见证了这个国家二十多年来的巨大进步。看我们当年那么差劲，今天能走到这儿，已经很不容易了。要我谈毕业二十周年感想，我就谈这些。没想到出书时，编者竟然找了我当年的高考作文，缩印在下面，弄得我很狼狈。我不喜欢这样，因为，有点卖弄的意味。

查：现在回头看，觉得不好意思。

陈：对。看我们当年的文章，比现在的大学生或高中毕业生，差得太远了。那个时候，八股腔还没有摆脱，唯一的好处是文从字顺、结构完整。大概也就只能这么评价了。我这篇作文，是登在《人民日报》上的，当时名声很大。可拿来跟今天好的高考作文比，真是自惭形秽。所以说，这二十多年，包括我们自己、包括这个国家，还是很有点进步的。大家都说"改革开放二十多年"，似乎那是一个整体，其实头尾之间差别很大。我们刚进大学那阵子，校园里的学术氛围很差,教学水平也很低。这很容易理解,"文革"刚刚结束,百废待举,校园也不例外。唯一美好的记忆,是同学们读书很认真,很刻苦。

查:特别珍惜失去的岁月。

陈:对,特别珍惜。好不容易拣回来的读书机会,能不珍惜吗?在中大,我们六点钟起床,听广播,做体操,跑步啊,读书啊,每天都这样。偶尔到市中心的新华书店去买书,挤公共汽车,还在背英语单词。晚上,学校十一点熄灯,还有不少学生蹲在过道里,或在水房里看书。

查:是啊,那时北大校园里也是这种气氛,我们班就有几个著名的楼道用功家。

陈:对,就那种状态。我相信,这是全国性的现象。现在不同了,现在的大学生,不会再像我们那样苦读,他们比我们会享受,也比我们聪明。机遇比我们好,但不见得成绩就一定大。每年新生入学,都需要有教师代表去发言,别人都是鼓励,说长江后浪推前浪,世上新人胜旧人,你们今天学习条件这么好,将来肯定比我们有出息。我就不这么说。因为,这些"劝学文",我已经听了很多年,多少看出了些破绽——不见得一代真的就比一代强。其实,每代人都有自己的困惑,都有自己很难绕过的陷阱。我说,我们的难题是选择太少,你们则是歧路亡羊。可能性很多,如何选择,成了很大的精神负担。东看看,西摸摸,不知道怎么做才是最佳方案。我们当年的想法很简单:好不容易回到大学校园,那就一心一意读书吧。按照当时的思想潮流,补各种必修的课,读各种时髦的书,尽量往前赶。就这些,很单纯。至于毕业以后的工作安排,根本用不着操心,因为,那个时候,我们是"天之骄子"。

查:被全国人民捧在手心上。

陈:社会上确实对七七、七八级寄予很大的希望。我们呢,也觉得未来很美好,前途一片光明,根本不用考虑毕业后的出路。现在的学生不一样,比我们当年紧张多了。刚进大学,就开始盘算将来毕业后月薪多少,能不能换一个更有"钱途"的专业。进了大学以后,着意经营自家的文化资本,比如说斤斤计较每门课的分数,选课的时候,首先考虑哪个老师给的分数高;不是渴求知识,而是关注毕业证书。还有些热衷于校园政治,争当学生干部,包括争取入党,都有很明确的计算——为了将来好找工作,考虑得很实在。而我们当时,很少有人这么想,都希望抓紧时间读书,把失去的时间抢回来。所以,相对来说,那两届大学生虽然年纪大，但比现在的学生要单纯得多。得承认，我们起点很低，学习条件也不好。现在很难想象，我们上古代文学史课，老师可以拿游国恩等编著的《中国文学史》，照本宣科。因为我们手头没书，这书是等我们修完这门课后才开始重印的。文学理论课更惨，老师居然以毛泽东《在延安文艺座谈会上的讲话》为中心，来展开论述。上了一个学期，同学们提出抗议，希望多了解一点西方文论或古代中国文论，你猜任课教师怎么说？谁敢说毛泽东文艺思想不是文艺理论？考试的题目更刁钻："对于文艺工作者来说，第一位的工作是什么？"要是不熟读《讲话》，你怎么论述都是错的。

查：起码在校头一两年都这样，原来"文革"教材还没来得及淘汰掉。

陈：对。还是"文革"中给工农兵学员讲的那一套，还没有转过来。大概是中共十一届三中全会前后，才有了明显的变化。老师们讲课逐渐放松，学生也有点独立性了。其中一个标志，就是创办大学生刊物。比如，我们中大中文系学生的《红豆》，就是1979年创办的。

查：哦，这是当年著名的大学生刊物呢。

陈：对，编到1980年底，总共出了七期。《红豆》是铅印的，很正规的样子。那时，各大学都有类似的文学社团，主编某一文学刊物，比如北大的《早晨》，武大的《珞珈山》，人民大学的《大学生》，吉林大学的《红叶》等。

查：我还办过北大的《未名湖》呢，就参与了最后一期，弄了个全部漆黑的封面，很愤青的感觉，记得里边有史铁生、刘震云的小说，结果一印出来就给停办了，有人打小报告把我们告到校党委那里去了。

陈：《未名湖》我看过，但没有收藏。1979年11月，全国十三个大学生刊物，联合办起了《这一代》。不过，总共出了一期，就给查封了。《这一代》的创刊号，是在武大编印的，因一出来就被查封，传世的不多。在这么多大学生文学刊物中，中大的《红豆》实力不算强，但印刷得最好。大概是因为吴晓南或苏炜的关系，他们的父亲跟广州政界及文化界很熟。还有，学校很支持，给了钱。杂志印出来，还可以自己上街去卖。争着买的，主要不是学生，而是市民。

查：你还记得那个时候是印多少本，一本卖多少钱吗？
陈：印数不清楚，至于价格，我查了，是三角五分。

那时没经验，大伙出去卖书，回来一结账，总是亏了。

查：没有经济头脑。

陈：我之所以关注这些学生刊物，因为它们是思想解放的象征。像我们《红豆》，几乎跟《读书》同时创刊。这些天看电视，中央台的"记忆"栏目，刚好在讲述1978、1979年《中国青年》以及《读书》杂志创刊的故事。这就是我们所熟知的"思想解放"。从那个时候起，大学校园里才有一个比较好的氛围。当然有很多曲折，但坚冰已经打破。大学四年，不如意事很多，但办学生刊物，还是很有意思的。

查：很多重印的、新印的经典也是从大二那年开始的。

陈：对，有了重印经典，大家开始拼命读十九世纪西方文学名著。至于读萨特、卡缪等存在主义者的书，那是稍后的事。我自己的感觉是，先补十九世纪的课，然后才进入二十世纪。大学阶段，对我影响最大的，有三批东西：一是存在主义的著作，那和我们当时的心境有关系；二是马克思的《1844年经济学哲学手稿》，以及中国学界关于"异化"问题的讨论；三是契诃夫、易卜生、斯特林堡等人的剧本，以及雨果、托尔斯泰、屠格涅夫、罗曼·罗兰等人的小说。别人不知道,我和我中大的朋友受罗曼·罗兰的《约翰·克利斯朵夫》影响很深。

查:好像很多人读得如痴如醉。
陈:对,很多人喜欢。

查:这书我并没有读过。
陈:你那时年纪比较小。

查:为什么那本书那时候有那么大的影响呢?
陈:对于七七、七八级大学生来说,同是十九世纪欧洲文学,现实主义作品,不如浪漫主义文学激动人心。罗曼·罗兰的英雄主义情怀,说实在的,很对七七、七八级大学生的胃口。因为,这一代人,普遍有一点理想主义。即便到今天,我们看陈凯歌的电影,都有这种状态。使命感,英雄主义,浪漫激情,还有一点"时不我待",或者"知其不可而为之",挺悲壮的。这种感觉,既源于现实生活,又与浪漫主义文学互相激荡。

查:跟这之前的毛泽东时代也有关系。
陈:对。这与1960年代的教育有关。不只容易跟"雷锋叔叔"接轨，也有《红岩》《青春之歌》《红旗谱》等红色经典的影子。这种理想与激情，文化大革命中备受打击，经历这么多挫折后，竟然在十九世纪欧洲文学，尤其是罗曼·罗兰那里得到某种程度的复活，不容易。当然，现实生活中越来越强烈的无奈与荒谬的感觉，以及刚刚引进的各种时髦理论，让我们很快迷上了存在主义。而中国学界之关注"异化"问题，则是为我们的思考增加了深度和广度。出于深入反省"文革"的需要，也出于对国际学术潮流的敏感，在阐释社会主义制度及发展道路时，引入马克思《1844年经济学哲学手稿》，思考异化劳动、人的解放，以及人道主义问题。念大学四年级时，我和同学杨煦生合作，撰写了第一篇稍微像样的论文：《论西方异化文学》。文章寄给当时很有影响的杂志《未定稿》，主编王若水回了信，大加肯定，还提了些修改意见。这篇文章后来发在《中山大学研究生学刊》上，发表后经历了一系列戏剧性变化，先是被学校勒令检查，后又获得广东省社科联的奖励。那真是个"东边日出西边雨，道是无情却有情"的时代。这是后话，不说了。你看看，存在主义、罗曼·罗兰、马克思手稿，这三个不同性质的东西，搅和在一起，构成了我的思想启蒙。从"文革"阴影中走出来，远不止补课，还得清洗很多思想垃圾。不知道别人是怎么走的，像我这样步履蹒跚，先上吐下泻，然后再慢慢进补，真的很不容易。

查："文革"中的教育，是一种负教育，等于给你脑子里铺了一层硬壳。结果你就像一块盐碱地，板化了，直接播种都不行，得休养生息，逐渐改善土壤结构。

陈：对。我们那代人，不仅仅是好长时间没书读，基础不好，还有一个更大的问题，那就是以前的教育，打下了一个很深的烙印。基础不好，可以补课；旧时代的烙印太深，怎样修剪，如何转化，是个很大的难题。我是读到大学四年级的时候，突然间有一种开窍的感觉。那种感觉，对我来说太重要了。不是每个人都这样的，夏晓虹跟我同届，她是北京知青，原先的教育背景比我好，她进入大学，就没那么多惶惑与挣扎。同是知青，北京的跟外地的不一样；同是恢复高考后第一届大学生，大城市的跟农村来的，也有很大差别。比如"文革"后期，北京知青了如指掌的"上层斗争"，我就完全不知道。

查：你等于是在化外之地，北京的政治斗争离你的生活很遥远。

陈：我在粤东一个小山村插队，只晓得外面乱哄哄的，今天谁上台了，明天谁又被打倒，至于为什么，不知道。

什么"不断革命""两条路线斗争",还有"卫星上天红旗落地"什么的,离我都很遥远。那时消息封锁得很厉害,大众传媒不像现在这样发达。我猫在山沟沟里,哪知道北京城里发生了什么事?我的好处是,出生于教师之家,家里有不少藏书,可以自己读。父母都教语文,"文革"中被打倒,但藏书没有多少损失,先是被封存,后跟着我们到了乡下。山高皇帝远,不知道谁是忠臣,谁是奸臣;但反过来,思想束缚也比较少。这点,跟大城市来的知青很不一样。农场里的知青,消息灵通,对国家大事有较多的了解,因此,视野开阔;而我是回乡,周围都是贫下中农,就我一个孤零零的知青,只能自己念书。我是初中毕业就下了乡,先是务农,后来当了民办教师。1971年到1973年,邓小平"右倾回潮"时,我跑到附近的中学补念了两年高中。等到恢复高考制度,我已经在乡下整整待了八年。

查:你是五几年的?

陈:1954年出生。比起很多同龄人,我还是幸运的。毛泽东发动的无产阶级文化大革命,使得很多人彻底改变了人生轨迹,永远荒废了学业。我的好处是,第一,在那个乍暖还寒的时节,抢读了两年高中;第二,由于父老乡亲的照顾,好长时间里当民办教师,也就是阿城小说写的"孩子王"。说句玩笑话,平生最得意的,就是从小学一年级,到大学博士班,我都教过。而且,当我退休时,可以"纪念从教五十周年"。大体上,我的读书生活没有完全间断;只是条件所限,视野小,趣味窄。家里是有不少藏书,但在山沟沟里,没有名师指导,连个"文革"前毕业的老高中生都找不到,只好自己摸索。因此,走了很多弯路。不过,那时候的读书,纯粹出于兴趣,根本没考虑"有用""无用",更不会预料到日后还能上大学、教大学。

查:你读的那些书有经典吗?比如"四书"、老庄、《红楼梦》《三国演义》《水浒》这些?

陈:因为没人指导,太深奥的,我读不懂。所谓"阅读经典",也是偏于文学方面。外国文学部分,我父亲喜欢普希金、莱蒙托夫等俄国诗人,趣味偏于古典,现代主义的东西家里基本没有。而这,严重限制了我的知识结构。唯一的好处是,既然没人教,那就乱翻书,于是养成了读杂书的习惯。比起日后众多训练精良的学者,我的唯一优势,就是不太受现有学科边界的限制,也不理会什么古代、现代的隔阂,或者文学、史学的分野。当年求知若渴,拿到什么读什么,好书坏书我都能消化,这种阅读趣味,自然不同于科班训练出来的。对于我们这代人来说,在那么低的地方起步，又曾经受到那么严重的思想禁锢，每个人都是经过一番痛苦挣扎，而后才逐渐走上正轨。这是一种独特体会，无所谓好坏，就这么走过来了。

对我来说，到广州上大学，是一个变化；到北京念博士，又是一个变化。基本的学术训练，我在中山大学已经完成，但说到整个的学术眼光和趣味，是到了北大以后，才发生了翻天覆地的变化。我能上北大念书，其实很偶然。因为，此前北大中文系没有招过博士生，我算是第一批。民国年间，中国大学没有博士课程，像我和晓虹的导师王瑶先生、季镇淮先生，当年在西南联大，跟着朱自清、闻一多等先生念书，属于研究生课程，但没有正式授予学位。这已经是当年人文学者所能受到的最好的学术训练了。解放后，学习苏联，北大招过副博士班，等于今天的硕士课程。至于建立完整的学位制度，那是1980年代以后的事。北大中文系学术实力很强，像文学专业的王瑶、吴组缃、林庚，以及语言专业的王力先生等，都是第一批博士生导师，可一开始他们都不太想招生。倒是北师大的李何林先生胆子大，先招起来了。

我本想硕士毕业后到北京来工作，先是跟中国社科院文学所联系，有点眉目了，于是上京面谈，顺便到燕园看望黄子平。黄子平跟钱理群很熟，于是把我刚完成的《论苏曼殊许地山小说的宗教色彩》转给他看。老钱当天晚上看了，第二天就来跟子平密谋，让我改投北大。多亏老钱热心，说服了王瑶先生，给中文系打了报告，说把这个人弄到北大来教书。中文系也同意了，报到学校；可学校给否了。那时候，北大基本上不从外校要毕业生。

查：北大有老大思想。

陈：是呀。北大校方说，你要觉得他好，就让他来念博士课程；如果真的学得不错，毕业后留校，那才顺理成章。王先生说：那好，今年我开始招博士生。就这样，1984年入学，1987年毕业，我成了北大第一批文学博士（还有一位是现在也在北大教书的温儒敏）。去年，为纪念中国建立博士学位制度二十周年，国务院学位办还专门让我写文章。不过，我的文章不合时宜，追忆往事时，顺带批评目前的教育体制。话说回来，我很幸运，1984年进京念书，正好赶上整个文学艺术乃至学术界正酝酿着突变，于是得以"共襄盛举"。我不知道别人怎么说，在我看来，1985年是个关键性的年份，对整个当代中国文学艺术，包括美术、音乐、电影等，以及学术研究，都是重要的转捩点。

查：为什么？

陈：因为，回头看八十年代学术，1985年以前和以后，是两回事情。我估计，这与整个人文环境和人才培养有关系。所谓人文环境，是指经历思想解放运动，整个学术界，缓过气来；走过最初的"拨乱反正"，开始思考一些深层次的问题。而文化大革命以后培养出来的研究生，也开始走上学术岗位。作家不念大学，也可以写出好小说。但学界不一样，有没有受过良好的学术训练，差别很大。几届研究生出来，整个学界风气大变，这点很明显。在电影界，七七级大学生，1982年毕业，两三年后，可以独立拍电影了。印象中，似乎音乐和美术走得更快，更急，只是大众不太了解而已。我的感觉是，1985年，整个京城文化界，全都"蠢蠢欲动"，不，是"跃跃欲试"。

查："文化热"开始了。

陈：对，是"文化热"。也是从这个时候起，我的工作才逐渐被大家所关注。这得益于老一辈学者的扶持。先是决定在万寿寺现代文学馆旧址开全国性的"创新座谈会"，而且由年青人唱主角。创新座谈会上，需要几个专题发言，落实到北大，就由老钱、子平和我三个人，联合作了一个关于"二十世纪中国文学"的报告。当时我还在念博士生，黄子平工作了，钱理群则教了好几年书，他们的资历比我深，专业修养比我好，但因为是"创新座谈会"，要扶植年青人，于是就推我做代表。发言后，反映很好，《文学评论》准备发表专题论文。文章还没正式出来，恰好我到《读书》编辑部，跟董秀玉她们聊天，谈起这事，她们很感兴趣，说《读书》想介入当代中国的思想文化建设，可以给我们篇幅，让我们再进一步发挥。以前，《读书》杂志的主要工作是介绍新知，没有主动介入当代中国的学术思潮；这是个开头，以后越做越好。

查：要不要把你们三人的酝酿过程和思路稍微讲一下？

陈："二十世纪中国文学"这个概念，如何酝酿，怎么阐发，我们在《二十世纪中国文学三人谈》里已经说了，没必要再谈。我很佩服董秀玉她们，胆子很大，还没见到正式论文，单凭直觉，就敢让我们放手去做，一连谈了六次。

查：六次都是在《读书》上发表的？

陈：对，连续发了六期。所以，才会在学术界造成那么大的影响。北大研究生会还召开专门的讨论会，文学的、史学的、哲学的，还包括部分理科的同学，一起讨论这个概念。中文系教师也集体讨论过,赞同的反对的都有,可谓"众声喧哗"。第二年,丸山昇、伊藤虎丸、李欧梵他们来北京参加鲁迅会议,顺便到北大跟我们座谈。记得是在临湖轩,就围绕我们提出的"二十世纪中国文学"这个概念。那个座谈记录,因为涉及"社会主义",当初无法在国内发表,只好先在香港的杂志上登。关于"二十世纪中国文学"这个概念本身,以及相关的背景资料,都收在我们的书里。我想,有几点值得一提。第一,这个概念的提出,顺应了那个时候的学术潮流,在文学史论述中,打通近代、现代与当代。到今天为止,"二十世纪中国文学"这个概念,基本上被学界接受了,包括很多大学的课程,都是这么开。

查:这个出来之前,文学史是怎么分段的呢?

陈:以前我们追随政治史,分为三段,包括:近代文学,从鸦片战争讲到民国初年;现代文学,从五四讲到1949年;当代文学,从共产党建立政权讲到当下。当然,光打通近代、现代、当代还不够,关键是背后的文化理想。说白了,就是用"现代化叙事"来取代此前一直沿用的阶级斗争眼光。

查：它的对应物是革命叙事，以革命作为历史叙述的构架。

陈：对，以"革命"、"政治"、"阶级斗争"作为文学叙事的框架，这是有问题的。我们改用现代化进程，以及世界文学背景，来思考并定位近百年的中国文学。当初颇有新意，今天看来，也都大有问题，你说是不是？

查：从后现代的立场看，包括从后殖民理论来看，那当然是有问题的。

陈：包括我们的世界文学景观。其实，我们知道多少外国文学？我们的"世界文学想象"，不外是从此前的苏俄榜样，转为被长期禁锢的西方现代主义文学。这与那个时候外国文学界的热情拥抱"现代主义"，大有关系。只能理解为整个学术界、文化界都在调整，我们因应了这种变化的时代需求，故所论引起很大的关注。

查：踩上点儿了。

陈：其实，我更看好和《论"二十世纪中国文学"》同时发表的"三人谈"，也就是在《读书》杂志上刊出的那个系列。不是说思想有多高深，关键是文体意识，还有酝酿这种文体的文化氛围。以前，我们都是正儿八经写论文,现在改用谈话的方式,发表"思想的草稿",这个值得注意。

查:(笑)就像咱们这回采用半即兴式的系列谈话,哎,倒真是内容与形式一致了:用八十年代开启的文体来回顾、总结八十年代。

陈:所谓"思想的草稿",就是有想法,但不成熟,还没有定型,还在思考过程中。我们把尚不完整的思考说出来,吸引同道,一起来攻关。这是一种新的尝试。也正因此,很多人对《读书》上"三人谈"的印象,远远超过作为主体的《论"二十世纪中国文学"》——那是我们的主打产品。

查:那是一本书?

陈:不,是一篇长文,主要影响局限于文学专业。外专业的读者,或许听说过,但很少认真阅读。

查:公众读者更不大知道。

陈:对于公众读者和其他文化人来说,他们记得的,是我们在《读书》上的漫谈。虽说有点"鸡零狗碎",但所表达的,很多是同时代人所关注的,因此才会有那么大的影响。我们有很多很多的想法……

查：闪光的片段。

陈：对。只是片段，不成体系。一方面，我们没有构建体系的能力；另一方面，这种表达方式，让我们以及读者，都很激动。因为是"三人谈"，三个人的思路不一样，我们有意识地保留了我们之间的差异。因此，这不是一篇完整的文章，更不是一个自足的体系，而是你说你的，我说我的。同一篇文章里，并置不同的学术思路，三个人互不相让，这种"对话"方式，有利于激发思考。

查：你们真的是坐在一起谈？

陈：真的。先是录音，然后每期由一个人负责整理，整理完，再轮流看。会有所修改，但大体不动。当时的想法是，不要把它改成论文，要保留学术生产的"原生态"，也就是那个思想极端活跃、随时准备接受新知放弃旧我的开放姿态。这一点，很能代表上世纪八十年代的风气，就是侃大山式的学问。我相信，那个时候，不同专业的学者，包括文学、艺术、史学、哲学等，都流行这种风气。

查：后来有人总结，说上世纪九十年代和八十年代知识界的区别，是八十年代有思想没学术，九十年代有学术没思想。也许这是调侃，但跟那时候"思想火花"的普遍流行恐怕有些关系。

陈：后面我会谈到"思想和学术"这个话题。先把"三人谈"的故事讲完。关于"二十世纪中国文学"这个命题，开始我们想逐步完善，后来决定不改了。为什么？这是历史文本，只有在那个环境下、在那个学术氛围中，才有意义。你再怎么改，都无法弥补其缺失，在我看来，这是个有新意，但不完整且有严重缺陷的论述。

查：那时候有什么东西是完整的啊，大家都是在摸索、在切磋，有好多当时的著名言论及作品，现在看根本就是幼稚，或者完全不靠谱。不完整才恰好是当时的状态。

陈：对，就因为这些言说适合当时人的趣味，也体现了当时的学术风尚。所以我说，我们关于"二十世纪中国文学"的具体论述，以及怎么酝酿，如何表达，这些都不是很重要；值得关注的是，它作为二十世纪八十年代学术的一个象征，长短兼备。学生们读这个，很开心，不是因为里面的观点，而是那种真诚的思考，以及那种直白、清爽的表达方式，让他们觉得很亲切。现在的大学校园，很少有这种状态，各人写各人的论文，不太关心别人的思路与命题。除非是朋友，互相捧捧场；否则，让不同专业的学者，来帮你出谋划策，很难。这是八十年代学术和九十年代学术最大的区别。

查：这正好是我下面要问的，就是想请你对比一下这两个年代学者之间的交流、交往方式。

陈：八十年代的中国学界，有共同关心的话题；九十年代基本上没有。原因呢，一是学科分化，不同专业的学者很难对话；二是大家只对完成的作品感兴趣，对过程以及思路，不是特别关注。还有就是，很少有愿意深入理解别人的思路的；只顾自己说，车轱辘般地说，而不太习惯"倾听"与"对话"。

查：李陀也谈到这个区别，他甚至说现在我们生活在一个害怕讨论的时代。我感觉确实有这种倾向：炒作多，讨论少。九十年代社科人文学界最激烈的交锋大概就是所谓"自由派"与"新左派"的争论，在2000年围绕"长江读书奖"事件达到高峰，彻底吵崩了、吵伤了。然后北大教改可以算一次对大学体制的讨论。但总的来说，深入的讨论、争论很少。有些网站上的讨论，也许因为大部分是匿名的，可以谈得比较尖锐，但常常变成一种泄愤，情绪化，不客观，而且也大多是持匕首、投枪的游击战士，正规军似乎不大屑于上去发言。学者公开发表出来的东西，很多也是春秋笔法或者自说自话，大家都有表演欲，但不大有耐心听别人讲话。

陈：对，我们只是关心怎么表达，而没学会如何倾听。八十年代不一样，我们提出"二十世纪中国文学"这个概念后，中文系教授们开会，有好多批评，当然，赞扬的也有。包括我的导师王瑶先生，也不同意我们的观点，说我们有"世界主义"的倾向，这让他感到不安。王先生原先研究中古文学，后才转为五四新文化运动等，特别关注民族化与国际化之间的关系。还有，那次临湖轩座谈，那几位外国学者，伊藤虎丸、李欧梵、丸山昇等，都提了很好的意见。丸山昇提的问题还很尖锐。

查：丸山昇？

陈：他原来是东京大学的教授，在日本中国学研究方面，名气很大。他长期研究鲁迅，而且是日本共产党，他追问我们：你们为什么回避社会主义？谈论二十世纪中国的思想、文化、文学，社会主义是个关键性的问题，绕不过去的。无论是当年的思潮，还是今天的实践，你们都必须认真面对。我们的解释是，条件尚不成熟。以当年的政治环境,确实很难说清楚。不过,王瑶先生和丸山昇先生的批评是对的——他们说,我们因对苏联阵营反感,反过来,在拥抱欧美文化时,缺乏认真的审视,带有某种盲目性。为了不直接冲撞意识形态禁忌,放弃左翼文学的讨论,或者回避社会主义问题,不是好办法。在八十年代,我们确实没有能力很好地处理这些问题。现在不一样,应该认真反省当初将婴儿和洗澡水一起泼出去的毛病。那个时候,有批评,有赞赏,大体上都属于学术争辩,没有多少个人意气在里面。单就思想界来说,九十年代确实比八十年代深刻,但八十年代的真诚,现在很难找到。

查:几乎所有人的回忆都有这个看法。

陈:八十年代的学术界,人与人之间的关系,相对比较单纯。有争论,但很真诚。理论资源有限,学术功力不深,所以,我们的思考,其实比较肤浅。但是,学者间交流很多,没有那么多功利计算。九十年代以后,我们懂得了福柯,动不动往权力、往阴谋、往宰制方面靠,每个人都火眼金睛,看穿你冠冕堂皇的发言背后,肯定蕴藏着见不得人的心思。不看事情对错,先问动机如何,很深刻,但也很无聊。

查：就是法国人那套弯弯绕的理论吧，我也不懂，尤其是福柯的思路，不是说他不锋利，但我觉得他看世界看人的目光是带了一股怨毒、阴毒，暗幽幽的，让一些本来就压抑的人更压抑了，老提醒你要揭开温情的面纱、丢掉幻想准备斗争，其实有时聪明反被聪明误，这么一来可能走入了另外一个场。

陈：走入了另外一种歧途，而且，还自我欣赏。回过头来，思考八十年代我们走过的路，其实也是对九十年代中国学界的反省。

查：对。我想请你再谈谈"公共知识分子"的问题。公共知识分子，我理解应该至少有两方面定义：首先是独立性，其实这也是任何一位真正的知识分子都应该有的：独立的思考，独立的人格；其次，公共知识分子还有一个超越本学科的关怀，就是社会关怀和终极关怀，而且他会把这种关怀公开表达出来，他不像专家那样仅仅就他的专业发言，对吧。从这两点来讲，你认为二十世纪八十年代有没有公共知识分子呢？

陈：或许可以这么说：八十年代没有所谓的公共知识分子；因为，几乎每个学者都有明显的公共关怀。独立的思考，强烈的社会责任感，超越学科背景的表述，这三者，乃八十年代几乎所有著名学者的共同特点。大家都觉得，知识分子本来就应该是这样，无所谓"没有公共关怀"的"知识分子"。那时候，学科边界尚不明晰，学者发言很大胆，因此才有笼而统之的"文化热"。你知道，"文化"是个很模糊的概念，所有学科的人都能参与对话；也正因此，"文化寻根"可以一转眼就变成了"政治批判"。"文化热"作为契机，或者中介，让所有学科的学者，都能够站出来，表达他的社会关怀。这样一来，没必要再制造"公共知识分子"这样的概念。几乎所有读书认字的人，都敢谈"文化"，或借"文化"谈"政治"，体现我们的社会责任感。可以这么说，八十年代的中国知识分子，特别像五四时期的青年，集合在民主、科学、自由、独立等宽泛而模糊的旗帜下，共同从事先辈未尽的启蒙事业。那个年代的学者，普遍有社会关怀，也尊崇人格独立，想走官场那条路的不是没有，但不多。这也是八十年代学者真诚、单纯、幼稚的地方。当然，那个时候官场的好处也还没有真正体现出来。

查：体制油水没有后来多。

陈：就是。大家都觉得，我们对这个社会有责任，我们还能影响改革的进程，因此，不应该将视野局限于书斋。

可以这么说，八十年代京城里新一代的学者，大都有走出本学科、关注社会变革的欲望和举措。必须承认，这跟那个时候学科界线不明晰，学术评估不严格，大有关系。

查：那时有很多时间、闲暇。

陈：对，有时间来读书、思考、表达。大学没有规定你一年非要发多少篇论文不可，更没指定发表文章的刊物。"文化热"中涌现的许多名文，今天看来，大都不算"论文"，只是"评论"而已。此类态度坚决立场鲜明的文章，假设多而论证少，今天送到《历史研究》或《文学评论》，估计都登不了。那个时候，没有什么"核心期刊"，没有发表论文的硬性规定，更没有二十个注释以下不算论文的说法。这样一来，制度给了他们自由读书的时间，也给了他们独立思考的空间，别小看这一点，很重要的。那个时候的学者，大都狂放，很多人写文章不做注。记得上海有个著名的文学评论家说过：他本人写文章，无一字有来历，故一个注都不必要。要是现在的学生敢这么说，非被老师敲破脑袋不可。强调独立思考与自由表达，这是典型的八十年代的文风和学风。

查：很多人对这个是很怀念的。现在这种强调效率的生活方式，把人推到一条轨道上，把你的时间精力全都塞满了，让你永远绷着一根弦，结果呢，你真正想做的事情也许倒没精力做，都忙瞎了。北大教改的争论当中，我注意到有一个好像是武汉大学的哲学教授叫邓晓芒，后来听说他是残雪的哥哥，他的文章就讲，八十年代是高校最宽松的时代，各种管理没有健全，也不大管教授，教师们都有空间时间做各种各样的事情。虽然那种制度有它的问题，比如养了一群不学无术混饭吃的人，但你要矫枉过正，走到另一个极端，也很可怕，搞得人人神经质，疲于奔命，哪里还谈得上游刃有余呢。当年林语堂在《生活的艺术》里说过一句话，大意是你只有闲人之所忙，才能忙人之所闲。特别是做思索性的、创造性的工作，这种适度的"闲"是非常重要的。

陈："能闲世人之所忙者，方能忙世人之所闲。"这是晚明张潮的话，林语堂借用来表彰中国人这"伟大的悠闲者"。你说得对，这种"悠闲"，对于人文学者来说，太可贵了。不敢说所有学科都如此，但对于人文学者来说，没有海阔天空、漫无边际的思考，整天忙于日常事务，是不可能做出大学问的。后面涉及八十年代与九十年代教育制度的比较，再谈这个问题。九十年代有一个很大的变化，那就是学问越来越讲规则，不能乱来，所以有了"野狐禅""公共知识分子"与"学院派"的区别。而在八十年代,所有的"文化人"都有"学问",所有的"学问人"也都谈"文化",二者之间没有鸿沟,很容易跨越。九十年代以后,学科边界越来越严格,有些不屑于或不能够撰写专精学术论文的,转而专攻学术随笔或文化评论。这些人,因经常在报纸杂志以及电视上露面,讨论国计民生,被称为公共知识分子。这就涉及第三个我想谈的问题,那就是九十年代以来大众传媒的巨大影响。所谓"公共知识分子",很大程度是借助于大众传媒,来表达自己的社会关怀。九十年代中国的另一个变化,就是学术刊物和大众传媒彻底分开。八十年代,即便是学术刊物,也可能发表诗歌,比如《文化:中国与世界》;这在九十年代是不可想象的。但另一方面,电视的作用越来越大,使得学界的声音迅速为公众所了解。同时,学者也可借助于媒体,表达他们对社会现实的关怀,介入社会变革中去,比如像孙志刚事件,还有艾滋病问题等。所有这些,都不是学院派用论文所能解决的;有时候,电视人的作用更直接。

查:属于"焦点访谈"上的那类话题。

陈:不只中央电视台的"焦点访谈",各地的电视台,都有类似的节目,承担大致相同的功能。还有各种专题片、纪录片，以及谈话节目等，多少都有些独立的声音。这是因为，很多志向远大的知识人介入其中。九十年代以后，电视媒体的迅猛发展，对于学者来说，有两种可能性：一是借助大众传媒表达政见，干预社会，这比专业论文有用；一是在大众传媒上经常露脸，出名容易，这也是一种诱惑。所以，经常上电视的学者，有的是出于社会责任感，有的则是为了出名。正因此，好多"学院派"对所谓的"公共知识分子"不大以为然，觉得他们是做不了学问，耐不住寂寞，方才跑到电台、电视台或报纸上，随便发表些高调的玄想。你要对着大众发言，不可能说得很专业、很深入，而且，往往只有态度与立场，没有论证，更谈不上专深的学问。

查：是这样的。接下来，想问问你八十年代社科人文方面影响最大的三套丛书的情况。你不必说得特别详细，因为甘阳一定会讲这一段。

陈：金观涛他们的《走向未来》丛书，我没有参与。我只参加了"文化：中国与世界"编委会。其实，在编委会里，我和老钱、子平，还有陈来、阎步克等，都是配角；因为，当年的主要工作是译介西学。这个编委会的主干力量，是搞西学的；而我们这些做中国学问的，一开始确实只能充当配角。我记得很清楚,在译介西学方面,我唯一做的一件事情,就是推荐伊恩·瓦特(Ian Water)的《小说的兴起》,并负责审读译稿。其他的事情,都是甘阳他们做的。但到了编辑《文化:中国与世界》丛刊,以及出版学术丛书时,我们这些做中国学问的,可就有了用武之地了。比如,我的《中国小说叙事模式的转变》,便是放在编委会主持的"人文研究丛书"第一辑。把目光放远,这个编委会的成绩,很难说是西学贡献大,还是中学成绩突出。因为,最初的震撼消失后,介绍西学的工作,逐渐稳定下来了,我们还是必须回到本土,面对我们自己的历史文化,或者对现实发言。不过,这个题目,应该是甘阳来谈比较合适。

查:那谈谈对八十年代文学的看法吧。这个问题也问了阿城、索拉这些作家,也问了李陀这样的评论家,但你作为大学里的文学教授怎么看?而且你的研究专题之一是小说叙事模式,应该有另一种角度。

陈:我觉得八十年代的文学、学术、艺术等,是一个整体。包括寻根文学呀,第五代导演呀,还有文化热什么的,在精神上有共通性。做的是不同的事情,但互相呼应,同气相求。一定要说有什么特点,我想,就是一种理想主义的情怀，一种开放的胸襟，既面对本土，也面对西方，还有就是有很明确的社会关怀与问题意识。

查：对，当时大家没有完全挑明讲，但心里明白：一个时代终结了，一场大梦之后，你会问：到底发生了什么？为什么？怎么办？往哪走？比如，田壮壮这次在访谈中讲起他的《猎场札撒》《盗马贼》，当时被认为很隐晦，主要是电影语言实验，观众都不知道他在描写什么，他自己也拒绝解释，结果他这次说出来：他就是在用一个曲折的方式去表达他对"文革"经验的感受和疑问。你说的这个社会关怀，更多的是对共和国历史的关怀吧？

陈：每个人的情况不一样。比如说在现代文学界，延续的是五四新文化人对于国民性的批判。但不管学科背景如何，都是力图解释当代中国的一系列问题。换句话说，学术论述背后有明显的现实关怀。这点，跟上世纪九十年代以后不一样。

查：怎么讲？

陈：九十年代以后，我们会更关注论题本身，不见得非跟现实生活挂上钩不可。好的方面是学科大为发展，学术日渐独立，不再"借经术文饰其政论"；不好的呢，学界越来越远离现实生活,好多学者钻进书斋,不愿再抬头观看窗外的风景。当然,也有些始终在书斋和社会的边缘徘徊。我是被人划为"学院派"的,即便如此,我也认定,写书时,必须有"压在纸背的心情",否则,只是熟练操作,意义不大。八十年代的学术,有点像清初,虽然没有出现顾炎武、黄宗羲那样的大学者。当年梁启超在《清代学术概论》中有这么一句,说清初的学问,"在淆乱粗糙之中,自有一种元气淋漓之象"。我觉得,八十年代也是这样,有点空疏,但气魄雄大,不该一味抹杀。或者用王国维《沈乙庵先生七十寿序》中那句话:"国初之学大,乾、嘉之学精,道、咸以降之学新。"一个求气魄与规模,一个求专精,一个求新求变。这是我对八十年代中国学术的基本看法。当然,我们可以说,这种"生气淋漓",是因为整个社会在改革,整个文化在转型,在确立新规范的过程中,你有驰骋想象力的足够空间。等到规范确定了,你有再大的才气,也无法特立独行。所以我说,我们其实是生逢其时的。在一个稳定的社会里,各种规则都已经建立起来,而且牢不可破,即使你有心反抗,也没有实现的可能性。

查:你讲的是九十年代以来的状况。

陈：九十年代初，我第一次去日本，日本教授告诉我，1970年代以后的日本，知识分子已经无力对社会产生真正的影响。

查：我觉得美国学者也是，七十年代以后，学院越来越如此，尤其人文学界，自成一统，自说自话。比如前些年时兴的"文化研究"，就有很多美国学者写论文写书褒贬大众文化，评论麦当娜呀、迪斯尼呀，但其实也就是同行、学生们会去看这类东西，大众文化那边根本不理会，你这套符码他也不懂、你也影响不了他。有时候会有一种荒诞的感觉，似乎美国学院倒成了迪斯尼，里边有"魔术世界"呀、"高科技中心"呀等等千奇百怪的游戏和表演，表演者就是教授，游客就是学生，但它和外面的世界没什么关系，外面的人把它当作一群智力高超的大小孩的游戏场：把你们圈起来，你们在里头爱怎么玩就怎么玩吧！美国大学最后一次闹社会运动还是六十年代反越战那时候了，现在呢，哪里搞得起来？美国知识界领袖很多是犹太人，但犹太知识分子在中东问题上自己就四分五裂，学生们呢，也比以前保守多了。

陈：日本的转折，大概是在1968年；那次学潮，是最后一次知识分子力量的展现。进入七十年代，大学教授基本上就只能当一个……

查：教书匠或是象牙塔里的专家。

陈：对。在中国，八十年代的知识分子，还能影响社会，影响社会的发展方向与具体进程。所以，中国的八十年代，其实很值得怀念。那个时候，社会规范尚未真正确立，学者们一只脚留在课堂，一只脚踏进社会，将学理探究与社会实践相结合。说话有人听，而且实实在在地感觉到，这个社会的变化跟你的努力有关，这是很幸福的事情。在专业领域里，整个学术范式在转变，你的工作，很可能直接间接地促成了这一转变的完成。所以，那一代学者，其工作虽有很多不尽如人意处，但你从远处看，再过几十年、一两百年后来看，他们基本上完成了学术转型。在这个意义上说，他们其实是在创造历史。所以，尽管有这样那样的毛病，但没关系，历史就是这么走过来的。以后你的专业研究，会比他们深刻，你的著作也比他们的精彩，但他们影响社会的能力，以及对于学术转型的贡献，还是很让人羡慕的。

我说八十年代的文化氛围值得我们怀念，但我同时承认，那代人明显的精英意识，启蒙意识，没有得到很好的反省。还有一个问题，八十年代的学人，因急于影响社会进程，多少养成了"借经术文饰其政论"的习惯。这个说法文绉绉的，那是从《清代学术概论》借来的。梁启超说到他自己和他的老师康有为，早年为了变法维新，不屑于为学问而学问，而是借经术文饰其政论。换句话说，表面上在讨论学术问题，其实是在做政论，真正的意图在当代中国政治。这一方面体现了我们的现实关怀，但一方面，也会导致专业研究中习惯性的曲解和挪用。有好多人，八十年代出名的人，一辈子也改不了这个毛病。在专业研究中，过多地掺杂了自家的政治立场和社会关怀，对研究对象缺乏必要的体贴、理解与同情，无论谈什么，都像在发宣言、做政论，这不好。

查：能举一个例子吗？
陈：（笑）我不想说。

查：啊，那好，但是很多学科里都有这个情形？
陈：是的。八十年代当红的学人，有的年龄不算大，身体也还好，可没办法继续前进了。因为，已经形成固定的思维以及表述方式，老在专业论文中，慷慨激昂地表达他的社会关怀，而不管所论是否贴切。有点可惜。

查：这是八十年代遗风。就像抽鸦片上了瘾，革命也能上瘾，批判也能上瘾，瘾来了得不到满足他会很压抑的。不同的是现在社会生活比较多元了，宣泄渠道比以前多了，公众关注某事的时间比以前短了，他再慷慨激昂也很难有炸锅效应，因为外面的世界很精彩啊，各种各样的大嗓门都在吆喝，都在找卖点啊。那等他的瘾发过了，他该干什么也就干什么去了。

陈：回到八十年代和九十年代学界的差别。先从学术和思想之争说起，这是理解八九十年代学术转折的一个很好的突破口。你知道，这说法，最早源于李泽厚。李泽厚是很敏感的人，他看到，进入九十年代，很多人谈王国维、陈寅恪，而不谈陈独秀、李大钊，于是，他概括出一个学问家凸现、思想家淡出的公式。再进一步引申，那就是随着学问家的日渐辉煌，学界不谈主义，只谈问题；学者躲进书斋，远离社会。这个说法流传甚广，影响很大。王元化不同意，希望兼及学问与思想，提倡"有学问的思想"与"有思想的学问"。

查：这是在九十年代初。

陈：对。关于"学问家凸现、思想家淡出"，好多人回应，但我始终没表态。因为，在我看来，这是个伪命题，基本上是新闻界弄出来的。为什么呢？第一，某个特定时期，学问家很风光，但不可能长久，原因是大众根本听不懂。古往今来，大出风头的，都偏于思想型，而不可能是学问型。举一个例子：问你赞成还是反对自由主义，很多人踊跃发言；让你讨论自由主义这个概念的形成及其演进的理路，没几个人跟得上。谈思想，表达政治立场，谁都敢说，说好说坏是另一回事。谈学问，条分缕析，那需要读书，更需要思考，只能局限在很小的范围内。我记得，甘阳说过一句很经典的话，大意是：我敢跟第一流的学者对话，而不敢跟第二流的学者讨论问题。因为，第一流的学者谈思想，谈立场，那我们有；第二流学者谈学问，谈学问需要读书，你没读过，就是说不出来。

查：甘阳是典型的思想型的知识分子和组织家。他八十年代就说了这话？

陈：我想不会记错。这话很符合他的性格，也不无道理。只是关于一流学者二流学者的区分，我不太认同。其实，思想和学问，各有其强项，也各有其局限，没必要入主出奴。而且，我不太相信那些没有学问的思想，也不欣赏没有思想的学问。工作重点不同，学术趣味有异，硬要把思想和学问剖切开来，分而治之，不太合适。其实，挑起这一论争，背后的问题意识是：九十年代的中国学界，更多地关注具体问题，而忽略了作为总体思想的"主义"。可风水轮流转，很快地，"自由主义"与"新左派"的论战，硝烟四起，"思想"重新吸引了大量目光。

第二，我不否认，1989年的政治变故，缩小了学者的活动空间。不管是外在限制，还是所谓的"自律"，学者们很难就敏感问题公开发言。这个时候，转入书斋与校园，确有退而求其次的因素。告别振臂一呼应者云集的群众场面，改为与古人对话，有的人是兴趣使然，有的则是不得已而为之。这一转折，也有内在的理路，即九十年代以后，好多学者抛弃大字眼，转而讨论具体问题，或者说，希望把对"主义"的理解和坚持，落实到具体"问题"的讨论中。

查：这是那时候"国学热"的真正背景：不是主动转向，是给逼到墙角了，只好面壁，但一旦面壁之后发现里头有另外一个天地。

陈：还必须考虑第三个因素，九十年代的学术转型，跟社会科学在中国的迅速崛起有关。以前的"文化热"，基本上是人文学者在折腾；人文学有悠久的传统，其社会关怀与表达方式，比较容易得到认可。而进入九十年代，一度被扼杀的社会科学，比如政治学、法学、社会学、经济学等，重新得到发展，而且发展的势头很猛。这些学科，直接面对社会现状，长袖善舞，发挥得很好，影响越来越大。这跟以前基本上是人文学者包打天下，大不相同。

查：回头看，八十年代学界几乎完全是人文学者的天下。
陈：活跃在"文化热"中的人物，学术背景大都属于人文。人文学者上谈日月星辰，下管国计民生，胆子大，什么都敢评说。九十年代以后，社会科学家起来了，他们各有各的理论背景，各有各的工作方法，各有各的学科积累，再来讨论社会问题，明显深入得多。比如说宪法问题，还有言论自由、社会分层、城乡矛盾等等，八十年代我们也都谈了，但因缺乏必要的理论资源和实际调查，谈得很浅。社会科学的兴起，使得人文学者那种理想主义的、文人气很浓的、比较空疏的表达，受到了压抑。所以说，八九十年代的变化，包含着人文学者和社会科学家的各领风骚。八十年代那种活跃的文化氛围，以及相对开放的活动空间，都已经不存在了，你还坚持那套启蒙话语，甚至"广场语言"，政府不允许，学界也不认可。整个中国学界，面临巨大的转型，众多训练良好的法学家、经济学家、社会学家，他们讨论具体的社会问题，明显比你人文学者专业、有效，而且深入。对于人文学者的喜欢使用"大字眼",动辄"主义",还有"理想"什么的,社会科学家并不买账。学界普遍质疑"宏大叙事",有后现代主义思潮的影响,但也牵涉社会科学对人文学术的挑战。我们所说的"思想和学问"之争,跟这个有直接联系。

另外,对于当下的中国,八十年代学者更多地持批判立场,而九十年代则讲究介入与协调。这似乎与人文、社科各自的特性有关。人文学者注重精神性,坚守自家的信仰与立场,甚至不惜当一个"永远的反对派";社会科学家不是这样,更愿意采取建设者的姿态,注重现实性与可操作性,主动与政府、企业合作,以获得大量研究经费,并实实在在地影响社会进程。说夸张点,八十年代中国学界的擅长"批判",与九十年代中国学界的关注"建设",其实是人文、社科的"此起彼伏"所决定的。

查:以前的人文学者写杂文,是匕首和投枪——但匕首后面,其实他并没有大刀,投枪后面也没有迫击炮,所以他只能打打游击,真正的常规战争还得正规军来打。

陈:会打仗的,讲究"寸铁杀人",不一定非要摆开阵势不可,更不必卖弄十八般武艺。人文学者的选择匕首和投枪,以及更多地表达自己,更为关注精神与信仰,这一价值立场值得尊重。至于强调实实在在的工作，注重点点滴滴的改良，这是社会科学家的思路。一个经济学家，或者一个法学家，不可能像文学家那样发言。现在的中国，是社会科学家的思路占上风。

查：你觉得这是不是一种进步呢？

陈：是一种进步。很多人，尤其是学人文的，不太愿意承认这一点。

查：对，前一段北大教改引起的那场轩然大波当中，有些人文学者的文章我看就还是那种风格，文采斐然，高调批判，犀利固然犀利，但缺少建设性的、可操作的意见。我为了写一篇有关的文章访问了不少人，看了不少东西，发现那场激烈的争论背后就有这个学界转型的因素在起作用，各种反应背后牵涉了错综复杂的利益关系、体制的死结、旧病新疾，包括所谓的"人文科技之争""海龟土鳖之争"，非常复杂。某种程度上，北大教改反映出的问题可以说是中国知识分子九十年代以来状态的一个缩影。那场争论当中，人文学者是反对张维迎改革方案的主力，而社科学者，特别是经济学家们，则是支持的主力。我觉得你的态度在人文学者里比较少见，你始终保持一个温和的调子来讨论问题，你赞成的似乎是一种"保守疗法"，一种稳健的逐步的改革。我想这与你愿意承认学界转型是一种进步这个基本的态度有关系。

陈：在一个正常的社会里，两种人同样很需要：一种是建立精神的标竿，纯粹理想性质，不管你社会如何变，我都坚持自己的理念与立场，用我的眼光和趣味来衡量一切。没有这种毫不妥协的追求，社会发展缺乏方向感；但反过来，只有这些，缺乏可操作性，社会没办法正常运作。因此，那些脚踏实地，实实在在地承担起改造中国重任的人物，同样值得尊敬。如果不避以偏概全的话，这大概是人文、社科两类学者所应该承担的不同责任。也正是基于这一点，我才说：九十年代以来中国学界风气的变化，比如转向具体问题，转向社会实践，转向制度性建设等，跟社会科学的崛起有关。

查：这就正好接续到我想问的另一相关问题。一种观点认为：现在不仅科技知识分子占据学界话语中心、人文知识分子退居边缘，而且学术腐败猖獗，总体上知识分子已被物质利益招安，很多学者已沦为既无独立立场也无理想精神的名利之徒。你怎么看待这种批评？

陈：同是读书人，或者说学者吧，因所学专业相差甚远,发展出不同的立场与趣味。八十年代我们常说,文科如何如何,理科如何如何,这个说法,现在看来必须修正。一定要分,应该是基础学科和实用学科的区别。所谓基础学科,包括人文学和自然科学里面的数学、物理、化学等;实用学科,包括社会科学以及工程技术等。后者更贴近社会,更强调实用性、可操作性,也更容易获得政府和企业的赞助。我之所以在《中国现代学术之建立》里,讨论若干古老的命题:比如"求是与致用""官学与私学""专家与通人"等,跟这种现实刺激有关。或者说,当我在面对历史时,压在纸背的心情是,如何理解1990年代以来中国学界发生的巨大变化。

谈到八九十年代的区别,很多人从理想主义与物质主义的对决入手,对后者颇多贬抑。我是从八十年代走过来的,但我能理解九十年代的社会及文化思潮,为什么会走到今天这一步。而且,我不觉得有很多人攻击得那么严重。以学界来说,我们会很怀念八十年代的文化氛围,但整个专业水平,九十年代显然有很大的进步。社会科学不用说,法学、经济学、社会学等,八十年代才刚刚重新起步。即使是人文学,其实也还是在发展;只不过"学问人口"太多,著作数量庞大,泥沙俱下,你很容易碰到很烂很烂的东西,看得你很伤心。当我们批评当下学术风气败坏时,往往举出八十年代作为对比,不知不觉中,将其理想化了。作为过来人,我很欣赏八十年代的生气淋漓;但我必须承认,八十年代的专业著述,大都激情有余,功力不足。这也是我常跟学生说的,八十年代出道的人,学养不够,但机遇很好,发挥得相当出色。我想套用胡适谈新诗的一句话,来描述我们这代人的工作,那就是"提倡有心,创造无力"。

很多活跃在八十年代学界及文坛上的人物,也都是这样。所谓"提倡有心",八十年代出现很多新思潮,比如方法论啊,系统论啊,跨学科,比较文学,等等,还有很多,都是让当时人心驰神往的。那是一个热衷于发明术语及口号的年代,每个人都在"提倡";至于提倡后有无能力真正落实,那可就管不了那么多了。意识到某种历史责任,于是积极提倡,最后成果不在你这里,没关系,"江山代有才人出","但开风气不为师",提倡者已经圆满地完成了自己的任务。你别笑,这也是八十年代可爱的地方。

我还想说一点,那也是理解八十年代学术的一条重要线索。伴随着整个风云激荡的八十年代的是,对于"五四"新文化的思考、追随、反省和超越。关键是,一面追随,一面反省。不信你查查八十年代那些重要的思想文本,"五四"绝对是个关键词。我们不只反省"文革",反省共和国的历史，也反省"五四"。"寻根文学"是在跟"五四"新文化对话，《河殇》也是对"五四"精神的一种阐发。对于八十年代的学人来说，一步步溯源，首先回到"五四"，然后，在短短的几年间，将"五四"的这一套思想方法和政治行为迅速地重演一遍。

查：再出发。

陈：对，再出发。

查：比如说文学上的寻根，就是从寻找传统很快变成批判传统，跟"五四"批判国民性接上了，这种思路在《河殇》那里达到高潮，1989年又在广场上达到一个政治运动高潮，之后戛然而止。进入九十年代以后，"五四"那种批判的、革命的激情似乎终于挥发殆尽了。

陈：我曾经说过，再过两百年，谈论二十世纪中国，如何命名？不是"启蒙时代"，也不是"革命时代"，很可能是"五四时代"。她的包容性更大些，既是"革命"，也是"启蒙"，有"民主"与"科学"，还有"现代民族国家"等。

查：我同意，"五四"的激进思维确实是二十世纪中国的一个主导线索。共和国的思路也可以看作是从"五四"

下来的变种，激烈反传统、全面革命、改造国民、彻底解决问题……毛当年就是五四青年嘛。

陈：关于八十年代，我还想说说学位制度建立的意义。在此之前，中国没有学士、硕士、博士这样完整的学位制度。记得第一批授予博士学位，是在1983年。学位制度的建立，第一，意味着我们国家的教育日渐正规化。第二，追求国际化，也就是"与国际接轨"，不再讲传统书院那一套。第三，具体操作时，以美国为榜样。现代中国的大学制度，晚清时追随的是德国和日本，1920年代转向美国，1950年代学习苏联，1980年代又回到美国的路子。这条线，一直延续到今天。正规化、国际化和美国化，这三个发展思路，对九十年代中国学界的影响特别深远。你可以想象，国民中接受大学教育的比例迅速提高，这样一来，大学到底怎么办，当然是举足轻重的事了。将来有机会，再好好谈谈大学和大学制度。比起个别天才的创造来，制度性建设更值得我们关注。比如大学里的课程设计、学科建设、论文评估、学位授予等，都不是小问题，都会影响到整个思想文化进程。举个例子，就说学术论文吧。刚才说了，八十年代的学界，规矩没那么多，专业化程度不高，写论文时很容易跨越学科边界，甚至可以闲庭散步般地"谈文化"。九十年代不一样，撰写论文，有严格的形式方面的要求。这种专业化趋势，与学者们从广场退回到书斋，大有关系。

查：这个题目太大了。从几十年的革命时代走出来，大概除了搞运动是专业水平，其实我们做什么都不专业，各个领域都这样，不光学院。

陈：说到八九十年代学术，我想谈另一个问题，那就是学术上的"隔代遗传"。怎么讲？八十年代的我们，借助于七八十岁的老先生，跳过了五六十年代，直接继承了三十年代的学术传统。比如，我在中大、北大念书时，先后接触了容庚、王季思、黄海章、吴宏聪、王瑶、林庚、吴组缃、季镇淮等一大批老教授，他们大都曾就读于1930年代的北京大学、清华大学、中央大学，或抗战中的西南联大。因为历次政治运动的冲击，他们没办法很好地表现；改革开放以后，他们在学术上"重新焕发青春"。这不是比喻，是写实。这些老先生，无论做人还是治学，一下子回到了三四十年代。注意，不是回到强调思想改造的五六十年代，而是回到最初接受学术训练的三十年代。抗战前，中国的大学已经很成样子，数量不多，但质量很好。那个时候活跃在大学校园的诸多人文研究方面的大家，他们的业绩，今天仍然很难企及。学生更是如此，那个时候的大学毕业论文，比今天的硕士论文还好。这就难怪，八十年代的学术，不屑于承继五十、六十、七十年代，而是回到三十年代。

你会发现，当年七七级、七八级大学生，崇拜的都是老教授。每所大学里，都有一批老先生，在学术上起薪火相传的作用。像甘阳他们，说起来就是洪谦、熊伟，陈来则提冯友兰、张岱年；我跟历史系的阎步克、高毅同宿舍，听他们说了好多邓广铭、张芝联的故事。每个大学都一样，都有一批硕果仅存的老先生，他们的人格，他们的风范，还有他们的学术趣味，影响了七七、七八级大学生；然后，再接着往下传。我对自己这个思路很得意，那就是：理解八十年代学术，应该把它与三十年代的大学教育挂钩。这跟一批老先生的言传身教有关。他们没有讲多少大课，但学生们会主动去接触，去品味，去追摹，去传说。更何况还有刚刚建立起来的研究生制度，使得一些入室弟子，有更多亲炙的机会。这批现在大都已经故去的老先生，对于八十年代学术潜移默化的影响，值得我们关注。进入九十年代，好多学界名人喜欢追怀老先生，不知道的人，会觉得这是在拉大旗当虎皮，其实不是的，他们确实影响了历史进程。

查：能不能简要地讲一下这批成长于三十年代的学者？

陈：第一，这些人大都受过较好的中学、西学的训练，是正规军，不是游击队，跟日后那些靠大批判起家，或者从大批判入手接受高等教育的，无论学养还是境界，都大不一样。只是由于长期的压抑，他们很可能著述不多，或名气不是很大。第二，由于早年良好的教育，加上长期的生活磨炼，这些人大都有一种睿智，一种人格魅力。这点很重要，从他们身上，年轻一辈学得的，主要不是具体知识，而是治学态度，以及所谓的学术精神。第三，我们接触这些老先生时，彼此之间不构成竞争，没有利益冲突，因此很容易推心置腹。他们早就成名了，也乐意提携年轻人，当伯乐。老少之间，思想比较接近，学术上也谈得来，没有多少隔阂，这样，一下子就回去了。再说，老先生们年纪大、地位高，碰到风浪时，仗义执言，这点让我很感慨。或许是经历过的事情太多了，加上无所求，"无欲则刚"嘛。

很奇怪，那么多年的思想改造，基本上不起作用。我所说的这批老先生，大都没有真正融入五六十年代的学术思潮。这才可能在"拨乱反正"后，很自然地，一下子就回到了三十年代，接续民国年间已经形成的学术传统。学位制度的建立，使得我们中的好些人，有了跟这些老先生朝夕相处的机会。八十年代的研究生培养，接近于师徒传授,不正规,但学问人生一起来,也自有好处。老先生晚年重新焕发青春,让弟子们赓续三十年代学术传统。而这些八十年代的研究生,后来大都成为各个专业领域的顶梁柱。这你就能明白,为什么我们能较快地完成学术转型;还有,为什么进入九十年代,学界有一种相当普遍的怀旧情绪;甚至连学术史研究成为时尚,也与这有关。

查:挺重要的,你讲出了一个从八十年代到现在学术传统如何逐步复苏、接续、再出发的过程,至少具体到国学研究的领域里是这样。不知道其他领域里是否也有这样的过程,但我想你们能有这样的老先生做老师是很幸运的,多少有点中国传统书院里的味道呢。好,咱们今天就到此吧。

(初刊《社会科学论坛》2005 年 6 期)

陈平原、饶毅教授共话北大发展

北京大学"大学之道"系列讲座第一讲，2008年10月26日晚7点至10点在北大第二教学楼107室举行。本文乃根据此次演讲录音整理而成。

第一部分：介绍演讲者

主持人：尊敬的各位老师，亲爱的同学们，大家晚上好。首先欢迎大家与我们同聚一堂共话"北大发展"。今天晚上我们请来了两位重量级的嘉宾，这两位嘉宾都是我们北大的院系掌门人，也是同学们眼中的风云人物。那么，今晚就让我们一同看看作为科学与人文的代表，他们眼中的"大学之道"究竟是怎样的。首先请允许我介绍一下这两位嘉宾,他们是中国语言文学系系主任陈平原教授,欢迎您;生命科学学院院长饶毅教授,欢迎您。为了让大家对两位老师有一个更好的了解,我先介绍一下两位老师的背景:

陈平原教授,在中山大学获文学学士和硕士学位,并在北京大学获得文学博士学位。现为北京大学中文系教授及系主任、教育部长江学者特聘教授、北大二十世纪中国文化研究中心主任、中国俗文学学会会长。曾先后在日本东京大学和京都大学、美国哥伦比亚大学、德国海德堡大学、英国伦敦大学、法国东方语言文化学院、美国哈佛大学以及香港中文大学、台湾大学从事研究或教学。曾被国家教委和国务院学位委员会评为"作出突出贡献的中国博士学位获得者";获全国高校一、二、三届人文社会科学研究优秀著作奖等。

饶毅教授,在旧金山加州大学获得博士学位,随后在哈佛大学的生物化学和分子生物学系做博士后。1994至2004年任教于华盛顿大学解剖和神经生物学系。2004年起任西北大学医学院神经科教授、西北大学神经科学研究所副所长。2007年任北大终身讲席教授、北大生命科学学院院长。以研究神经发育的分子生物学而闻名科学界,目前主要研究神经发育和行为的分子机理。

现在，让我们再次以热烈的掌声，感谢二位教授的光临。首先让我们有请陈平原教授为我们演讲。

第二部分：陈平原教授演讲

陈教授：远来的和尚会念经。我在北大已经待了二十五年，属于比较近的和尚，所以，还是请饶教授先说吧。

饶教授：我坚持一定要陈平原教授先讲。原因很简单，第一，他年龄和我哥哥一样大。第二，他可以做我的老师。他曾经在农村做老师，我随父母下放到农村后开始读小学，所以他其实可以做我的老师。

陈教授：在这里推来推去，对同学有点不公，那我就打个头阵吧。我之所以想让他先讲，我再接着谈，是因为在座的同学，如果有学文科的，大概听过我的课或演讲，毕竟，在北大已经教了那么多年的书了。既然一定要我先讲，就从演讲的姿态说起。同样上讲台，有两种人，一种是教堂里的牧师，真理在手，主要工作是传播自己的声音。另外一种是大学教授，虽然也在传授知识，但时刻准备台下有人举手说，老师，你说的不对。对于教授来说，在讲台上站着，其实是战战兢兢的。不知道的人认为，你站在那里，居高临下，很洒脱的。现在不会了，因为有阶梯教室。站在那里讲课,你能深刻体会到站着演讲,效果比坐着说话好得多。今天,摆两个椅子在这里,对我来说,讲起来不是很畅快。我能不能站着来讲?

为什么站着讲,其实还有个原因,那就是气比较顺。而且,感觉跟学生亲近。我有话语权,但必须站着;你们坐着很舒服,但对不起,暂时不能说话。随时准备接受质疑和挑战,这导致我讲课的时候,有一种战战兢兢的心情。这让我想起前辈的故事。我在北大念书的时候,导师是王瑶先生。王瑶先生的导师是西南联大时期的朱自清教授。我读朱自清的日记,特别感慨。一九三六年某一天的日记,那时候,朱自清已经是清华大学中文系主任,教了二十年书。日记说,半夜惊醒,梦见学生追着他,他躲到大钟寺的厕所。出来时被学生抓住,学生说,你不读书,没学问,还不赶快回家。他说,我承认,我承认,最近备课不够认真,学业上没进步。只要你们放了我,明天就卷铺盖走人。这则日记收在《朱自清全集》里,诸位去看看,可以理解一个老师的心情。当然,有的老师,像"大话西游"一样,讲课很轻松,一点都不紧张。也有认真的老师,上每堂课,都是战战兢兢。这一点,希望同学们理解。

第二个我想说的是,上不同的课,感觉不一样。假如是中文系的课,甚至是文科的课,我大体上明白自己该讲、能讲什么。偶尔到理科客串，比如到中科院给研究生做演讲，我也知道在场诸位是什么趣味。最怕的是面对来自五湖四海，学问根基及知识结构完全不一样的人，坐在一起，然后说，你讲吧。今天大概就是这个情况。所以，一开始我是谢绝这个邀请。原因就是，感觉没法讲。我深知，在北大演讲不容易。现在还好一点。记得九十年代初，学生们为了表现自己的独立性，听着听着，"啪"地就站起来了，抢起书包，从你面前走过去。再过五分钟，又有一个站起来了。或许，他本来就没想来听你讲，就是为了这"拍案而起"的动作而来的。那时候，很多著名人士，包括政界、商界、学界，到北大来讲课，都是胆战心惊的。面对这种情景，确实要有很强的心理承受能力。

好，终于我还是来了。讲什么呢？讲大学。题目是我定的，但诸位可能不知道，我在北京大学已经讲过好几轮类似的课程，这个学期还在讲"现代中国的大学"。为什么讲大学？其实我的专业是中国现代文学。二十多年前，做博士论文的时候，涉及"五四"，有个基本假设，那就是五四新文化运动中的文学创作以及学术表达，跟现代大学制度的建立有密切关系。换句话说，废科举，开学堂，包括京师大学堂，在这个过程中，中国人对西学的理解与接受，逐渐从器物层面深入到制度层面，再到思想层面、文学层面。终于,我们承认,不仅船炮不如人家,我们的制度有问题,连我们的文学也都得向欧美学习。这个时候,新文化运动才得以逐渐展开,也才有了生机勃勃的"新文学"。今天所说的北大的优良传统,大都在这个地方建立。这是我当年做博士论文时所再三强调的,现代文学、新文化运动和大学制度三者之间,有密切的关系;只有深入到大学制度,才能真正理解文学革命的核心。

另外有个事情,1993 到 1994 年,我作为日本学术振兴会的研究员,在东京大学和京都大学待过将近一年,闲来喜欢逛书店。刚好买了一本书,叫《东京大学百年》,那是一本图册。接下来,在东京大学图书馆里,我又找到不少东大的校史资料。当时我关心的是,东京大学怎么讲述侵华战争时期的历史,即,那时东京大学处在什么位置,教授们在干什么,校长们在干什么,还有学生呢?每个大学的历史上,都有一些没办法回避的污点,该怎么面对?说这些,是因为我是北京大学的教员,北大百年,风风雨雨,有得意也有失意,我们怎么讲述自己的历史,这是个问题。回来不久,考虑到北大即将纪念百年校庆,从 1996 年开始,到今天为止,十多年间,我先后编撰了四五本关于大学的书。还有一本没交稿,大概明年初可以完成。之所以想暂时打住,原因是我有自己的专业兴趣,应该回去潜心研究了。另外，还有一个很现实的原因，作为一个独立的知识分子，你谈大学，百无禁忌，包括对教育部的批评，以及对现代大学制度的质疑等等。可是很不幸，从八月份开始，我当了中文系主任。于是，说话就开始变得谨慎起来。必须把我个人的学术立场，和北大的长远利益区别开来，不能因为我一时兴起，畅快淋漓地发言，导致北大或中文系科研经费的大幅缩水。所以，我准备这个学期讲完课，把书写定，就暂时告一段落。今天在这里给诸位做"汇报演出"，差不多快谢幕了。再过几年，不当系主任了，我可以讲得更直接、更畅快。

关于中国大学的历史及目前存在的诸多问题，我在书里已经大体上写清楚了，这里不多讲。我跟主持人说了，听同学们提问，然后再回应，这样好一些。主持者列了二十个问题征询民意，最后告诉我，前五项是必答的。那么，我就照着这五个问题，像做填空一样，逐个回答。

第一个问题，如何看待现在大学生的日益功利化，在就业和学问中间，该如何平衡。最近，到处在纪念改革开放三十周年，很热闹。而我有一个特殊状态，作为七七级大学生，当年的高考作文登在《人民日报》上。都三十年了，我回老家去，父老乡亲还夸我的作文写得不错。好像我还停留在写高考作文的阶段，这点让我特别伤心。学生们呢，拿个放大镜，读别人书里收的影印件，一边看一边笑。我知道他们在笑什么。三十年前因高考作文而"出名"，导致每到讲恢复高考意义的时候，就被要求积极表态，还希望你热泪盈眶。我说，没有那么多好回忆的。我承认，七七、七八级的大学生，读书很刻苦。但我经常为今天的学弟学妹们辩护，原因是，今天大学生的处境跟我们当年不一样。七七、七八级的大学生，那是天之骄子，当年我们上学的时候，会佩戴校徽，招摇过市。今天北京大学的学生，没有几个带校徽的，因为他们不觉得成为北大学生有多么了不起。我们当时认定，国家在改革开放，我们前途无量，根本用不着担心出路问题。没有一个学生读书的时候，会担忧将来的就业问题。所以，我们全力以赴读书。而今天的大学生，从入学的那一天起，不对，从填志愿的那一天起，就开始盘算我将来读完了做什么。这是没办法的。说今天的大学生"功利"，其实可以理解，那是因为整个社会已经转变过来了。而且，整个社会对物质需求的欲望已经被调动起来了，大学生也不例外。所以，这方面我不想做太苛刻的批评。

我平时跟本科生接触不是很多，但1994年，北京大学开通了昌平园区，希望资深的教授去讲课，那个学期，我跟本科生有比较多的接触。有三件事，我印象特别深。

第一件，开学的时候，请几个老师去讲你自己的专业，也就是我们说的入学教育。有一个学生站起来问：老师，我看你挺聪明的，有没有更进一步的追求，还是只满足于当一个教授。1993、1994年，正是全民经商的时候，所谓"十亿人民九亿商，还有一亿在观望"。我是潮州人，我们潮州人会做生意的，既没有混个师长旅长当当，也不愿下海经商，我有自己的趣味。当时不知道为什么激动起来，慷慨陈词，博得一阵阵掌声。下来后，那学生很不好意思，跟我说，老师，对不起，我提问是为了解答自己的困惑。家长觉得他考上中文系，将来既不能当官，也赚不了大钱，没多大出息。他压力很大，不知道怎么办好，所以才提这样的问题。

第二个事情，刚上了两个星期课，有个女孩子跑来告诉我，老师，我的第一志愿不是中文系，是光华管理学院。三十年前，进不了中文系、哲学系的，才进经济系、法律系；今天倒过来了，光华管理学院考不上的，才进中文系。所以，她心理上有落差。我说，你先学一个学期，如果觉得无趣，一定要转，那你就转。到学期末的时候，我问她怎么样，她说，我愿意留下来继续读，因为我有兴趣。后来，她到美国留学去了，现在国外一所大学教书，挺好的。

前两件还有点得意，第三件，我感觉有点歉疚。有个北京的学生，见多识广，告诉我，他将来的目标是当外交官，中文系的课，对他来说不太重要，他要抓紧时间学英语。大概因为自尊心受了伤害，我跟他讲了大半天"大道理"，态度比较严厉，后来，他就不再跟我谈学业了。

　　日后想想，这是我跟大学一年级学生有比较多接触的一年。有几个问题，对我来说很刺激。第一，整个社会日趋功利，这是一个现实。过于高调的论述，比如要求精神至上，不允许谈物质享受，那做不到；而且，也没办法说服年轻一辈的学生。所以，我正视这日趋功利的社会以及大学生复杂的心理状态。第二，学生的可塑性很强，刚进大学时所抱定的目标，往往是家长给他们灌输的，包括学什么样的专业才有好前程，诸如此类的问题，随着学生进入大学后，会有各种各样的调整。第三，老师讲授课程，必须能够吸引学生。某种意义上，我们是在跟社会上的功利主义思潮争夺年轻一代。我们不能用别的办法，只能用精彩的课程以及教师的人格魅力来吸引学生。这样的话，才可能让学生调整心态，逐渐对学问产生兴趣。这是我想讲的第一个问题。

　　第二个问题，关于研究生的培养方案。首先，我想强调，如何培养研究生，各个院系不一样，各个大学也不一样。我只能讲我比较熟悉的中文教学这一块，而且局限于北大。

因为，诸位明白，1999年开始的大学扩招，走到今天，中国大学已经面目全非。说好听是"日新月异"，说难听则是"江河日下"。相对来说，北大比较好，基本上没有大的变动。我说一个数字，你们一听就明白。最近有学生告诉我，他原本要考某大学某老师的研究生，最后不考了。原因是，那教授带了三个方向的博士生，而且一年就招了二十六名。我一听晕过去了。北京大学中文系二十多年来，招收本科生的数量，始终是在八十和一百之间，每年根据生源略做调整。生源好，就多招一点；反之，就少招。比如今年，我们总共招了九十六个本科生，另外还有四十几个外国留学生，合起来一百四十几。招了六十三个博士生，八十三个硕士生，合起来也是一百四十几。而我们老师有多少？正教授五十一，副教授四十三，也就是将近一百名教师。这样的阵容，这样的师生比，教学质量才能有保证。所以，北大人文学科没有垮，大体上还维持应有的那个学术水平。这一点，我觉得是可以让人放心的。

在国外讲学，经常会面对这样的问题：请把你们最好的学生选送过来。我直截了当地回答：不可能，我们最好的学生在国内。这句话，只有北大中文系，大概还有历史系、哲学系敢说。北大理科不敢这么说，我知道。最近评校长奖学金，我一看，理科某院系，前二十名都走了，而我们可以拿出第一、第二。当然，我也承认，中文系排名第一、第二的学生，英语成绩可能不够好。这也是现实。念人文学科的，大都对本国文化传统比较有信心，也有比较浓厚的兴趣。所以，到现在为止，我还是敢说，中文系能留下最好的学生。我们研究生的阵容和质量，没有大的问题。

北京大学百年校庆的时候，举行了一个小型座谈会，请了十几个不同专业的教授。校长问，你们的院系和世界一流水平有多大的差距。各院系教授纷纷发言，有说十年的，有说二十年的。轮到我，我说我看不出什么差距。为什么？我们老假定历史是一条直线，所有的人都往一个方向走，确定我们处在历史进程中的某个方位，然后丈量我跟先进的人物或大学有多大的差距。这样的想法，我觉得有问题。不同院系，在各自国家承担的功能不一样。你让北大中文系跟哪个比？跟哈佛东亚系比吗？哈佛东亚系有几个教授？我们将近一百，这么比不公平。一定要比，北大中文系应该跟耶鲁大学的英文系比，跟巴黎第四大学的法文系比，跟东京大学的日文系比。还不是人多人少的问题，本国语言文学系所承担的功能，跟外文系不一样，它很大程度上是在传播本国历史文化的同时，介入乃至影响当下的思想进程，而不仅仅是发表了多少篇论文。在这个意义上，不同国家人文学的水平，是不太可比的，这点跟理工科不一样。所以，一定要说有多大的差距，我说不出来。不是说北大中文系特了不起，不是这个意思；我想说的是，不应该用这种"天下一统"的眼光，来看待我们的专业。

还有，关于本科生和研究生的培养方式，这是比较现实的问题。在中国所有的大学里，北京大学的教学方式有点特别。我用了这么一个词："特别"。北大培养出来的学生，扔在别的地方，你一眼就能看得出来。这么多年，我到各地参加各种学术会议，经常是人家一发言，我就知道这是北大毕业的。为什么？不是说他们的学问最好，而是个性上、气质上有些共同点，一下子就能被辨认出来。这些"共同点"，有好也有坏。坏的地方，比如说眼高手低，搞不好同事关系，老自以为了不起。好的地方，有理想，有热情，思想活跃，等等。这些东西，其实是跟北大的教学方式有直接联系。所以，我想谈北大的教学方式，从这个地方入手，来理解我们的学生们性格上的特点。

前年我在哈佛访学的时候，恰好遇到一个台湾来的朋友，说他把孩子从法国转到美国来念书。我说，她学文学的，法国挺好，为什么转到美国来？这样转学，对学生来说有很大的影响，因为语言不一样。他说了一句话，我特别感慨。他说，我的孩子不是天才，放在法国将一事无成，放在美国，还可能有点出息。为什么？后来我想明白了。法国的制度跟北大一样，相对来说鼓励自由发挥，独立思考，课程要求不太严格。美国呢，只要能拿到博士学位，总是差不多，有个大致的水准，出来后，找个工作，平平安安走下去，没问题。所以，那家长盘算了大半天，说，孩子确实不太聪明，到美国来学习，路子会平稳些。在法国念书，要是天才的话，会特了不起。我对北大的理解，也差不多是这样。有才华而且能自律的，北大是最佳发展的地方。能考进北大的本科生，起码有一半以上，自认为是"天才少年"。这个少年天才进了北大后，命运如何？假如想"圆梦"，必须加两个定语：一"自律"，一"好学"。这样的学生，出去以后，很可能"天下无敌"。但如果不是这样，或者"不自律"，或者"不好学"，那么呢，比一般大学培养的还差。

我刚刚参加中文系八四级的毕业20周年聚会，同学们很感动，一个个说得眼泪汪汪的。其中有人说到他们的某位同学，大学四年，有三年是躺在宿舍的蚊帐里面看金庸小说。我说，能这么读书吗？实在是"太有才"了！可我一想，这是北大的问题。我们给学生最大限度的自由，只要功课过得去，你自由发挥的空间，实在太大了。北大中文系的学生,到美国念博士,第一感触就是,"没想到读书这么苦"。诸位,问一下你们的师兄师姐,你们就明白,在美国念书,绝对要比在北大艰苦得多得多。大概十年前,我曾对"大学的定位"做了一个概括,大意是:"为中才定规则,为天才留空间。"相对来说,清华大学更注重为中才定规则,北京大学更注重为天才留空间。不是今天才开始的,从上世纪二十年代到现在,都是这样。如果统考,平均成绩清华肯定比北大高。肯定的,因为他们严格要求,训练很好。而北大呢,经常出一些奇奇怪怪的人。这一点,跟我们学校的指导思想有关系。学校给学生们最大的自由,假想我们的同学中,会有天才,总有一天他们会很好地表现出来。我们不想扼杀天才。但是,很可惜,为了这极少数潜在的天才,很可能会牺牲对于"中才"所需要的那种严格训练。

有一个事情,以前我在文章中提及,在座大多数念的是理工科,大概没听过。当年我在中山大学念完硕士,想上北大来工作。那个时候,北大中文系还没有招博士生。校方说,我们北大从外面要人,不太合适吧?要是真觉得好,就招做博士生吧。所以,我是北大中文系第一批招进来的博士生。我来念书前,曾送论文给导师看,王瑶先生看了以后,请人转告我:"文章看了,印象是:才华横溢。"

我很高兴。传话的师兄补上一句:别高兴得太早,后面还有呢:"有才华是好的,横溢,那就可惜了。"

好,请各位记得,善待自己的才华,用好自己的才华,不卖弄、不挥霍,以中才自处,以笨人自居,才有可能在这所华丽得有点浮夸的大学里面,得到好的发展。这是我想说的第二个问题。

第三个问题,北大如何吸引、留住一流人才。我理解的"一流人才",包括三种:一流的教授,一流的学生,还有一流的管理人员。没有一流的学生,单有一流的教授没用;而管理人员不好,会把一流的教授给管死。这些年,北京大学受到很大的冲击。诸位在北大,应该居安思危。我说过,此前北大的"鹤立鸡群",某种意义上是1952年的院系调整造成的。对不起,理工科我不懂。我说的基本上都是文科的状态,中文、历史、哲学、考古以及图书馆学等。我想强调一点,即便在国内大学,北大的绝对优势,现也正在转化为相对优势。为什么呢?1952年院系调整,清华不办文科,教授基本上撤进北大来了。北大当然也调出去一些教授,可不止清华的教授调进来,还有燕京大学的也进来了。后来,当时中国唯一的语言学系,中山大学王力先生那一批人,也奉命北上。政府说,留一个哲学系就够了,所以,全国各地著名的哲学教授,几乎都调到北大来了。所以，1952年的院系调整，导致北大的中文、历史、哲学等，比其他大学高一截。到今年，那一次调整来的教授，基本上都去世了。改革开放以后，每个大学都着力培养自己的年轻教师。到我们这一代，各个好大学，同代人的平均素质差别不大。我们再也没有底气说，北大教授一定比别的大学更高、更好。校长常说，你们文科没问题。我说，不对，文科有问题，而且问题很大。那个北大文科"很强很强"的印象，是上世纪五十年代到八十年代；九十年代起，中国大学已经进入了"百花齐放、百家争鸣"的阶段了。

这些年，我们面对各种各样的竞争。谈竞争，大家喜欢引用梅贻琦的话，大学是有大师之谓，不是有大楼之谓。这话我认可。但我也必须说，北京大学，大师之外，还必须有大楼。因为，十几年前，我们的校长就说，准备为人文学科盖大楼。到今天，还没盖起来。不过已经动工了，再过两年，我们就可以使用了。为什么纠缠这件小事？因为，相对于其他大学，北京大学的办公条件，起码人文学科各系，是比较落后的。我曾说过，北大争创一流大学，从哪个地方开始？我说，从教室和厕所做起。为什么呢？这个学期我在"一教"上课，见识了多少年没看过的又脏又破的厕所。北大连这点小事都做不好，怎么争创世界一流？我们北大人的特点，愿意办大事，不愿意做小事。可小事做不好，哪来大业绩？大概十年前，我开始提意见，我说得比较刻毒：北京大学一定要改变由后勤部门的趣味决定办学方向的问题。因为我发现，北大学生有个毛病，那是由我们的后勤部门的懒惰决定的。北大学生很会演讲，但不太会讨论问题。为什么？因为我们没有这个训练。为什么没有这样的训练？因为我们没有这样的教室。诸位看一下，北大里面，只有极少数的教室是可以展开讨论的。诸位，将来到国外去念研究生，你会发现，绝对是以 seminar 为主来开展教学的，没像我们这样，教授站在讲台上，对着几十、上百个研究生上大课的。本科生的通识课可以这么上，可我们连研究生的专业课，也都做成了演讲。学生们坐在下面，看老师如何表演。老师表演很用力，也很精彩，博得一阵阵掌声；学生坐在下面听课，很轻松，也很惬意。可念书这么轻松，不是好事。所以，我再三说，北大办一流大学，要在理念上、师资上用心用力，甚至从很具体的教室的课桌椅的布置上，好好下功夫。让我们的研究生们坐下来，认真深入地讨论问题；而不是，要不就不说话，要说话就变成了演讲。北大学生会演讲，但不会倾听与讨论，这是一个很值得我们关注的问题。后勤部门在布置教室时，为了整齐好看，也为了方便打扫卫生，把桌椅固定下来，于是，当老师的，只好居高临下地演讲了。我刚到北大的时候，教室的桌椅是可以随时调整的。今天要演讲，明天想讨论，没问题，把椅子调整一下就行了。现在都是固定的椅子，做不到。这个意见，我已经提了将近十年，每回领导都说，对对对，有道理。

这年头，办大学光有钱不行，而没有钱也是万万不行的。社会上传说，国家给北大的拨款很多很多，还有，北大教育基金会的筹款能力也很强。即使这样，北京大学经费方面还是面临很大的困难。就像同学们提出来的，北大需要吸引全世界的一流人才；可说实在话，现在我们做不到。有薪水的问题，也有制度的问题。诸位必须明白，在国外教书，院长可以决定你的薪水，校长更可以决定你的薪水，而且是保密的，你不能问同事薪水多少。可是在北大，我们的薪水是挂在墙上的，全系的教授，谁挣多少钱，我们全都知道。你怎么办？给谁单独提薪，都会有问题。现在开始从外面筹钱，做讲席教授，那样的话，可能会有点变化。为什么说这些事？我们不仅无法吸引世界一流人才，还担心被别的学校挖角。比我们有名或有钱的大学，比如哈佛大学，或者香港大学，聘你去当教授，去还是不去，都是一个很大的挣扎。因为我们北大没有那样好的条件来挽留他们。我们有什么？有好的学术氛围，有好的学生。这是真心话。愿意留在北大的,很大程度是因为这个学术氛围,还有这一代代聪明绝顶的好学生。某种意义上,在北大讲课,是一种享受。我一个很要好的朋友,出去十几年了,去年我请他回来教一阵子书,临别时,他说了一句话:你在北大教书真幸福。当然,这个"幸福",是排除了经济方面的考虑。那个不说,那不是我们校长说做就能做得到的。所以,院系领导的最大任务,第一,尽可能为老师们争取好的生存环境。第二,尽可能营造一种尊重人、尊重教师、尊重学问的氛围。因为,说实在的,有些事情我们做不到,但有些事情,只要用心用力,是能够做得到的。

我特别担心,现在很多大学,一说争创一流,就是倾尽全力买几个著名教授。我甚至戏称,现在的中国大学,已经进入了一个"收购学术"的阶段。什么叫"收购学术"?哪个人有名,我学校投一笔钱,把他买过来;或者你不用过来,发论文的时候,署我们大学的名,我们就给钱,这就行了。进入这个阶段后,北大处于相当尴尬的地位。诸位,以中文系为例,我们有六个全国重点学科,齐头并进,你能舍弃哪一个?而别的大学,可以集中力量,投钱办好一两个学科。我们像救火队一样,今天这个学科不行了,明天那个学科有问题,都得努力抢救,丢了太可惜。所以,我们其实很难。像其他大学那样去挖大牌教授，学校有没有那么多的钱，这还不说；今天挖来了一个，明天气走了两个，怎么办？因为，从外面请来的，不见得比本校的高明，可待遇比我们好得多。所以，弄不好，有可能"得不偿失"。

第四个问题，以院系建设而言，如何营造良好的学术氛围。这个问题，我不想多说。因为，我当中文系主任还不到半年。我的"就职演说"，据说效果不错，不断有媒体来劝说，希望拿去发表，我都拒绝了。我是广东人，以我们家乡的经验，做出了成绩，那时再说也不迟。切忌还没做好，是不是成功还不知道，就开始吹牛，那样效果不好。所以，请诸位原谅，如何开展院系工作，如何营造良好的学术氛围等等，这些问题，留给饶教授，他会有精彩的阐述。

最后一个问题，关于教师的评价体系。我以为，好大学里的老系，大都比较"保守"。这里所说的"保守"，是指他们有自己的价值标准，不管外界潮流如何变化，依然故我。刚才我说的一些问题，是这样；下面说的，也是这样。北大中文系好多年前就推行代表作制度，评教授和副教授，不以数量取胜，只要求你提供五篇代表作，送出去，请同行评议。所以，所谓"评价标准"，对我们来说不是大问题。

不追求数量,不迷信刊物,而且不强求科研项目,教师自由发展的空间很大。很多名教授抵制目前这个评价体系。可我也知道,学校压力很大,因为潮流已经形成,有很多既得利益者,在这里混水摸鱼。你一所学校,一个区区的中文系,想有效地抗争,不太可能。但在能力允许的范围内,给老师们保留一个比较宽松的、尊重学术的环境,这点很重要。我相信,再过十年,这风潮会过去的。那个时候,也许我们的坚持,才能显示出效果。这样悲观的回答,可能不太让你们满意,但我说的是实情。好在北大对中文系的老师们网开一面,没有特别严苛的规定。因为,这百年老系,有自己的一套价值标准和运作策略,且老师们擅长独立思考,就让他们继续往前走,不过于追随潮流。当然,如果碰到大的问题,比如说"教学评估",顶不住,一定要做,我们也会跟着做,做完了,还是回到我们的路子上来。人文学方面,这些年风气不好,问题比较大,但这不是发发牢骚就能解决的。而且,说多了,挺丧气的。期待饶教授能给你们讲鼓舞人心的好事,谢谢大家!

第三部分:饶毅教授演讲

主持人:非常感谢陈教授给我们做的这个平实、深刻但又不失幽默的演讲，那么现在让我们来听听饶毅教授对北大发展有什么样的看法。

饶教授：我觉得请两个人讲比请一个人讲好多了，可以看看我们老师有什么意见相同、有什么意见不相同。我们有一个明显的不同就是：我认为我什么都敢讲，你们什么都可以问。我认为要讲很重要，第一，我不认为做了什么行政职务我就不说话了，那不是自设监牢嘛；第二，我觉得说话和写东西很重要，在科学界像我这样写东西的人比较少。原因和陈老师说的一样，他们不愿意说，怕影响什么。我的观点不一样，我要"且做且说"。为什么要说？其中一个很重要的原因就是，即使我做不到，我希望你们做得到。因为我说的、写的，很多不被采纳。但如果学生听到了，20年以后，你们可以把事情做下来。所以我不认为我说了做不到的事情有什么不好，而是我埋下了伏笔20年以后你们再做。

刚才主持人和北大在介绍我的时候怕我不好意思，把我的大学省略了。我的大学是在江西医学院念的。我是七八级，比陈老师晚半年，七七级是1978年初入学，我们是1978年秋天入学。我在来北大以前，和北大关系非常淡薄，我可能只认识4个北大的人，其中2个是我家里的人。我有个舅舅是江西1950年代的高考状元，他在北大读过物理系。另外,我母亲的爷爷、我的曾外祖父,周蔚生,是清朝1897年的举人,是京师大学堂1905年到1909年的学生。

因为陈老师写过很多本书,所以他很多事情都说过。我是写了很多文章凑在一起才刚刚出了一本书,所以我很多话还没说完(笑声)。

我觉得,从国家来说、从我们学校来说,提出北京大学要做世界一流大学,这个理念我非常认同。我认为做世界一流大学的话,我们学校、或中国有一批学校,要在一些方面有非常棒的特长,真正在某些方面是世界上最好的几个大学之一。一个大学无须所有东西都最好,但需要有几个是最好的。在今后一百年之内,我们中国的学术成果,应该在所有主要国家的教科书上出现,要对世界、对中国社会有重要影响。我们理科上的成果应该有国际影响,文科也应该。像哈贝马斯、劳尔斯这些人的工作,我们文科的也应该做出来,文科也不能完全躲掉世界一流这个目标。当然有些学科有国家、文化的差别。

我理解的世界一流是这样:不是简单数字指标,而是在下面五十年、一百年,我们产生对人类真正有重要影响的工作。有这种工作,才能使我们中华民族真正在世界上站起来。仅仅经济发展有钱了、仅仅进口仪器,都不足以使世界人民尊敬我们。如果要让世界上的人真正、长远尊重我们，我们一定要做出对世界有良性影响的、深刻的学术成果。

读了中学的人对英国都会非常尊重，因为得学牛顿、麦克斯韦，会尊重产生他们的国度。即使在文化大革命的时候，我们把美国、英国骂遍了，但是读过中学的人都不可能不尊重这些人的工作。我希望我们以后也是要有这种工作，世界上的人才会真正从内心里尊重我们。

这是一个远大的目标，要很多人努力。从近期来说，在下面五年时间就能做的事情，可以分几个层面，有助于我们发展。

在国家教育体制上，我们应该尽量能够推动教育部，让它改变对大学的管理，它的任务是支持和促进好的大学各显神通，让我们各个学校尽量做好、做出特色。不是它来指导我们。事实上教育部也不可能有能力指挥好的学校。但现在体制下，它设定很多标准，我们来照它画的圈跳，这样不对，特别是好的大学不应这样。教育部以后一定会改过来，如果你们谁今后能有影响，也请你们推动这个事情逐渐改过来。体制上对大学发展的这种束缚要改掉。

北大层面，从精神上、理念上我们要有非常重要的思想上的飞跃。我们要告别胡适、超越胡适。胡适和他前后那几代人都有重要的思想烙印，他们都崇洋媚外。原因很简单，从鸦片战争后一直到五六十年前中国非常落后、经常挨打，所以他们搞不清楚中国什么好、什么坏，有一批人心底里完全彻底地认为中国所有事情都有问题。但他们并没有进行比较，中国哪些是好哪些是坏，哪些是我们要发展的，哪些是我们要吸收的。当然，崇洋媚外的第二个原因是因为他们希望吸收很多东西进来。当时有些人很保守，不肯吸收任何东西，所以他们干脆就认为我们要全盘西化才能把东西吸收进来。我认为我们现在不是批判胡适，而是我们要超越他们那几代。特别是文科，有很多工作要做。我们中国从历史到现在，哪些是我们的优点、哪些是我们真正的缺点，我认为这是中国整个思想界、文化界没有搞清楚的一个问题。经常把别人的缺点以为是别人的优点，把我们的优点变成我们的缺点。

有些人读过我在2008年北大毕业典礼上的发言，有些人怀疑是不是中宣部代我写的。我觉得这样理解的人都是习惯受"中国事事不如人"思想影响，所以一看我说中国有什么值得外国学习的经验，很不习惯。我认为，在这么多外国人来北京的2008年，我们应该不仅像张艺谋那样显示一些简单的、表面的东西，更应该展现中国从历史上、在思想上、在根本文化上的几个非常大的优点。这些优点很多中国人自己都不知道，世界更不知道。我觉得要我们慢慢来给这个世界传送我们的宝贵经验，让他们学我们中国的一些非常悠久的、非常有用的优点。这是我们对人类的一个贡献，我希望文科的同学能把这个事情做好。

我认为北大在中国思想界、学术界和社会要作一个非常重要的贡献，把对智力的追求变成全社会、全国的风气。对智力追求的这件事情跟一个字的翻译有关系，就是中文把 intellectual 这个词翻译成知识分子，这是极大的误译。这个误译的原因和结果都是因为对智力的追求不理解和不推崇。"知识分子"是说学了些东西，所以中国曾经把小学三年级毕业叫知识分子，以后五年级毕业是知识分子，然后是中学、大学，或研究生都叫知识分子。这都不是 intellectual 的定义。intellectual 是对智力和见识的追求，我认为翻译成"智识分子"比较合适，将"智力"和"见识"两个词联在一起。因为有真正对 intellectual 的追求，才会形成 intellectual 的群体。现在的一些表面的现象，浮躁也好、急功近利也好，实际上都不 intellectual。intellectual 不光是在学术界，intellectual 可以在商业界、政治界等其他界，可以有一批人不是学者，从早先的诸葛亮到现在的各界精英中的一小部分，是 intellectual。智识追求，是我们作为大学可以领先推出的。是学校对社会文化可以做的事情。

文科我不懂，我认为中国理科的 intellectual 气氛非常差。可以到中国理科的系科或研究所，包括科学院的研究所去看，有多少老师参加学术活动。过半数以上的老师常规不参加学术活动。如果一个做科学的人，学术活动经常不参加，自然质疑他为什么做科学？至少说明，他的 intellectual 兴趣很低。因此，我们学术界首先应该改进。

从北大发展来说，我觉得校内有几个事情要做。我觉得树立一个原则：思想要自由、行动要谨慎。我说这个事情是因为我认为北大的传统有优点，也同时是缺点。有的当年五四闹事的学生到了八十几岁回顾他参加五四运动的时候还非常得意地说他打了人、烧了房子。我觉得这是绝对不对的。我觉得有些事情是应该想、有些事情是应该做，但不能推崇激进主义。我觉得我们要想好，到我们做的时候，特别是对社会有影响的时候，要想一下我们是不是真的有能力、真的有这么厉害，我们是不是要谨慎一点。我们要想很多，等到能做的时候，我们真正有责任、能把某个事情做好的时候，才能做。这是要改造北大传统。

每天老师以及同学做事的时候，不能因为想法不同而导致办事效率低。我觉得这一点也许要向清华学习，我们做事要很讲效率。在做的方面也还有一个在中文中缺少了的行为方式和字，就是 professionalism，做事情要公事公办,就事论事,不能胡搅蛮缠。两个人观点不一样,不会因为这个观点不一样以后就在别的地方难为对方,或是在私人方面存有恩怨。professionalism 也是我们要身体力行的推广的事情。

有一个很具体的事情。我回国内后发现,我们体制结构上有一点问题。办事常规应该一级一级做,但现在经常要跳级办事。这降低了办事效率。另外,北大的校长、副校长,手下的行政助手比美国学校的少很多。他们都有很多教师的手机号,这不仅证明他们非常聪明,记忆力惊人,竟然认识这么多人;而且带来了问题,做决策的时候会被很多人、事缠在一起。建立常规分级管理、增加行政助手,是我的观感。

我们对学生的训练,应该是以培养各个行业的领袖为目标来定位的。我认为我们学校和其他学校不同,我们培养学生的目的应该是这样。当学生做不到行业领袖时,很容易退而求其次,至少理科是这样。我们并不是要努力使大家都变成一样的,而是努力使大家中的一部分做得特别好,其他达不到这个目标的人再去退而求其次做别的。我对学生的建议有两点:一点是大家在校期间要尽量找到自己认为有意义的人生目标,同时为实现你的目标打好基础,包括学术上的、包括结交同学朋友。我希望同学们有理想有志气。赚钱不是不可以，但是我认为这比较庸俗，不用读北大的人也会赚钱。当你的理想志向很远大的时候，不成退下来做其他的事情很容易。我认为经济管理这样的专业是不适合太早学，比如大学本科。大学时学一点深一点的东西，以后如果去做经济管理，那么以后学（笑声）。第二点是，记得以前毛主席写过一张大字报"炮打司令部"。我回国的感觉是，我要"炮打新东方"。我觉得你们万一要去新东方补习点东西的话，不能以它为目标、不能以它为标准，万一去的时候要偷偷去，不要跟同学炫耀说你去了那个地方。我觉得我们的目标和理想都应该比它高很多很多才行，我们应该不去那个地方。这是我个人作为老师对同学的一些心里话，不是代表一个学科评论其他学科。

我喜欢交叉学科的讨论，包括如果有国际关系学院的老师来，我觉得也有很好的事情他们可以反映上去。我很高兴有不同学科同学来到这里。我就说到这里。后面请同学提问。

第四部分：交流与互动

主持人：感谢两位教授的精彩演讲，那么听到现在，大家对北大发展这个话题应该也有一些新的理解了。我为什么这么说呢？因为我看到了同学投票出来希望得到解答的二十个问题中的前五个问题，其中有许多都是我非常关心，而且非常希望在今天听到答案的问题，但是有些确实不在这五个问题之中。但是我相信那些问题应该存在你们中间，所以现在时间是交给你们的，有什么问题尽管可以向我们的两位教授提问。因为时间有限，希望大家把握住这个机会。有问题的同学可以举手了。

同学一：两位老师好，我是物理学院大四的学生。刚才陈老师讲到学校现在在花钱买老师，就是花许多钱聘老师，但是北大应该怎样来培养自己的学派，留下最好的学生，吸引最好的老师，希望两位老师可以在这方面谈谈。

饶教授：我觉得当每一个职位出来的时候，以我们具备的条件去尽量吸引全世界最好、而且对这个职位感兴趣的人，这能为国家、为学校、为学生得到最好的老师。当然在我们条件不如别人的时候，会受限制；但当我们有竞争力的时候我们一定要竞争。

陈教授：我做个补充，"学派"是自然而然形成的，一开始就着力追求学派，弄不好，很容易变成党同伐异，即排斥学术背景不同的人。对于北大这样的老校来说，必须强调打开大门，让不同学术背景、不同学术思路的好学者进来。

同学二：我是中文系大四的学生，想问陈老师一个问题,就是您以前讲的北大开始创办的时候是对社会敞开的,大家也都是"从夫子游"。但是,现在研究生培养是需要规范化的,如果针对文科,您认为如何化解这种"从游"与规范化之间的矛盾?

陈教授: 你是中文系的,有些具体的问题,我们下面谈,这里只说大的方向。晚清我们接受西学,废除了科举,同时也废除了书院。其实,科举是取士的制度,书院是教育的场所,二者并不完全等同,可我们都给砸了。这样一来,中国的教育传统就被完全切断了。上世纪二十年代以后,反而是一些留学生,比如说胡适等,回过头来怀念书院,但那已经是"无可奈何花落去"了。今天中国的大学教育,无论理念还是实践,已经和传统书院离得很远很远,基本上是在拷贝西方的 university。十九世纪末,我们学的是日本和德国,二十世纪二十年代后追摹美国,五十年代转向苏联,八十年代后又回到美国。不管学哪一个国家,传统中国的教育精神,以及书院的教学方法,已经荡然无存了。目前,我们只能在一些文科院系,探讨怎么承接宋明书院的精神和教学方式。我承认目前北大文科院系的教学有问题,没有导修制度,学生们除了听讲,就只能自己摸索。不管是西方的研究所,还是中国的书院讲学,我们都没有真正落实,很可惜,只能在研究生阶段作些修补了。

同学三：老师好，我是理科大四的学生。刚才听了两位老师讲了很多理念上的事情，觉得很有道理，我现在想问一个现实的问题。现在很多大四的同学都在准备出国，我看见现在教育部也在说要提高研究生的待遇。有时候我在想，我们集中了中国特别优秀的学生，但是这些学生却都流到美国去做一个实验室的奴隶。这个问题不光对于我们个人，或是对于北大……可以说到最后能剩下一些精英真正做科研的，少之又少，但是我们实在是不知道毕业后要做些什么，所以很多人选择这样一条道路。不知道您对这个问题有什么看法。

饶教授：你这个问题有几层，最后一层你说不知道做什么好，所以问我应该做什么。我跟本科生说，希望他们在大学把这个问题想清楚，就是"我要做什么"。如果你想不清楚，去留学也是一条路，就像去光华管理学院。在美国想不清的人常常去商学院，其他去医学院、去法学院，这些地方总有碗饭吃，想不清也可以去。

陈教授：不对不对。你这个说法，对其他院系不公平。不同学科的发展方向以及价值评判，应该是历史性的。上世纪九十年代以后，社会科学发展很快，也出现了一些问题；但它们有很大的发展潜力，国家也亟须这方面的人才。前几天张维迎还对我抱怨，说你们中文系教授对我们光华管理学院有偏见。趣味确实不同，但我承认每个专业都对国计民生有贡献；各自的定位不一样，我们就讲自己所从事的专业很重要，这就行了。

饶教授：我只代表我自己。光华管理学院也要开，律师也要人做。如果你问我的真心话，如果你是我的子女，我有什么意见。我说我的儿子，第一不能做演员；第二不能做金融；第三不能做谁给钱多就给谁打工的律师。国家和社会需要这些人，但是我不鼓励自己的孩子做这些职业。你如果还在原来的学科读研究生，你边读研究生边想做什么。但你如果想好了转行，就尽快转。

有些学科的研究生，去美国不一定比在中国好。取决于去哪个实验室、哪个学校。现在有一批生命科学的实验室，留在中国比去美国好。我实验室每年本科生出国前，我跟他们说一句话：你以后在美国一定要比在中国做得好才行。

同学四：我有一个问题，希望二位老师可以分别来回答。就是现在有一句非常流行的话："现在的北大，一流的学生，二流的老师，三流的管理人员"，不知道您是怎么理解，我自己感受非常复杂。

饶教授：这要看怎么说。我觉得学生里面有非常好的，但也有很大问题的。一定要我反过来说，我最痛心的是，我们这么多考分高的学生，最后做事情的方法和做的事情不行，我们学生的时间和才能很多被浪费了。

我做一个对比。我在加州大学念研究生时有个同学是英国人。他家好几个诺贝尔奖，他自己又聪明，又能做，四年就读完了研究生，我们一般是读六年。第一年做轮转，还没有定实验室，他就发表文章。

很多优秀的英国、美国学生，比中国学生用功。在美国顶尖学校里，中国学生压力很大。但是这种信息没有反馈回来，对国内学生没有刺激。以前留学生反馈回来的信息，说中国学生最刻苦，最聪明。反馈这种信息的人在美国一般学校，在最好的学校中国学生本身就很少，他也不好意思反馈回来说中国学生不突出。

我觉得我们的学生有很好的潜力。但这个潜力在四年八年之中有很多人浪费了。我要反过来激励同学们，你们要成为世界一流的学生，还需努力。

陈教授：这个问题，我稍微补充。前年我在清华演讲，也有人提这个问题。其实，这样的俏皮话，最早我不是在北大听说，而是在东京的早稻田大学。或许，全世界的大学，都有类似的笑话。我以为，这话是老师们的自我调侃。版本不太一样，都是把学生推到最前面，最差的是校园风景或管理人员。但是，老师们可以这么自嘲，学生们不该当真。此外，看远一点，你我其实都是同代人。再过五百年，谁知道你是我的学生。很可能，你我都在同一个历史舞台上表演。前面三十年，后面三十年，差别不是很大的。新生入学的时候，老师们都说"长江后浪推前浪"，你们将来一定比我们强。我在北大二十多年了，听了无数此类激励人心的好话。可我不这么看问题。某种意义上，真有大才华的，不受"代"的限制，会脱颖而出的。北大的各个院系里，有的老师特别强，也有不怎么强的。因为我们跟国外严格的淘汰制度不同，我们有温情，讲人道主义。所以，不是每个教授都达到你心目中"好老师"的标准。但是，一般来说，每个院系里，都有一些非常拔尖的教授，值得你追随和钦佩。笼统地说学生一流、教授二流，不太好。我们不能保证我们的学生都是一流人才，同样的，我们也不能要求我们的老师每一个都是出类拔萃。某种意义上，老师和学生之间，应该惺惺相惜，或者同病相怜。我们各有各的不足，也各有各的志向。这样的话，感觉会好一点。过分苛责我们的老师，不利于学生学业及精神上的成长。

同学五：我想问陈老师一个问题，就是说陈老师刚才谈到功利，我们现在不仅在学习上功利，在选课上也有一些功利。比如说全校的限选课，都有一些政治课啊通选课啊。北大有一些课程大家评价并不是很高，但是在选课前都会问这个课"厚不厚道"。特别是我知道有一些同学在上政治课时会给一些助教送礼物、送贺卡，很多助教老师会很欢迎。我们不能鼓励大家不好好学这些课程，但是我们知道保研的时候看的不是这方面的能力。有些同学可能主干课成绩很高但是总绩点不是很高，我想知道这个矛盾怎么解决。

陈教授：你说的是很实际的问题。北大中文系的保研比例，大概是70%。保研时就看分数，而且精确到小数点后。因此，学生们倾向于旁听著名教授的课，然后选修那些"比较慷慨"的老师的课。你们会发现，著名教授讲课，要求一般比较严格，给的分数比较低。学生们因此听课，但不选。另一些教授，为了让学生高兴，出手很大方，给的分数很高。这里说的是选修课，必修课不存在这个问题。现在推行课程成绩的"正态分布"，就是针对这个漏洞。还有就是你说的"绩点"问题。现在连跳舞做操等，都要记录到成绩里面去，你跳舞跳得不好，分数就下来了。这不太合适。我们的办法是，给两个分数，一个是所有课程的成绩，一个是专业课成绩，也就是扣除那些实用性的，对专业发展不是很重要的课程。我今天碰到一个要到美国去念书的学生，他在自述中说明，我听的这门课是谁讲的。

同行都明白，这个系有几位教授，水平怎样。也许将来有一天，我们的成绩表上面，会打上讲课教授的名字。这样的话，可以彻底解决这个问题。

同学六：两位老师好，我是研究生，才来北大学习，现在有一些疑惑，就是在现代的科研体系下面，论文这个评价指标是很重要的，有时候以至于使人感觉到学校和导师更注重的是学生的科研成果，而不是个人的真正发展，我想这个问题不知道两位老师怎么评价。

陈教授：我想这个问题先由饶老师来回答吧。

饶教授：陈老师给了我一个很容易的问题……这位同学是文科还是理科？（笑）

同学六：嗯，我是文科的。

饶教授：理科里面也有不一样的，无论是对研究生的要求，还是学生和老师的关系。比如数学和生物就有很大区别，数学研究生发文章基本上没有老师署名，你刚才说的问题会小很多，而生物专业的老师手下就有很多学生，所有的文章都有导师署名，学生的科研成果和老师的学术地位有很大的关系，于是就比较容易出现你讲的情况。

这是一个很难解决的问题，在全世界都是如此。各个国家都有这样的老师，他关心自己的成果，不管学生的感受。现阶段我们能做的就只有在读研之前多了解老师的类型。如果他是"奴隶主"型,而你又不愿意做奴隶,那么你就最好去找别的老师。

我自己的实验室是非常宽松的,无论在美国还是中国,我的实验室是学生希望多少自由就有多少自由。这对一些学生很好,对一些学生不一定好。所以我得自我批评说,"奴隶主"型的老师也有一定的好处:对于有些学生,先天比较适合做"奴隶",在一个好老师的指导下就能做出成果;离开了指导,到一个很开放的实验室里,就会一脚踏空,不知道怎么办。但有些学生不是这样的类型,所以就要事先想好自己到底适合什么样的工作,再去选择老师,这是我对学生的忠告。

而对于学院,应该创造更好的条件,让学生能够了解老师,比较有选择性。现在生命学院还没有完全做到,化学学院好像是已经做到了,学生可以轮转,这样能找到适合自己的实验室。实施这些措施是我们的责任,今年做不好明年做,明年做不好后年还要做,在这几年之内,我们一定要把这个事情做下来。这是我们对学生的责任。

陈教授:我来回答你的问题,因为你是学文科的。其实,文科老师对研究生的论文,不像理科那样,会要求"共同署名"。文科教授一般不靠署名学生的论文,来体现自己的学术业绩。我常开玩笑说,理科的学生给老师打工;文科的教授倒过来，一般是给学生打工（笑）。常有学生说："老师，这资料我找不到，你出国开会时，顺便替我找找。"或者说："老师，这书图书馆不给借，还是把你的借给我吧。"（笑）我认识的文科老师中，极少与学生联名发表文章，除非一开始就是合作研究。你说的，可能是另外一种情况，就是大学里面，学生和老师的关系比较淡薄。没事的时候，班主任不会找你，他管整个年级。导师呢，要看具体情况，有的关系比较密切，有的则不太往来。如果出现你刚才讲的这种情况，我觉得你应该主动找导师，约个时间谈谈。对待这样严肃的"约会"，导师一般不敢掉以轻心。

同学七：饶老师，我很喜欢听您讲课，您在北大讲过几次课，我都有幸听过。刚才您提到对 intellectual 的追求，我觉得这是一个很高的价值追求，可现在社会和学校里面临的可能更多的是程式化的评价体制，比如一个严格的分数要求等等。但我们也看到人和人其实是不一样的，有的人在某一方面比较专长，而有的人能够很轻松地对付很多考试。如果一个人要是对一个方面非常有追求，不愿去应付一些评价指标。饶老师您看有没有一些评价体制能够更好地来挑选这两类人。

饶教授：这是容易实现的。我想先问一下你是什么专业的。

同学七：我本科是物理学院的，现在在中国经济研究中心读研。当然，我是读理论经济学的，不是学管理的（笑）。

饶教授：我觉得这是完全能够做到的。对于很多要出国的同学来说，其实从来没有人要问你的 GPA 和在班级的排名，这完全是中国制造的结果。当你在一个方向比较突出的时候，你完全可以在简历上显示出来。而且，如果你对这方面的了解有一定深度的话，对方也能很容易看出来。当你有这种特长的时候，录取委员会一定会首先看这方面。现在需要说一下的就是，我现在说话还竞争不过新东方。我在美国做过录取委员会的主席，但新东方把我的价值观完全湮灭掉了：当所有的学生没有特长的时候，美国学校只能用 GPA，被迫用 GPA。但是当任何一个学生的特长能够显示出来的时候，我一定要先取这样的学生，而不用 GPA。对于美国学校来说，它会觉得很奇怪：你们中国学生是哪里来的总评 ranking（大笑）。所学的课程都不一样，怎么来判断总成绩的优劣？所以我们学院的具体做法，也希望陈老师还有其他学院一起来推动，就是对于所有出国的学生，我们不提供 GPA 的排名，从今年开始，除非对方要求，比如只有法国人要求这样的排名，美国人不要求（笑）。如果我们学校和其他更多的学校都能这样慢慢去做，这种风气一定会改过来，我们就可以来评价有特色的学生，学生也可以专入自己感兴趣的领域，这样学生就能得到更好的发展。

同学八：老师好，我是生命科学学院大四的学生，我非常喜欢听饶老师的课，但我想问陈老师一个问题。我觉得就像陈老师说的那样，现在中国大学教育比较西化，每个人的专业都分得比较开。但是在中国传统教育里面，道德教育是非常重要的。而在我们现在的大学校园里面，原来的道德教育就被政治课这样的课所取代了。我们在座的同学应该都有这样一种回忆，就是在小学和中学的时候，全班同学在一起朗读课文这样一种温暖，我觉得这是对人的性格的形成是非常重要的。我想问陈老师两个问题，一个是我们能不能在大学开全校性的中文课。还有一个就是我们能不能把政治课换成其他类型的德育课。这样能使生命科学院的同学也能和中文还有其他院系的同学一起有更多的交流。

陈教授：你的感慨我理解，但学校里面的政治课，不是我们管得了的，这事北大都不敢自作主张。至于有关中文的课程，中文系开了名目繁多的通选课，供各系学生选修；这一类的课程，我们会越开越多，越开越好。去年我也讲了一门课，选修的同学，有数学、物理、生物，还有其他文科各院系的。大学里面，除了课堂教学以外，同龄人之间的互相帮助和互相取暖,也是很重要的。比如,我和夏老师的研究生组织了一个读书会,我不在场的时候,同学们发言很热烈,交流得很好;我一去,大家反而有些拘束了。还有,积极参加你感兴趣的社团活动,那也能有很多收获。

饶教授: 大学西化这个问题,我觉得是源于当时胡适他们那一代的人,主要因为他们是西方的学生,以学生的心态来看问题,对中国传统文化里面的许多东西没有弄清楚。对于政治课这个问题,这肯定不是学校能够决定的,但我们还是希望老师和同学都能慢慢推动。现在政治课的学时比"文革"时期的还要多,每加一个朝代要加一门政治课。如果能够减少,对大家都会更好一些。

陈教授: 饶老师,请你手下留情,别老拿胡适开刀;说胡适"崇洋媚外",这不公平。1914 年,留美时,胡适就写过《非留学篇》;回国以后,更是一直在推动中国大学教育的自我完善,希望我们自己也能培养合格的学生,年轻人不用都到美国去念博士。而且,胡适是留学生中最早强调中国传统书院的精神价值的。当然,没关系,你不是这方面的专家,随便你说。

同学九: 刚才饶教授提到了 intellectual 的说法,我很赞成,不知道饶老师能不能再展开一下对这个词的看法,还有我们怎样去实现这样一种目标。

饶教授：我觉得无论在什么行业，都可以追求 intellectual。在和平环境，有条件，也有时间来追求这样的标准，就像我们原来一直追求"仁者爱人"的"仁"这样一个标准一样，我们就会越追求越高尚。在日常生活里面，我们不能用一种庸俗的评价标准来评判一个人，而要看到他的深层和更高层的一面。

同学十：我想问一下饶教授，理科低年级的同学应不应该参加研究，如果应该的话最好是几年级开始。

饶教授：我看过一些美国小学生做研究，培养他们做研究几乎完全没有意义，他们不懂在做什么。我觉得要做研究还是首先应该知道自己研究的是什么，当超出自己能力的时候，是研究不出什么东西的。如果在低年级能有老师很好的指导，给你一个能懂的题目，这样是比较好的，如果谁也不管你，效果可能适得其反，所以需要非常慎重。

我女儿高中时想去实验室做研究，她后来去过诺贝尔奖得主的实验室做研究。但是，我觉得她开始不能随便跟人，因为其实就是在研究生手下做，学不了什么东西。所以她进的第一个实验室是我在北京的实验室。我可以量体裁衣，给一个和她水平相当的题目，让她能够把握课题，而不是懵懵懂懂地跟。另外，我也能看到她的程度和特点。

当然，不可能每个人都可以由老爸来带着起步做研究，所以还是要看自己想找的老师是不是能有精力来给你安排研究的项目。

同学十一：刚才陈老师提到了中国的传统文化，我想问一下陈老师，中国的传统文化对北大建设世界一流大学有什么作用。

陈教授：我没说"传统中国文化"乃世界一流大学的必要条件，只是现在中国大学的校长和教授们，了解西方大学的程度，远超过他们对传统中国教育的认识。所以，我是在整个中国教育全都"面向西方"的情况下，提醒大家注意"传统"的存在。所谓"传统中国文化"，在我看来，除了儒释道等"大传统"以及民间"小传统"外，还有晚清以降我们和西学不断碰撞所产生的经验教训。今天，我们不是在一张白纸上画画，办大学，必须理解这一扑朔迷离的"大背景"，这对于寻求有效的突围之道，至关重要。

主持人：感谢两位老师为我们带来的精彩的演讲！相信作为每个北大人我们对北大未来发展的思索永远都不会停止，我们要做的不仅仅是为我们的学校的未来祈祷，更多的是要真真切切地为她的发展尽自己的一份力量！

（初刊《社会科学论坛》2009年2期）

修订版后记

北大培文总裁高秀芹博士告知,出版社准备重印《大学何为》,这让我大喜过望。此书2006年5月第一版,2008年3月第二次印刷,策划编辑乃昔日学生赵婕女士。隔年5月,北大出版社刊行"陈平原大学三书"时,为此书改换了装帧。三书虽封面一致,但《大学何为》的版权页以及纸张明显与《老北大的故事》《大学有精神》不同。

正因不是一次编成,中间有三年的时间差,《大学何为》与《大学有精神》没能很好配合。乘着这次重印的机会,调整二书结构,谈论现状的归《大学何为》,辨析历史的进入《大学有精神》;前者突出现实关怀,后者追求学术深度,各有各的工作目标与论述策略。

具体到修订版《大学何为》,删去两篇已入他书的,再就是与《大学有精神》互换四文。另外,调整全书布局,第一辑总论当代中国大学,第二辑专注北大命运,第三辑乃对话体的大学论述。各文排列方式,基本按写作顺序,但也兼及论题之间的互相呼应。

文章写于不同时期,好处是有感而发,立场鲜明且直言不讳,既不拐弯抹角,也不含糊其辞;至于缺点,则内容略有重叠,体式不拘一格,清新有余而厚重不足。

2015 年 2 月 1 日于京西圆明园花园